Klaus Tenfelde – »Krupp bleibt doch Krupp« – Ein Jahrhundertfest

Klartext

„Krupp bleibt doch Krupp“

Ein Jahrhundertfest:
Das Jubiläum der Firma Fried. Krupp AG in Essen 1912

von Klaus Tenfelde

Titelbild: Der Festakt im Lichthof
des Hauptverwaltungsgebäudes
der Fried. Krupp AG am 8. August 1912.
Gemälde von Theodor Rocholl

Der Verfasser dankt Herrn Prof. Dr. h.c. mult. Berthold Beitz
und der Alfried Krupp von Bohlen und Halbach-Stiftung
für die Gewährung des Rechts zum Abdruck von Bildern aus
dem Historischen Archiv Krupp, Essen, in diesem Buch.
Die Bildrechte verbleiben weiterhin beim Historischen
Archiv Krupp.

1. Auflage Juni 2005
Satz und Gestaltung: Frank Münschke, Klartext Medienwerkstatt GmbH, Essen
gesetzt in: Optima 10 auf 12.5 Pkt
Lithographie: Elke Münschke, Klartext Medienwerkstatt GmbH, Essen
Druck und Bindung: Gulde Druck, Tübingen
Papier: BVS 150 gr/qm mattgestr., weiß, Bilderdruck der Firma Scheufelen

ISBN 3-89861-364-X

www.klartext-verlag.de

Inhalt

Der wahre Adelige erschien ihm deshalb so wichtig wie der wahre Handwerker, und die Lösung der politischen und wirtschaftlichen Fragen lief für ihn eigentlich auf eine harmonische Vision hinaus, die er Vaterland nannte. [...] Und im Grund entspringt auch wirklich alle solche gewaltsame Geselligkeit wie die bei ihr, wenn sie nicht ganz naiv und roh ist, dem Bedürfnis, eine menschliche Einheit vorzutäuschen, welche die so sehr verschiedenen menschlichen Betätigungen umfassen soll und niemals vorhanden ist. Diese Täuschung nannte Diotima Kultur und gewöhnlich mit einem besonderen Zusatz die alte österreichische Kultur. Seit ihr Ehrgeiz durch Erweiterung zu Geist geworden war, hatte sie dieses Wort immer häufiger zu gebrauchen gelernt.

(Robert Musil, Der Mann ohne Eigenschaften, 1. Buch, I/21 und I/24, »Die wahre Erfindung der Parallelaktion«)

Ich bin nämlich nicht imstande, mir ein im Geiste irgendwie einheitliches Groß-Österreich klarzumachen, und noch weniger allerdings, mich mit diesem Geistigen mitzudenken.

(Franz Kafka, Hochzeitvorbereitungen auf dem Lande, hrsg. v. Max Brod, 1953, S. 447: Briefentwurf ca. 1917)

Vorwort

In den zwei Jahrzehnten vor 1914 erlangte die deutsche Industriewirtschaft Weltrang. Die wirtschaftliche Entwicklung eilte mindestens den europäischen Konkurrenten, nun einschließlich Englands, voran. Einzig die Vereinigten Staaten von Amerika hielten mit diesem Wachstum Schritt oder übertrafen es sogar.

Und zugleich war dies die Blütezeit des von Bismarck geschaffenen Deutschen Kaiserreichs. Deutschland wollte Weltmacht sein, der Kaiser hatte es immer wieder verkündet, und so unternahm das Land – in Konkurrenz mit anderen, hochrüstenden europäischen Staaten – immense Anstrengungen zur Stärkung der Wehrkraft in diesem Zeitalter einer ersten »Globalisierung«. Die Blütezeit des zweiten deutschen Kaiserreichs war zugleich ein Zeitalter imperialistischen Machtstrebens der europäischen Staaten, unter denen Deutschland zu spät gekommen schien – um so deutlicher meldete es, mit dem Kaiser an der Spitze, seine Ansprüche an. Wir wissen längst und wahrlich genau genug, wohin das führte. Jene »Urkatastrophe Europas«, als die der Erste Weltkrieg zu Recht bezeichnet worden ist, leitete hin zum Faschismus und Nationalsozialismus, hinein in die weltpolitische Konfrontation der Blöcke, und erst seit 1990 sehen sich die Nationalstaaten wieder gleichsam auf sich selbst zurückverwiesen.

Die wirtschaftliche Kraft und politische Macht ruhten im Deutschen Reich vor 1914 in einer eigentümlichen Konstellation, die durch das von Bismarck geprägte Gefüge der politischen Ordnung eingehegt wurde. Durchgängig verblieben Parlamentarisierung und Demokratisierung auf dem mit der Reichsverfassung von 1871 erreichten Niveau, und das brachte es mit sich, dass dem Mitgestaltungsverlangen immer weiterer Kreise nicht oder nur in engem Rahmen Rechnung getragen wurde. Deshalb – und natürlich wegen der rasch fortschreitenden Industrialisierung – war die Wilhelminische Zeit unter anderem auch eine Blütezeit der gewerkschaftlichen und sozialdemokratischen Arbeiterbewegungen. Das Bürgertum und die Eliten des Reichs erfreuten sich einer machtgestützten Privilegierung. Und die Klassenfurchen, welche die Industrialisierung schuf, wurden durch politische Maßnahmen nicht moderiert, sondern machtstaatlich überwölbt und zugleich nach innen und politisch verstärkt. Der politische Fortschritt hin zu einer zivilgesellschaftlichen, demokratischen Moderne stockte in Deutschland. Das führte zu merkwürdigen Konstellationen, darunter einem langfristig wirksamen politischen Bündnis agrarischer und industrieller Eliten, und ebenso zu einer nachhaltigen Koalition von Politik und Wirtschaft, Unternehmerschaft und Staat. Das Kruppsche Großunternehmen mit seinem Hauptsitz in Essen ist dafür ein besonders prägnantes Beispiel.

Die ziemlich enge, gegenseitig machtstützende Verbindung schon des preußischen Königshauses, seit der Reichsgründung dann des deutschen Kaiserhauses mit der Familie Krupp ist in Essen über die Jahrzehnte mit großer Sorgfalt gepflegt und in Berlin mit anhaltendem Wohlwollen begleitet worden. Das galt insbesondere für Kaiser Wilhelm II. In seinen Augen waren es wohl vor allem die schieren wirtschaftlichen Erfolge des größten deutschen Stahlkonzerns, dann seine Rolle als wichtigster, international hochangesehener deutscher Waffenproduzent, schließlich seine außerordentlichen sozialpolitischen Anstrengungen, welche das Unternehmen Krupp zu einem unvergleichlichen Exponenten deutscher Wirtschaftskraft machten und es dem Monarchen geraten erscheinen ließen, gerade dieser Firma öffentlich und beinahe ohne Hemmungen die kaiserliche Gunst zu bezeugen. Im Jahre 1912, als die Fried. Krupp AG ihr hundertjähriges Firmenjubiläum feierte, wurde dies deutlicher als je zuvor. Man wird von einem Politiker, als welcher der Kaiser ja vorrangig zu wirken hatte, aus heutiger Sicht an sich bei Wirtschaftskontakten weise Zurückhaltung schon allein in der Absicht erwarten können, politische Optionen nicht zu begrenzen – und andererseits wird sich der Vorstandsvorsitzende eines großen Konzerns heute in der Öffentlichkeit nicht durch parteipolitische Bekenntnisse festlegen und desavouieren lassen. Ganz anders zu jener Zeit. Dass dieser Kaiser, entgegen seinem Bekenntnis bei Kriegsausbruch 1914, keineswegs über den Parteien stand, dass er vielmehr die immer stärkere Arbeiterbewegung und damit zunehmend große Teile der Arbeiter-Bevölkerung mit allen einigermaßen rechtsstaatlichen Mittel bekämpfen ließ und auch andere politische Gruppierungen zumindest gering schätzte, war seit Jahrzehnten jedermann bekannt – ebenso wie die deutschnationale Monarchietreue und der soziale Patriarchalismus des Hauses Krupp. Wenn beide sich so vereinten wie anlässlich des Firmenjubiläums, das in diesem Buch untersucht wird, dann ging es um mehr als ein beliebiges Firmenfest. Es mochte um je eigene, traditionsbegründete Ansichten über die Erzeugung eines »harmonischen Verhältnisses« zwischen Arbeitern, Unternehmern und Politik und in diesem, recht einseitigen Sinn um die Erhaltung eines sonst prekären »sozialen Friedens« gehen. Es ging darin aber letztlich um ein hypertrophes Machtkartell, dessen symbolische Übersteigerungen auch aus dem unbedingten Streben nach Machterhalt zu deuten sind.

Die Unternehmensgeschichte der Firma Krupp ist jüngst wiederholt Gegenstand von Überblicksdarstellungen und monographischen Abhandlungen gewesen. Über das große Firmenjubiläum von 1912 ist mir jedoch keine Abhandlung bekannt geworden, obwohl etwa die jüngst vermehrten kulturgeschichtlichen Studien gerade das öffentliche Fest – denn als solches, nicht etwa allein als private Belegschaftsfeier, war das Firmenjubiläum grundsätzlich intendiert – genauer in den Blick genommen haben. Feste lassen sich als Verdichtungen sozialer, politischer und mentaler Zustände und Befindlichkeiten verstehen, als treffende Spiegel ihrer Zeiten: Äußere Abläufe, Bildprogramme, Ornamente und Symbole wie symbolisch verstandene Festhandlungen stehen dabei stets in je eigenen Traditionen und lassen sich oft ebenso schwer deuten wie jene gespannte Erwartungshaltung, welche »das Publikum«, näher Beteiligte ebenso wie die Menschen in den Spalieren, ergriff, wenn man des hohen Gastes wie eines Heiligen ansichtig wurde. Ich versuche, auch diesen Zusammenhängen nachzugehen und deshalb die reiche Bildüberlieferung einzubeziehen. Im Wechselbezug zum erläuternden und analysierenden Text kann die Betrachtung des Bildes manches erklären, was im Wort unerläutert bleibt.

Der Text ist aus einem Vortrag hervorgegangen, den ich auf Einladung von Prof. Dr. Paul Münch, Essen, für ein Symposium zur Geschichte des öffentlichen Festes vorbereitet hatte. Der Vortrag ist in leicht überarbeiteter Form veröffentlicht worden, und ich danke Paul Münch für die Erlaubnis, damalige Grundgedanken in viel ausführlicherer und erweiterter Form erneut zu veröffentlichen. Die Arbeit beruht auf ausgedehnten Studien im Historischen Archiv Krupp. Mir standen alle Akten offen, und alle denkbare Hilfe wurde mir zuteil, und hierfür danke ich sowohl der früheren Archivleiterin, Frau Dr. Renate Köhne-Lindenlaub, als auch ihrem Nachfolger, Herrn Privatdozenten Dr. Ralf Stremmel. Schließlich danke ich der Alfried Krupp von Bohlen und Halbach-Stiftung nachdrücklich für die Erlaubnis, wiederum ohne jede Einschränkung die unerschöpflichen Akten und Bildquellen des Archivs heranzuziehen. Mit der Aufbereitung dieser Quellen war ich früher bereits befasst, und die Erfahrungen mit der Erstellung der »Bilder von Krupp. Fotografie und Geschichte im Zeitalter der Industrialisierung« (1994, 2. Aufl. 2002, engl. Ausg. 2005) kamen mir nun sehr zustatten; sie hinderten mich vor allem an der wenig sinnvollen Reproduktion historischen Bildgutes in der Absicht bloßer Illustration – diese bleibt aber immer auch ein sozusagen angenehmer Nebenzweck. So wird das historische Bild in diesem Band wiederum mit Sorgfalt behandelt. Hierbei half mir Herr Dipl.-Volksw. Herwig Müther, der die Krupp-Bestände und vor allem die Bildüberlieferungen des Historischen Archivs Krupp wie kein anderer kennt. Herr Müther vollzog schon für die »Bilder von Krupp« entscheidende systematisierende Arbeiten und klärte so manches Problem, das sich mit der Bildüberlieferung üblicherweise verbindet. Für seine unschätzbaren Hilfen bei der Erstellung dieses Buches danke ich deshalb einmal mehr Herrn Müther.

Bochum, im Dezember 2004 Klaus Tenfelde

I. Ein besonderes Großunternehmen

▲ **Abb. 1:**
Die Villa Hügel in Essen-Bredeney, seit 1873 Wohnsitz der Familie Krupp, Blick von Nordwesten, Postkarte um 1910

Während der Jubiläumstage Anfang August 1912 richteten sich die Augen der deutschen Öffentlichkeit auf Essen, die Firma Krupp, das herrschaftliche Wohnhaus der Familie Krupp im Essener Süden und den Kaiser – und außerhalb Deutschlands werden mindestens die Rüstungs-Konkurrenten wie Vickers und Armstrong in England, Schneider-Creusot in Frankreich oder Škoda in Prag mit einer Mischung aus Neid und Anerkennung die Vorgänge beäugt haben. Da hob ein gewaltiges Festereignis an, das vielleicht als das größte bis dahin, und vermutlich auch danach, begangene Firmenjubiläum Deutschlands oder gar der industrialisierten Welt gelten kann. Aber es war nicht nur die schiere Größe des Unternehmens, was den Blick nach Essen richten ließ.

In dem langanhaltenden konjunkturellen Aufschwung seit Mitte der 1890er Jahre wiesen Deutschland und die USA unter den großen industrialisierenden Staaten die mit Abstand höchsten Wachstumsraten auf. Neben der weiterhin prosperierenden Schwerindustrie, den großen Konzernen um Kohle und Stahl, trugen neue Branchen wie die Chemie- und Elektroindustrie den Aufschwung. Bis zum Ausbruch des Ersten Weltkrieges wurde ein Ausmaß weltweiter wirtschaftlicher Verflechtung erreicht, das vermutlich erst im letzten Jahrzehnt des 20. Jahrhunderts, während eines zum Ende hin hochspekulativen Investmentbooms, übertroffen worden ist. Man kann deshalb von einer ersten Globalisierungswelle zwischen 1895 und 1914 sprechen.[1] Dieser

Aufschwung stand freilich im Zeichen eines rüstungspolitischen Wettlaufs ohnegleichen. Die Wirtschaft, und hier nun insbesondere die Schwerindustrie, profitierte von konkurrierenden Nachfrageimpulsen, die durch diesen Wettlauf der großen Nationen um die Führung in Europa und auf der Welt ausgelöst wurden. Die Firma Krupp, bis 1903 ein reines Personen- bzw. Familienunternehmen und seither im Kleid einer Aktiengesellschaft dasselbe, gehörte zu den ganz großen Gewinnern der imperialistischen Hochrüstung jener Zeit.

Alfred Krupp (1812–1887), der eigentliche Firmengründer, hatte mit dem Ausgriff der Essener Gussstahlfabrik auf den Erz- und den Kohlenbergbau zur Absicherung des immensen Rohstoffbedarfs für die Produktion qualitativ hochwertiger Massenstähle schon in den 1860er Jahren vermutlich als erster die Zeichen der Zeit erkannt. Schon damals entstand der Sache, nicht der Rechtsform nach ein Konzern. Seit den 1880er Jahren folgten die großen Eisen- und Stahlproduzenten, in Deutschland wie in England und den USA. »Konzentration« hieß der Prozess, den sie alle einleiteten, um die Gewinnspannen zwischen Rohstoffgewinnung und Fertigprodukten in jeweils einem Konzern zu vereinen und dabei möglichst noch die Preisgestaltung durch Kartell- und Syndikatsverträge abzusichern. Das gelang entweder durch Aufkäufe und Integration von Konkurrenten, als »horizontale« Konzentration, oder durch Übernahme oder mindestens Einflusssicherung bei Zulieferern und Abnehmern, als »vertikale Konzentra-

▲ Abb. 2:
Die Gussstahlfabrik Fried. Krupp in Essen im Jahre 1912, Gemälde von Otto Bollhagen und Fritz Jacobsen
Das neue Hauptverwaltungsgebäude liegt an der Altendorfer Straße in der Mitte des Bildes. Im Hintergrund die Stadt Essen

tion«, und es machte aus ursprünglich oft nur regional bedeutenden Produzenten weltweit operierende Konzerne. Krupp, der trotz einer schweren Finanzkrise nach dem Reichsgründungsboom seine Stellung als führender deutscher Stahlproduzent hatte wahren können, war im Jahre 1907, gemessen am nominellen Aktienkapital, mit Abstand das größte deutsche Unternehmen, vor den Siemens-Werken in Berlin, der Gelsenkirchener Bergwerks-AG, dem Phönix in Dortmund-Hörde und der AEG – das waren diejenigen Konzerne, deren Aktienkapital mindestens 100 Mio. Mark betrug.[2] Es überrascht nicht, dass Bertha Krupp (1886–1957), die ältere von zwei Töchtern Friedrich Alfred Krupps (1854–1902), nach dessen plötzlichem Tod im Jahre 1902 als reichste Erbin Europas galt.

Die Firma Krupp ist, nach damaligen wie auch nach heutigen Maßstäben, in den Jahren vor Kriegsausbruch 1914 ins Riesenhafte gewachsen. Sie war jedoch mehr als ein großer, gar der größte deutsche Konzern, und die Familie war mehr und anderes als eine Unternehmerdynastie: Krupp war ein besonderes unter den deutschen Großunternehmen. Das hatte viele Gründe. Da war zunächst die Aura des Stahlpioniers: Wie immer begünstigt oder beeinträchtigt von den äußeren Umständen, hatte Alfred Krupp als Unternehmerpionier ein Werk vollbracht, dessen Kernbereich, die Produktion hochwertigen Stahls, in der frühen Phase der Industrialisierung nachgerade als Arkanum des Erfolges gegolten hatte. Mit viel Geheimniskrämerei umgab man auch später jedwede Neuerung, suchte also, seine

Vorteile zu wahren. Das waren teilweise Vorteile gewesen, die konkret auf Patenten beruhten, darunter das Patent zur Herstellung von Eisenbahn-Radreifen »aus einem Guss«, richtiger: in einem Schmiedevorgang, ohne jegliche Schweißstellen. Dieses Patent hat den ersten großen Aufschwung des Konzerns nach der Mitte des 19. Jahrhunderts maßgeblich begründet. Bei der Schienenproduktion gelang es über Jahrzehnte und unter Nutzung auch von Erfindungen, die anderwärts gemacht worden waren, Kostenvorteile zu wahren oder auszubauen.

Dass sich der überaus hochwertige Sonderstahl, den das Werk in Essen im Tiegelgussverfahren vollendet herzustellen vermochte, nicht nur für Prägestempel, Werkzeuge und Löffelwalzen, sondern besonders hervorragend für »Werkzeug« in einem ganz anderen Bereich, für Waffen nämlich, eignete, das

▶ **Abb. 3:**
Alfred Krupp (1812–1887), Gemälde von Julius Grün

hat Alfred Krupp schon in den 1840er Jahren gewusst. Es hat rund 30 Jahre gedauert und mehrerer Kriege bedurft, um davon auch diejenigen zu überzeugen, die zuvörderst mit solchen Werkzeugen umzugehen pflegen: die höheren und hohen Heeresoffiziere, die »Heeresbürokraten«, wie man sie manchmal in Essen verächtlich apostrophierte. Bei der Marine hatte die Firma von Anfang an, und nicht zuletzt dank guter persönlicher Beziehungen, besseren Erfolg. So beruhte ein großer Teil der Wachstumsgewinne seit der Wende zum 20. Jahrhundert auf einer monopolartigen Stellung der Firma in der Produktion der

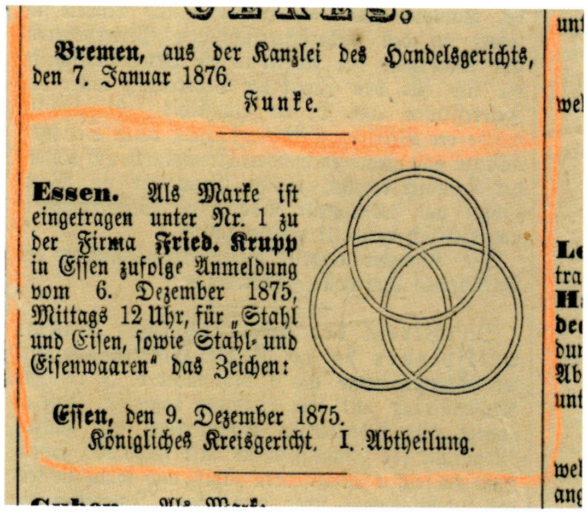
Bremen, aus der Kanzlei des Handelsgerichts, den 7. Januar 1876.

Funke.

Essen. Als Marke ist eingetragen unter Nr. 1 zu der Firma **Fried. Krupp** in Essen zufolge Anmeldung vom 6. Dezember 1875, Mittags 12 Uhr, für „Stahl und Eisen, sowie Stahl- und Eisenwaaren" das Zeichen:

Essen, den 9. Dezember 1875.
Königliches Kreisgericht. I. Abtheilung.

◀ **Abb. 4: Die drei Krupp-Ringe, drei aufeinander gelegte nahtlose Eisenbahnradreifen, sind seit Dezember 1875 Markenzeichen der Fa. Fried. Krupp**

◀ **Abb. 5:**
Familie Krupp mit Freunden auf Capri, 1898
Sitzend von links: Frl. Brandt (Gesellschafterin), Admiral Schröder, Margarethe Krupp, Barbara Krupp; hintere Reihe: Assessor Korn (Justitiar), Dr. Vogt, Bertha Krupp, Friedrich Alfred Krupp

▶ Abb. 6:
Eine Tagesproduktion der Gussstahlfabrik (ohne Berücksichtigung der Geschützproduktion), ausgestellt beim Besuch von Kaiser Wilhelm I. in Essen am 2. September 1877

▼ Abb. 7:
Geschützbau in der IV. Mechanischen Werkstatt von 1863,1906

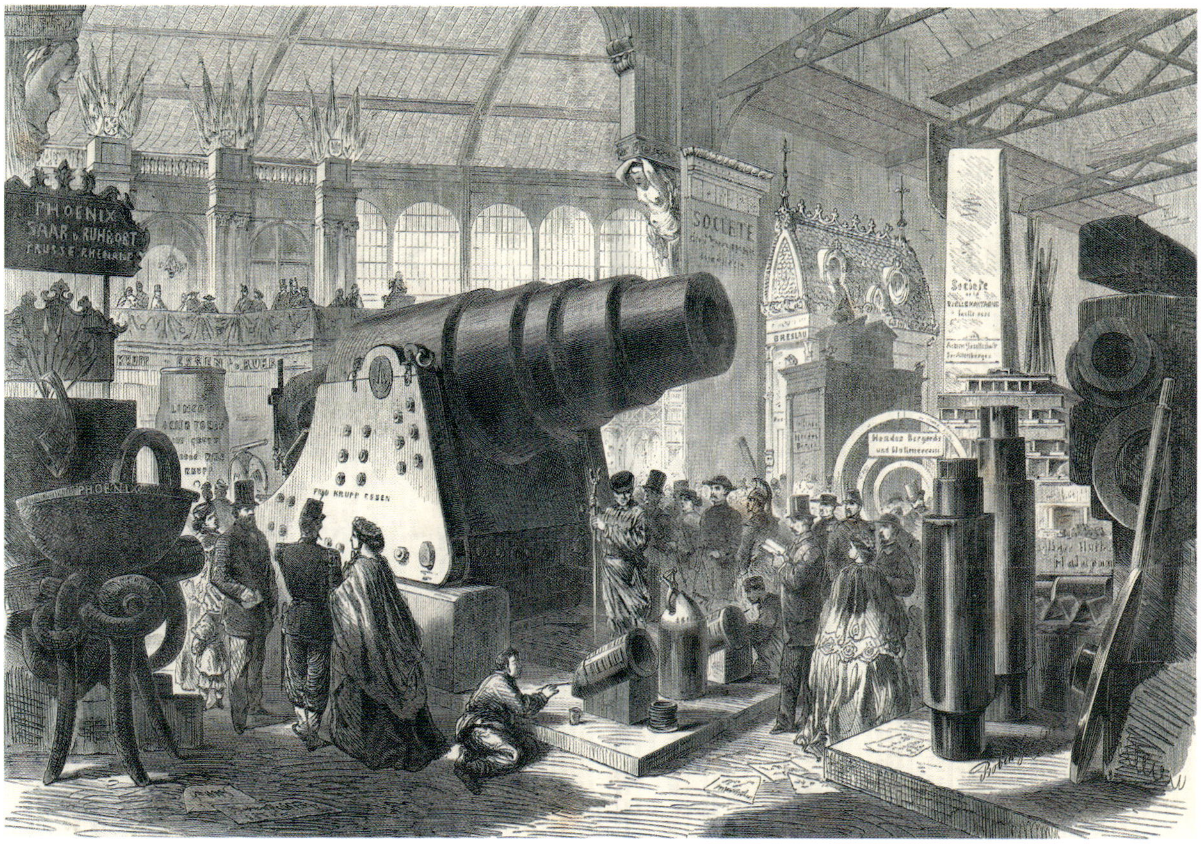

▲ Abb. 8:
Tiegelstahlguss im alten Schmelzbau, Gemälde von Otto Bollhagen, 1912

◄ Abb. 9:
Ein Tausendpfünder-Geschütz von Krupp, ausgestellt auf der Pariser Weltausstellung 1876, Holzstich aus der Leipziger Illustrirten Zeitung

▲ **Abb. 10: Preußens König Wilhelm I. besucht am 9. Oktober 1861 die Essener Gussstahlfabrik, vor der Gruppe der König und dritter von rechts Alfred Krupp**

schwereren Geschütze und der Panzerung, sei es derjenigen der nun im imperialistischen Wettrüsten rasch von Stapel laufenden schweren Schiffe, sei es bei der Panzerung von Festungen, Küstenbatterien oder bald auch U-Boot-Türmen. Und es gelang, sowohl mit der Übernahme des Magdeburger Grusonwerks bei den Geschützpanzerungen einen wichtigen Konkurrenten auszuschalten, als auch durch den Erwerb der Germaniawerft in Kiel in der Kriegsschiff-Produktion mitzumischen. Als besonders weitsichtige Investition sollte sich die Errichtung der Friedrich-Alfred-Hütte bei Duisburg, an der linken Rheinseite, noch Ende des 19. Jahrhunderts erweisen. Krupp machte sich damit auch auf dem Gebiet der Massenstähle zu einem ebenbürtigen, wenn nicht übermächtigen Konkurrenten und befriedigte insbesondere den eigenen Bedarf an solchen Stahlqualitäten.

Der »Mythos Krupp« beruhte also schon zu Beginn des 20. Jahrhunderts zum einen allgemein auf einem Aufstieg sondergleichen, auf einer symbolhaften Pionierrolle des Unternehmens in der deutschen Industrialisierung. Zum anderen hatte die für Jahrzehnte das Heft in der Hand haltende Unternehmerpersönlichkeit Alfred Krupps das »Gesicht« des Unternehmens zutiefst geprägt. Das betraf die unbedingte Unabhängigkeit der Familie und der Werke von den Banken in einer Zeit, in der anonymisierte Kapital-Eigentümerschaft an großen Unternehmen und eine entsprechend bedeutende Rolle der Finanzinstitute längst die Regel waren. Es betraf aber auch die besondere Art der betrieblichen Wohlfahrtspflege, mit der Krupp »seine« Belegschaft disziplinierend umsorgte. Die Firma und die Familie hatten sich schon seit Mitte des 19. Jahrhunderts zu einer Art Leittyp eines Unternehmer-Patriarchalismus in Deutschland entwickelt,[3] an dem man sich – und das geschah reichlich – reiben mochte, dem man aber auch, allein schon mit Blick auf den Kostenaufwand, den Respekt nicht versagen konnte. Es war schließlich Alfred Krupp höchstselbst gewesen, der frühzeitig begann, die historische Rolle des Unternehmens, wie er sie sah, festzuschreiben, am eigenen Geschichtsbild und an dem seiner Werksangehörigen mitzuschreiben und damit Pfade für diejenigen zu bereiten, die nach ihm kommen sollten. So war das Unternehmen nach innen ziemlich bürokratisch organisiert, und es umgab sich nach außen im steten Bezug auf die Qualität seiner Produkte mit einer Aura einzigartiger, schwer angreifbarer, geradezu staatstragender Zuverlässigkeit. Der Koloss Krupp replizierte, nach seiner inneren Verfassung, seinem Selbstverständnis und seinen Wirkungsweisen, in mancherlei Hinsicht, was Deutschland selbst war in der Zeit des Kaiserreichs: ein, so schien es, machtvolles Gebilde, kampfstark, oftmals protzig, autoritär und ziemlich resistent gegen Kritik, aber auch leistungsfähig, fortschrittlich, unbeirrt. Nicht zufällig hat man Bismarck mit Alfred Krupp verglichen.[4]

So war um die Jahrhundertwende aus dem ehemaligen Eisen- und Stahlproduzenten mit einer durchaus zivilen, im Waffengeschäft allerdings längst gestützten Produktpalette nunmehr ein Rohstoff- und Stahlproduzent für schwere und schwerste Waren geworden. Sicher, das Eisenbahngeschäft lief weiter, da gab es weitere Investitions- und hohe Ersatzbedarfe, daneben waren aber längst andere Produkte getreten, Antriebswellen für Riesenschiffe etwa, die höchsten Ansprüchen an das Material genügen mussten. Überhaupt, das Große war ja seit der Präsentation riesiger Tiegelstahl-Blöcke auf den Industrieausstellungen des 19. Jahrhunderts in Essen zuhause. Immer schwerer wurden die Kaliber der Geschütze im Wettstreit um die größte Distanz und höchste Durchschlagskraft, immer raffinierter die Legierungen, mit denen man jene Panzerungen goss, die denselben Geschützen widerstehen sollten. In allem glaubte man sich an der Spitze des Fortschritts – und man war es wohl auch, abgesehen von gewissen Konkurrenten wie der Düsseldorfer Rheinmetall, die inzwischen auch ganz gute Geschütze herstellte. In Fällen wie diesen konnte sich Krupp auch anderer, verdeckter Mittel bedienen, um unliebsame

▼ Abb. 11: Kaiser Wilhelm I. bewundert die Schmiedekunst am Dampfhammer Fritz, rechts neben dem Kaiser Alfred Krupp, 2. September 1877

Konkurrenten im Schach zu halten. Jedenfalls aber waren solche Waffen immer staatliche Angelegenheiten. Die Zeit war überhaupt regelrecht besessen von der Artillerie, und so hatte auch der Kaiser ein Faible für die schwersten Geschütze.

Zu der Aura des Besonderen, die das Werk und die Familie seit den großen Erfolgen Alfred Krupps zumal in der Waffenproduktion umgab, gehörte deshalb die besondere Beziehung des Werks zu den Organen des Staats und der bewaffneten Macht, die sich in den gleichfalls besonderen Beziehungen der Familie zum preußischen Königs- bzw. deutschen Kaiserhaus verdichtete.[5] Schon Wilhelm I. war, zuerst als Kronprinz, dann wiederholt in Essen gewesen, und im Dezember 1877 besuchte Kronprinz Friedrich Wilhelm, als Friedrich III. im Jahre 1888 bis zu seinem frühen Tod Kaiser, die Firma Krupp und Alfred Krupp in der Villa Hügel. Alle Krupps machten, sofern sich die Gelegenheit ergab oder dringende Probleme dies nahe legten, bei Aufenthalten in Berlin am Hof ihre Aufwartung und wurden dort gern gesehen. Kein anderer deutscher Unternehmer dürfte dann in den Zeiten Friedrich Alfred wie auch Gustav Krupps und Wilhelms II. diesen Vorzug in diesem Maße genossen haben. Seit den 1890er Jahren war man sich in Essen der speziellen Gunst gerade dieses Monarchen, des Kaisers Wilhelm II., ganz gewiss. Friedrich Alfred Krupp hatte sich spätestens seit 1878 unermüdlich um Kontakte zu dem anfangs noch in Bonn studierenden Hohenzollernprinzen, später nach Berlin, bemüht, und er hatte dabei offenkundig das Faible des späteren Kaisers für die großen Kanonen richtig eingeschätzt.[6] Während seiner gesamten Regierungszeit kam Wilhelm II. immer wieder gern einmal zu Schießversuchen nach Essen oder Meppen, wo Krupp einen großen Schießplatz unterhielt. Und umgekehrt, der junge Krupp wurde etwa im Januar 1885 und im August 1887 gnädig in Berlin empfangen. Er suchte sehr bald nach dem Tode Friedrichs III. um erneute Audienz nach – ob diese gewährt wurde, ist nicht ersichtlich, aber Friedrich Alfred wurde nun ein oft gesehener Gast bei Hofe, so am 29. Juni 1889, am 13. August 1890, am 16. März 1891, am 2. Februar 1892 zum »Herrenabend«, dann wieder am 31. Januar 1894 – und so weiter. Man sah sich auch zu anderen Gelegenheiten häufig, etwa während der jährlich stattfindenden Kieler Woche. Der erste Besuch Wilhelms II. als Kaiser in Essen fand am 20. Juni 1890 statt, am 28. April 1892 fand er sich beim Schießen in Meppen ein, und jetzt arbeitete man bei Diesem und Jenem rege

▼ Abb. 12: Vorführung von Marinegeschützen vor Kaiser Wilhelm II. auf dem Krupp-Schießplatz in Meppen am 28. April 1892

1. F. A. Krupp
2. Menshausen
3. S. Maj. Kaiser Wilhelm II.
4. Kapitän z. S. Sack
5. Kapitänleutnant Götz
6. Kapitän z. S. Tirpitz
7. Direktor Asthöwer
8. Direktor Gross
9. A. Schmitz
10. Landrat Behnes
11. Budde
12. Krone

zusammen: Wilhelm überzeugte Krupp gegen dessen Willen, dass die Firma auf der Weltausstellung in Chicago vertreten sein müsse; Krupp bediente die Kanonen-Ausstellung im Berliner Zeughaus mit seinen Produkten. Sowohl beim Erwerb des Grusonwerks in Magdeburg als auch bei der Übernahme der Germaniawerft in Kiel durch Krupp sprach der Kaiser ein gewichtiges Wort mit. Schon 1893 ließ sich der Kaiser ganz schnell einmal, die Aktion erforderte einen riesigen Aufwand, etwas vorführen: »Können Sie es möglich machen, etwa am 14. Januar mit einem Ihrer *neuen* Feldgeschütze (Schnelllader) Mir in Jüterborg etwas vorzuschießen? Es handelt sich um eine prinzipielle Entscheidung, die Ich fällen werde.«[7] Krupp machte es möglich, wenn auch zwei Wochen später; es ist nicht bekannt, ob daraus ein Auftrag wurde.

Längst war die Firma Krupp zum wichtigsten Waffenproduzenten aufgestiegen, und auf diesem Gebiet war die unmittelbare Beziehung zum Kaiser entscheidend. Allerdings dürfte zu Beginn der 1890er Jahre auch mancher Schatten auf die enge Bekanntschaft, wenn nicht Freundschaft zwischen den beiden nunmehr »Regierenden« gefallen sein, denn der »Neue Kurs« des jungen Kaisers in Sachen Sozialpolitik, der ja sowieso bald versanden sollte, fand in Essen scharfe Ablehnung. Wenn es indessen gegen die Sozialisten und diejenigen Unruhestifter ging, denen man die Schuld beim Ausbruch von Streiks gern zuschrieb, dann war man wieder in Respekt vereint.[8] So erwies Wilhelm II. denn auch im August 1899, diesmal in Begleitung des Reichskanzlers und einiger Minister, der Firma und dem Hause Krupp durch einen neuerlichen Besuch seine Gunst.

Es kann vermutet werden, dass Wilhelm und Friedrich Alfred Krupp auch persönliche Neigungen teilten, und so überrascht nicht, dass der Kaiser anlässlich des skandalumkränzten Todes Krupps im Jahre 1902 nach Essen eilte, unter anderem, um dort, am Essener Bahnhof, eine seiner berüchtigten spontanen Ansprachen, die »Tischtuchrede«, zu halten. Das Tischtuch zwischen der Gesell-

▲ Abb. 13:
Der Kaiser im Trauerzug für Friedrich Alfred Krupp, Werksangehörige aus der Oberkontrolle und dem Fuhrwesen bilden das Spalier im Vordergrund, 26. November 1902

▶ Abb. 14:
Postkarte mit der Südansicht der Villa Hügel
Vermerk: »Vom 8–10 August war Kaiser Wilhelm II auf Villa Hügel a.d. Ruhr u. wird wahrscheinlich im Oktober zur Vermählungsfeier v. Frl. Krupp wieder kommen.«

schaft und den Sozialdemokraten sei, so hieß es, zerschnitten – als ob man je, als Kaiser oder Krupp, mit jenen an einem Tisch gesessen hätte. Für die Firma Krupp war viel wichtiger, dass sich der Kaiser in dieser Rede als »Freund« des Hauses bezeichnete, sei er doch nach Essen gekommen, »um den Schild des Deutschen Kaisers über dem Hause und das Andenken des Verstorbenen zu halten«.[9]

Der Kaiser hat die Firma Krupp zwischen 1890 und 1918 nicht weniger als zwölfmal besucht und dabei viermal in der Villa Hügel logiert.[10] Er hat die Ehe zwischen Bertha Krupp und dem Karrierediplomaten Gustav von Bohlen und Halbach (1870–1950) persönlich gutgeheißen und mit einem namensrechtlichen Eingriff gesegnet, um die Familientradition des Hauses nach außen zu sichern: Gustav hieß nun »Krupp von Bohlen und Halbach«. Er war zuletzt, zu einem gleichsam »normalen« Kaiserbesuch, im August und erneut anlässlich der Vermählung von Bertha und Gustav im Oktober 1906 bei Krupp in Essen gewesen,[11] und es war wohl bei der letzteren Gelegenheit, dass man erstmals intern das nun darzustellende Großereignis mit ihm verabredete. Jedenfalls berief man sich bei den engeren Terminabsprachen mit dem Chef des Kaiserlichen Zivilkabinetts, von Valentini, auf ein früher getroffenes Einvernehmen.

◀ Abb. 15:
Bertha und Gustav Krupp von Bohlen und Halbach im Jahre 1910

II. Planungen und Vorbereitungen für ein Großereignis

Die Kaisertage fanden in Essen am 8. und 9. August 1912 statt, und selbstverständlich konnte niemand voraussehen, dass sie durch eine der im Ruhrgebiet nicht ganz seltenen Bergwerkskatastrophen abrupt beendet werden würden.

Der Jubiläumstermin erscheint auf den ersten Blick ganz willkürlich gewählt. Im engeren Sinne war er nur vom Terminkalender des Kaisers abhängig gemacht worden, der sich denn auch zusammen mit Reichskanzler Theobald von Bethmann Hollweg und den Spitzen des Reichs in Essen die Ehre geben sollte. Eigentlich war 1811 das Gründungsjahr der Firma gewesen, aber das war anscheinend selbst Alfred Krupp nicht so recht bekannt gewesen, dürfte sich vielmehr erst mit den zum Jubiläum vorangetriebenen historischen Studien erwiesen haben.[12] Eine Festlichkeit zum Gründungstermin hätte sich, so schien es wohl den Verantwortlichen bei Krupp, zu sehr mit der im Ruche des Bankrotts stehenden, vielfach bis heute unterschätzten, »ursprünglichen« Gründerpersönlichkeit, mit Friedrich Krupp (1787–1826), verbinden müssen. Die wahre Pioniertat hatte ja auch Alfred Krupp vollbracht, das stand und steht jenseits allen Zweifels. Er vollbrachte sie aber, im Sinne einer zweiten finanziellen und materiellen Firmengründung in den Bahnen der ersten, erst in den 1830er Jahren.

Alfred Krupp ist am 26. April 1812, knapp ein halbes Jahr nach Gründung der Essener Gussstahlfabrik durch den Vater Friedrich, geboren worden – da bot es sich an, ein Doppeljubiläum[13] zu diesem Termin zu feiern. Dass dann nicht Alfreds Geburtstag, sondern die im Einzelnen durch des Kaisers Termine bestimmten, an sich beliebigen Augusttage für die Feierlichkeiten gewählt wurden, hatte am ehesten mit einer Mitteilung von Bertha Krupp, der Enkelin Alfreds, an ihren Gatten im Herbst 1911 zu tun. Bertha war erneut in anderen Umständen. Da erwies sich dann die Aussicht auf ein immerhin auch in Essen mögliches Kaiserwetter im August – diese Hoffnung sollte

◀ **Abb. 16: Postkarte »Kaisertage auf Hügel«**

▶ Abb. 17 a und b: Festpostkarte zur Hundertjahrfeier, Vorder- und Rückseite

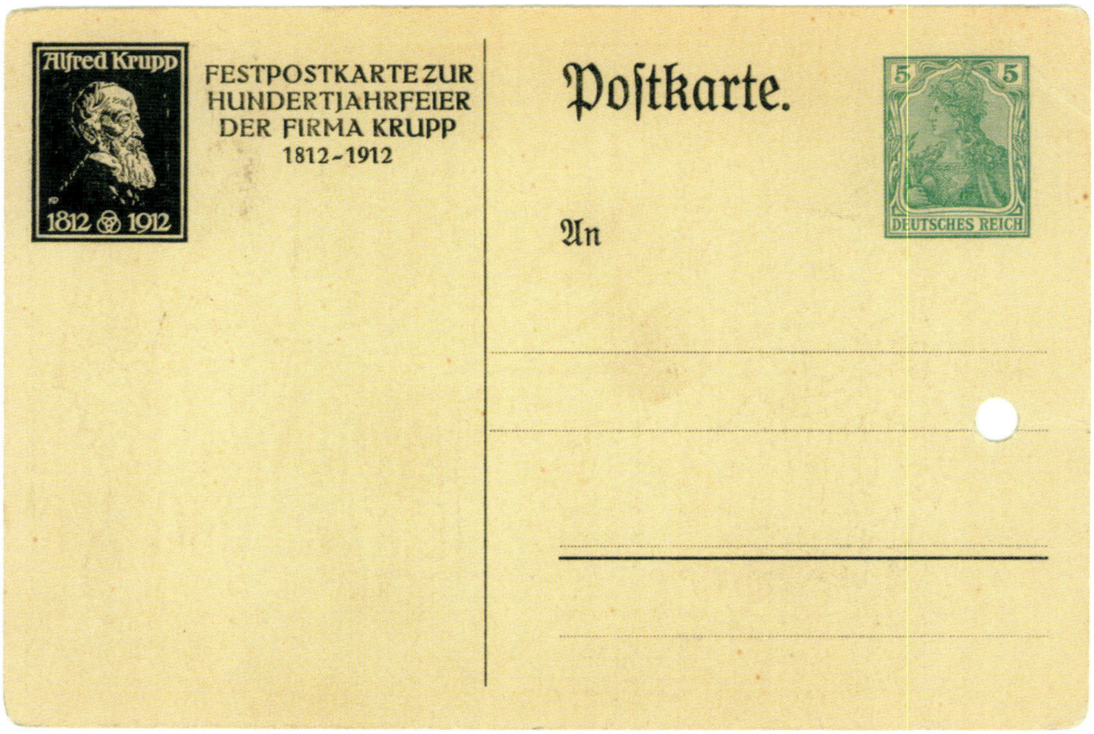

sich nicht erfüllen – nur als zusätzlicher Grund. Im Hochsommer feiert es sich besser als im April. Das Direktorium und die sonstigen leitenden Herren der Firma begingen denn auch den Geburtstag des verehrten Unternehmerpioniers am 27. April des Jubiläumsjahres allein durch eine Kranzniederlegung beim Denkmal Alfred Krupps am Eingang der Gussstahlfabrik.[14]

So verblieb als eine Art förmlichen Nachhalls der ursprünglich für wichtiger erachteten Tatsache, dass ein Gründungs-Doppeljahr zu feiern war, in der Festplanung letztlich nur die dann realisierte Absicht erhalten, die Jubilare des Jahres 1911 zusammen mit denen des Jahres 1912 zu ehren. Die Gesamtbelegschaft zählte Anfang 1912 rund 71.000 Personen, davon allein in Essen nicht weniger als 37.000. Die Jubilare zweier Jahrgänge gemeinsam zu ehren, war nicht ganz beiläufig gemeint, denn Jubilarehrungen genossen bei Krupp, jener Stammbelegschaftsfirma

◀ Abb. 18:
Postkarte aus einer Serie »Kaisertage in Essen-Ruhr«

◀ Abb. 19:
Postkarte aus einer Serie »Kaisertage in Essen-Ruhr«

schlechthin, einen sehr hohen Rang. Seit 1904 wurden sie, mindestens unter starkem Beifall – wenn nicht infolge einer Anregung – von Margarethe Krupp, der Witwe Friedrich Alfreds, einmal jährlich groß begangen. Für das Jubelfest hatte man ursprünglich beabsichtigt, die Jubilarehrung in die Hauptfeier zu integrieren. Indessen hielt der Kaiser das für eine eher firmeninterne Angelegenheit, und überhaupt, man wäre bei den in Essen verfügbaren Saal-Kapazitäten mit dieser Absicht an Grenzen gestoßen. So wurde entschieden, die Ehrung an den Beginn der Feierlichkeiten zu stellen und noch ohne Seine Majestät zu begehen.

Es gab in Essen längst schon ordentliche Festsäle, welche die Stadt nicht zuletzt Krupp verdankte: den Städtischen Saalbau zuerst, zu dessen Finanzierung die Firma erheblich beigetragen hatte, dann eine Festhalle auf der Kaupenhöhe, die allein von Krupp errichtet worden war, schließlich im neuen, auch mit

▲ **Abb. 20: Eine weitere Postkarte zur Erinnerung an das 100-jährige Bestehen der Firma Fried. Krupp, 1912**

Blick auf das Jubiläum errichteten Hauptverwaltungsgebäude auf dem Firmengelände den so genannten, gerade für solche Zwecke gedachten und entsprechend gestalteten »Oberlichthof« inmitten des Gebäudes, an eine »Ehrenhalle« grenzend, über drei Etagen durch Licht von Oben erhellt. Das Hauptverwaltungsgebäude war seit 1905 konkreter geplant worden, 1906 riss man ältere Fabrikgebäude am geplanten Standort ab, im Oktober 1907 begannen die Bauarbeiten, und seit Ende 1910 zogen die ersten Büros ein. Der Bau wurde jedoch endgültig erst im November 1911 abgenommen, und die offizielle Einweihung sollte der Kaiser anlässlich des Jubiläums vornehmen: Auch dieses, nach außen – wegen der umgebenden Fabrikbauten – eher schlichte, mit einem Turmbau jedoch hochaufragende, riesige Gebäude muss deshalb als eine Jubiläumsmaßnahme, als ein Geschenk der Firma an sich selbst, gelten.[15] Es stand bautechnisch, unter Verwendung von Eisenbeton nicht zuletzt wegen der zu gewärtigenden Setzungen in einer Bergbaugegend, auf der Höhe der Zeit und war in seinen repräsentativen, den hohen Werks-«Beamten« und Besuchern vorbehaltenen Teilen mit großem Bedacht und hohen Kosten gestaltet. Da gab es selbstverständlich ein sehr repräsentatives Treppenhaus, äußerst gediegene Räumlichkeiten für den Aufsichtsrat, das Direktorium und den Firmenherrn (im »Erkerzimmer« der ersten Etage), sodann einen eigenen Saal für Festmahle im so genannten »Hungerturm«; es gab Bildnisse, Statuen und sonstige Ausschmückungen. Für diese war mit Hugo Lederer ein damals sehr bekannter, deutschnational orientierter Bildhauer gewonnen worden, der bereits das Essener Denkmal für Friedrich Alfred Krupp errichtet hatte und also in gutem Rufe stand; in den 1920er Jahren sollte man ihn noch einmal, für ein Denkmal zu Ehren der Karsamstagstoten von 1923, bemühen, und noch 1937 wurde eine Büste von F. A. Krupp, die Lederer gefertigt hatte, in der Siedlung Margarethenhof in Rheinhausen enthüllt.[16]

Der erwähnte »Oberlichthof« fasste zum Leidwesen der Fest-Organisatoren allerhöchstens 1.000 Menschen (und die moderne Feuerwehr würde davon vielleicht nur ein Viertel zugelassen haben). Er wurde zum Hauptfestort erkoren, neben dem Saalbau, neben der geschmückten Firma mit ihrem riesigen Werksgelände, neben der Stadt Essen insgesamt und natürlich neben dem Hügel im Süden der Stadt. Dort errichtete Krupp, gleich angrenzend an das Hauptgebäude, eine eigene Festhalle nur für diesen Zweck im Lustgarten der Villa. Sie maß 39 Meter in der Länge und 16 Meter in der Höhe, verfügte über eine eigene Großküche nur für diesen Zweck, und man erreichte sie als Festgast durch einen eigens hergestellten, repräsentativen Korridor direkt von den Eingangssälen des Kruppschen Stammsitzes aus.[17] Es fanden darin immerhin rund 800 Gäste Platz, zuzüglich Bühne und rund 400 Stehplätzen, und wenn man, für das Festdiner, Tische aufstellte, dann reichte es immer noch für 485 Gedecke.

Man sieht, die Räumlichkeiten des Festes sind, innen wie in der freien Luft, mit aller Sorgfalt und ohne Ansehung der Kosten geplant und vorbereitet worden. Das traf selbstverständlich auch für alle sonstigen Vorbereitungen zu. Ab Januar 1911 war mit dem Kaiserlichen Hof in Berlin, zuständig war hier Oberhofmarschall August Graf Eulenburg, über die Klärung des genauen Termins korrespondiert worden. Die Augusttage dürften Anfang 1912 einigermaßen festgestanden

◀ Abb. 21:
Das Alfred Krupp-Denkmal von 1892 am Eingang zur Gussstahlfabrik, Postkarte um 1908
Im Hintergrund links die Eisenbahnbrücke über die Altendorfer Str., die für den Kaiserempfang – s.u. S. 35 Abb. 39 und S. 150 Abb. 177 – hergerichtet wurde; links das heute noch stehende Gebäude der VIII. Mechanischen Werkstatt (heute Colosseum)

haben, wurden jedoch endgültig erst mittels Telegramms am 20. Mai 1912 bestätigt. Es war nun klar: Die Firma würde die Jubilarehrung, ein traditionell großes Fest, vorweg nehmen und am 3. August 1912 auf dem Hügel (und zu dessen Füßen) feiern; das große Werksfest der Belegschaftsangehörigen würde am 6. August im Städtischen Saalbau stattfinden, und der Kaiserbesuch würde, am 8. und 9. August 1912, mit dem großen Ritterspiel als prachtvollem Schlussakzent zu einem Ereignis ausgestaltet werden, an dem deutlich zu machen war, dass und wie sehr Krupp Essen und Essen Krupp war, dass und wie sehr Krupp ein deutsches, ein kaiserliches und besonders ein wehrhaftes Unternehmen war, mit dem der Kaiser sich ebenso öffentlich identifizieren würde.[18]

▼ Abb. 22:
Ausschachtungsarbeiten für die Fundamente des neuen Hauptverwaltungsgebäudes, April 1908

Zum Zeitpunkt des Telegramms liefen die Vorbereitungen natürlich längst auf Hochtouren. Alfred Hugenberg (1865–1951), seit 1909 Vorsitzender des Direktoriums und schon vor 1914 als alldeutscher Propagandist und Vorkämpfer der »inneren Kolonisation« bekannt, übernahm die Leitung einer Kommission der Geschäftsführung, die seit Ende April unter Mitwirkung der weiteren Direktoriumsmitglieder Haux und Vielhaber ungefähr wöchentlich tagte.[19] Die organisatorische Leitung lag indessen bei Friedrich von Bülow, einem leitenden Angestellten unterhalb des Direktoriums, dessen Vater schon in Kruppschen Diensten gestanden hatte und der Gustav Krupp über Jahrzehnte als eine Art bevollmächtigter Sekretär dienen sollte. Er war, zusammen mit dem Leiter der Kruppschen Brandinspektion, Brandinspektor Ignée, das eigentlich ausführende Organ. Nun ging es an die Detailplanung, und die reichte bis hin zu gedruckten Anweisungen für die Dienerschaft über die Wege, die diese zwischen den Tischen beim Festdiner zu nehmen hatte, um Wein und Speisen zu servieren, und für die Chauffeure, die genau zu wissen hatten, zu welcher Minute sie ihre Motoren würden ankurbeln müssen und welche Geschwindigkeit in welchem Straßenbereich zu fahren war. Für den Wagenpulk reichten übrigens die Karossen der Firma nicht, sie orderte, was umfängliche Briefwechsel erforderte, zusätzliche Automobile leihweise aus Stuttgart nebst

▲ Abb. 23:
Das neue Hauptverwaltungsgebäude (»Turmhaus«) an der Altendorfer Straße wurde 1910 fertig gestellt, undatierte Postkarte

▶ Abb. 24:
Das neue Hauptverwaltungsgebäude, Holzstich von A. Ritscher aus den Kruppschen Mitteilungen, Februar 1911

▲ **Abb. 25: Im Hauptverwaltungsgebäude: Die Ehrenhalle mit der Skulptur »Die Arbeit« von Hugo Lederer**

▲ Abb. 26: Im Hauptverwaltungsgebäude: Blick in das Treppenhaus

▲ **Abb. 27:**
Das Arbeitszimmer von Gustav Krupp von Bohlen und Halbach im Erker des »Turmhauses«

◀ **Abb. 28:**
Im Hauptverwaltungsgebäude: der Sitzungssaal des Direktoriums
Im Hintergrund Gemälde von Margarethe und Friedrich Alfred Krupp

Chauffeuren, und dabei war nicht zuletzt wichtig, welche Stander, welcher Schmuck an welchem Fahrzeug anzubringen war. Dann die Einladungslisten für die verschiedenen Veranstaltungen, die jeweils gedruckt wurden, ebenso wie die genauen Sitzpläne zu jedem Festakt, so dass jedem Gast sein Stuhl schon mit der Einladung markiert werden konnte.[20] Nichts wurde übersehen, zum Beispiel nicht, dass die »Serenadensänger« Karten »mit besonderem Stempel« empfangen müssten, dass die Damen- und die Theaterfriseure (für das Festspiel) spezielle »Passierkarten« benötigen würden und dass »die Bewohner derjenigen Häuser in den Kolonien, an denen seine Majestät zu Fuß vorbeigeht, seitens der Firma angehalten werden, nicht etwa Fenster an Unbekannte zu vermieten«. Sicherheitsgesichtspunkte spielten in der Tat eine wichtige Rolle. Die Kriminalpolizei durchsuchte genau das Hauptverwaltungsgebäude und bestimmte nicht weniger als 56 Männer, die an bestimmten Stellen zu postieren waren. Ähnliches galt für die gesamte Fahrtstrecke des Kaisers. Details sind aufschlussreich, um den Aufwand zu vergegenwärtigen, den die Firma betrieb. Vergleichsweise geringerer Planungsehrgeiz verband sich mit der Belegschaftsfeier am 6. August im Saalbau, und da sah man auch ein wenig auf die Kosten, drückte etwa den Preis für das Essen, das ein Veranstalter etwas üppig angeboten hatte. Aber in der Firma vereinten sich gewisse Herren zu einem »Proberauchen«, um die richtige Zigarrenmarke herauszufinden, mit der die Belegschaftsmitglieder ab 22.30 Uhr – eher nicht, wegen der Redner und der (ganz wenigen) Damen – den Saal würden zuqualmen dürfen; überhaupt war der Rauchbeginn wohl der Zeitpunkt, zu dem die Familie Krupp den Saal verlassen würde, und dann durfte noch eine halbe Stunde weiter gefeiert werden, allerhöchstens aber bis Mitternacht.

**▼ Abb. 29:
Im Hauptverwaltungsgebäude: der »Oberlichthof«, bestuhlt und geschmückt für den Kaiserbesuch 1912**

▲ Abb. 30:
Bau des Festsaals im »Lustgarten« der Villa Hügel, südlich an die obere Terrasse am Großen Haus anschließend

◀ Abb. 31:
Villa Hügel: der 1912 zusätzlich errichtete Festsaal für die Jubilarfeier und das Kaiserdiner

▲ Abb. 32: Die Küche für den Festsaal wurde im südöstlichen Laubengang der Villa Hügel errichtet

▼ Abb. 33:
Finanzrat Dr. Alfred Hugenberg (1865–1951), Mitglied des Direktoriums der Fried. Krupp AG 1909 bis 1919

▼ Abb. 34:
Friedrich von Bülow (1865–1936), für Gustav Krupp von Bohlen und Halbach der wichtigste Ansprechpartner für die Festplanung

▼ Abb. 35:
Walter Ignée (1876–1944), Kruppscher Brandinspektor, Planungschef für den Kaiserbesuch

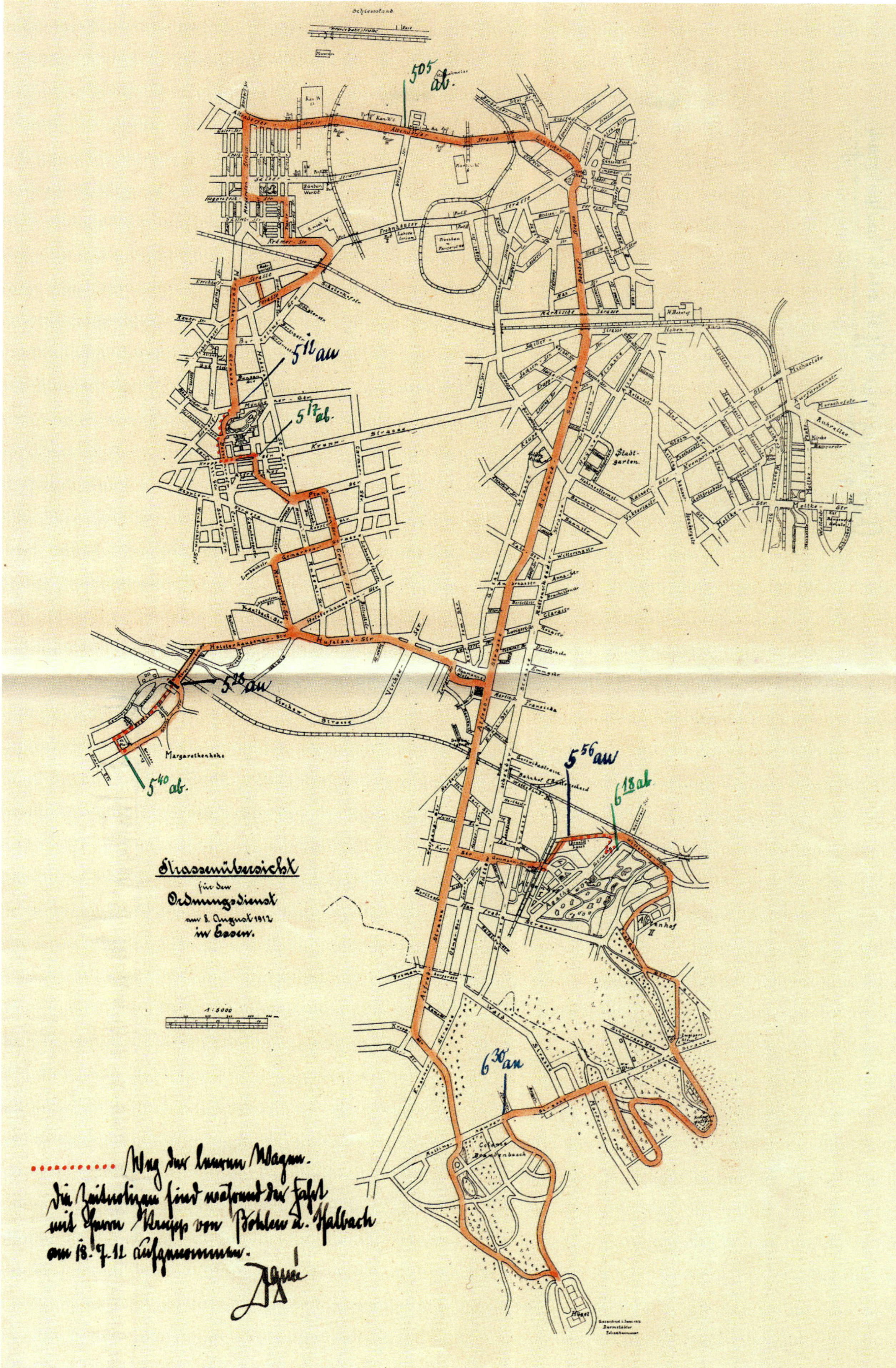

◀ Abb. 36:
»Probefahrt mit Zeitnotizen«:
Der Kaiserweg durch Essen am 8. August 1912, vormittags

72

TH. SCHOLTEN.

ESSEN-RUHR ---- VIEHOFERSTRASSE 22.

POSTFACH 132 ·· FERNSPRECHER 864.

Spezialgeschäft
für Fest- und Saal-Dekorationen

Fahnenfabrik

Haus-, Gebäude- und Vereinsfahnen

Feuerwerk

EIGENE SKIZZENZEICHNER
:: MALER, DEKORATEURE ::
SCHREINEREI, BILDHAUEREI
KUNSTSCHLOSSEREI etc.

REFERENZEN:
Katholiken-Versammlung Essen
Gartenbau-Ausstellung Essen
Wirte-Ausstellung Essen
Wirte-Ausstellung Neuss
Fleischer-Ausstellung Essen
Wirte-Ausstellung Bielefeld
Ausstellung Oberhausen, Herne, Freiburg i Br., Stuttgart,
Jahrhundertfeier der Stadt Essen etc.

PAVILLONS
Maggi, Singen-Berlin :: Stratmann & Meyer, Knusperchenfabrik, Bielefeld Küppersbusch & Söhne, Schalke i. W. Gasmotorenfabrik Deutz :: Graff & Stein, Witten :: Gust Pfordte, Essen Kramm, Möbelfabrik, Essen :: Monopol-Kassen, Chemnitz :: Anker-Werke, :: Bielefeld :: Wolters, Bielefeld ::

OBERBAYERN
Wirte-Ausstellung Dortmund
Wirte-Ausstellung Neuss
Bahnhofshotel Gelsenkirchen
Westd. Brauerei-Verband Bielefeld

BAZARE
Vaterl. Frauen-Verein Essen
Vaterl. Frauen-Verein Gelsenkirchen
Vaterl. Frauen-Verein Herne
etc. etc.

Sämtliche Dekorationen, Pavillons, Fahnen, Fahnenmasten, auch leihweise.

Essen-Ruhr, den 27/6. 1912

P. P.

Zu den bevorstehenden großen Festlichkeiten in Essen

Kaiserbesuch und Jahrhundertfeier der Kruppschen Werke

gestatte ich mir, auf mein Geschäft sehr ergebenst aufmerksam zu machen. Ich fabriziere jegliche Art von **Fahnen** für **Behörden** (genau den einschl. Bestimmungen entsprechend) und **Privatleute** nebst jeglichem Zubehör. Ferner übernehme ich die Dekoration ganzer **Straßenzüge, freier Plätze, einzelner Häuser, Zelte** usw. in jeglicher **Stoff-** und **Holzart** nach gegebenen oder eigenen Skizzen.

Im Laufe der nächsten Tage wird sich einer meiner Herren die Ehre geben, persönlich bei Ihnen vorzusprechen und bitte ich, eventl. Aufträge für ihn gütigst aufheben zu wollen. Meiner in Kürze erscheinenden Spezial-Preisliste für den Kaiserbesuch und die Kruppfeier belieben Sie gütige Aufmerksamkeit zu schenken.

Voraussichtlich werden Sie mit Offerten auswärtiger Firmen überschwemmt werden, doch bitte ich Sie, schon aus Lokalpatriotismus Ihre Aufträge in der Stadt zu lassen, wie solches auch in anderen Städten stets der Fall ist. In Essen haben wir leistungsfähige Firmen genügend, die wenigstens so gut und billig liefern, wie jede auswärtige Konkurrenz.

Ergebenst
Scholten.

Größten Aufwand widmete die Firma der Planung aller »kaiserlichen« Ereignisse. So sollte im Turmgeschoss des neuen Hauptverwaltungsgebäudes ein kleines so genanntes Frühstück mit dem Kaiser stattfinden, für das etwa 50 Personen erwartet wurden. Man stellte zunächst Modelle der Tische auf, derer man bedürfen würde, ließ dann diese Tische nach genauen Plänen fertigen – ebenso wie das Podium für die Ansprachen Gustav Krupps und des Kaisers, von dem genaue Zeichnungen überliefert sind. Sowohl für die Belegschaftsfeier im Städtischen Saalbau als auch für die Jubilarsfeier und insbesondere für das Kaiseressen im Festsaal an der Villa Hügel, mit einer geradezu unglaublichen Sorge für das Detail dann in Planung des Festaktes im Hauptverwaltungsgebäude, wurden genaue Bestuhlungspläne und Sitzordnungen entworfen und verworfen, stets die Zahl der erwarteten Gäste mit einer möglichst günstigen Platznutzung kombinierend und die erforderliche Tischbreite pro Person beim Festmahl nach Zentimetern berechnend. Im Oberlichthof des Hauptverwaltungsgebäudes plante man je nach gewünschten Sitz-, Steh- und Galerieplätzen und hielt Akustikproben zur Erkundung der Schallverhältnisse bei dieser oder jener Bestuhlung ab.

Planende Organisation, das war eine Stärke der Firma. Bei Krupp war man stets für alles gerüstet, und war man es einmal nicht, wie zu Beginn des Ersten Weltkriegs, dann lag die Schuld tatsächlich überwiegend bei anderen. Die Genauigkeit und Solidität, mit der in dieser Firma geplant, gebaut und auch nur ein

▲ Abb. 37:
Eine Essener Fahnen-Firma bietet ihre Dienste zum Kaiserbesuch an

▶ Abb. 38:
Der geschmückte Essener Burgplatz, der vom Kaiser bei seiner Rundfahrt nicht betreten wurde

▲ Abb. 39: Festschmuck an der Werkseisenbahnbrücke über die Altendorfer Straße am Eingang zur »Krupp-Stadt«

▲ Abb. 40: Die Ehrenpforte an der Hügelstraße

▲ Abb. 41:
Das Alfred Krupp-Denkmal am Eingang zur Gussstahlfabrik neben der VIII. Mechanischen Werkstatt (rechts) im Festschmuck, 8. August 1912

◀ Abb. 42:
Einige Passanten haben den Fotografen entdeckt

Fest exekutiert wurde, wird wohl nirgends sonst übertroffen. Das betraf die sorgsamst vorbereiteten Veranstaltungen selbst, die Werks- und Siedlungsbesichtigungen durch den Monarchen und vor allem den »Kaiserweg«, jene Straßen also, durch die der Wagenpulk des Monarchen und des Firmenchefs zu geleiten war. Da gab es Streit um die »richtigen«, repräsentativeren Straßen zwischen Stadt und Firma, und man legte fest, dass innerhalb der Firma diese selbst, sonst hingegen die Stadt Essen für die Ausschmückungen verantwortlich sei. Krupp räumte der Stadt, wohl zögernd, ein eigenes Empfangszeremoniell für den Kaiser ein und erbat in Berlin dazu die allerhöchste Zustimmung. Oberbürgermeister Wilhelm Holle (1866–1918) machte dann daraus einen eigenen Festakt und beschränkte diesen wohl mit Missmut auf ganze sieben Minuten. Übrigens bereitete die Stadt ihrerseits aus diesem Anlass im Essener Kunstmuseum eine schon am 23. Juni 1912 eröffnete Ausstellung über »Die Industrie in der bildenden Kunst« vor. Gemeinsam bemühten sich die Stadt und die Firma, Werks- und öffentliche Straßen in einen ansehnlichen Zustand zu versetzen: Alles wurde mehrfach abgefahren, hier und da wurde um neue Pflasterung ersucht, und am Sonntag vor dem kaiserlichen Festakt fand eine Probefahrt einer Wagenkolonne auf dem »Kaiserweg« statt. Der erforderliche Fahnenschmuck für Straßen und Plätze dürfte den Fahnenstickern ein sehr einträgliches Geschäft beschert haben. Dann die Girlanden, die Ehrenpforten: Der Firma gelang es, eine besonders unansehnliche Eisenbrücke, welche die Altendorfer Straße am Anfang des Werksgeländes querte und vom Kaiser zwingend zu unterfahren war, mit gehörigem Aufwand in ein starkes, steinern scheinendes, reichlich bekränztes Bauwerk zu verwandeln und so den Ehrenpforten eine weitere hinzufügen. Sowohl der öffentliche als auch der firmeninterne Raum als Festraum boten Gelegenheit für zeitgemäßen Schmuck, und eine genauere Untersuchung würde jene repräsentativ erstarrte Ikonologie der spätwilhelminischen Zeit gerade am Festraum und an diesem Festereignis offenbaren können.[21]

Sicherheitsdienste waren im öffentlichen Raum von der Essener Polizei zu organisieren. Es gab für den Kaiserweg, die Wagenfahrten vornehmlich am 8. August, eigene Straßenkarten, auf denen etwa die Standorte des erforderlichen »Ordnungsdienstes« fest-

▼ Abb. 43: Das Friedrich Alfred Krupp-Denkmal am Limbecker Platz im Festschmuck

▲ Abb. 44: Fahnenschmuck im Werksgelände an der Altendorfer Straße

▲ Abb. 45:
Die Ehrenpforten für den Empfang des Kaisers durch die Stadt Essen an der Bismarckstraße

▶ Abb. 46:
Die Einfahrt zum Hauptverwaltungsgebäude im Festschmuck

gelegt wurden. Für das Privatgelände im Park der Villa Hügel stellte die Firma mit Hilfe der Polizei, die umgebenden Wälder einschließend, einen mehrfachen Sicherheitskordon und Patrouillendienst aus der Werksfeuerwehr und weiteren Belegschaftsangehörigen bereit, die mit grünen Mützen ausgestattet wurden. Es sei anzunehmen, kommentierte die Essener »Arbeiterzeitung«, »dass bei solchem Belagerungszustand selbst die Mäuse ausreißen«. Selbstverständlich richteten sich diese Sicherheitsdienste nach eigenen, teilweise gedruckten Instruktionen. Wer Zutritt hatte, ohne eingeladen zu sein, erhielt eine je nach Anlass unterschiedliche Ausweiskarte. Mindestens einer Person ist es dann gelungen, mit gehöriger Sprachfertigkeit bis in die Villa Hügel vorzudringen, ohne eingeladen oder sonst wie berechtigt zu sein.[22] Für die Festgäste beim Festdiner am Abend des 8. August stellte die Firma einen Sonderzug bereit, der vom Bahnhof Essen-West zum Bahnhof Hügel fuhr; dasselbe tat sie übrigens im Juli/August für die Mitwirkenden bei den insgesamt 20 »Gesamtproben« für das Festspiel am Folgetag, von dem noch die Rede sein wird. Es wurde gar Sorge dafür getragen, dass die Bahnwärter auf dem Bahnhof Hügel wegen der Festlichkeiten »ansehnlich«, also gut gewachsen waren; es sollte sich – wie bei den Pferdehaltern für das Festspiel – nur um Männer handeln, die »gedient« hatten.

Ein großes Thema waren die auszusprechenden Einladungen. Mehrfach wechselten die Listen, die den leitenden Angestellten zur Kommentierung zugingen und auf denen – für den Festakt mit dem Kaiser und das Festdiner – das Militär eine besonders wichtige Rolle spielte, mit einem starken Akzent bei der Marine. Selbstverständlich fertigte Gustav Krupp persönlich die Einladungsschreiben an die leitenden Persönlichkeiten des Reichs aus. Die Antworten versicherten den Firmenleiter stets des hohen Respekts, den man gegenüber dem Hause Krupp

▲ Abb. 47: Sicherheitsprobleme: Ein Blick in das Parkgelände »auf dem Hügel«, um 1900

▶ Abb. 48:
Einlasskarte zur »Besitzung Hügel« für den 7. August 1912

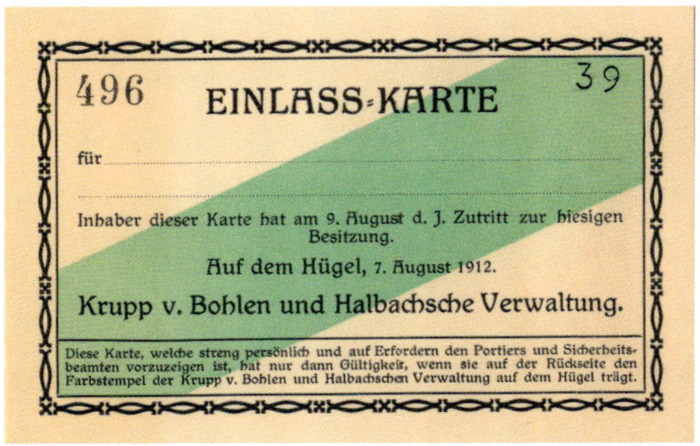
496 EINLASS-KARTE 39

für ...

Inhaber dieser Karte hat am 9. August d. J. Zutritt zur hiesigen Besitzung.

Auf dem Hügel, 7. August 1912.

Krupp v. Bohlen und Halbachsche Verwaltung.

Diese Karte, welche streng persönlich und auf Erfordern den Portiers und Sicherheitsbeamten vorzuzeigen ist, hat nur dann Gültigkeit, wenn sie auf der Rückseite den Farbstempel der Krupp v. Bohlen und Halbachschen Verwaltung auf dem Hügel trägt.

▼ Abb. 49: Anweisungen zum Sicherheitsdienst auf dem Hügel (Entwurf vom 5. August 1912)

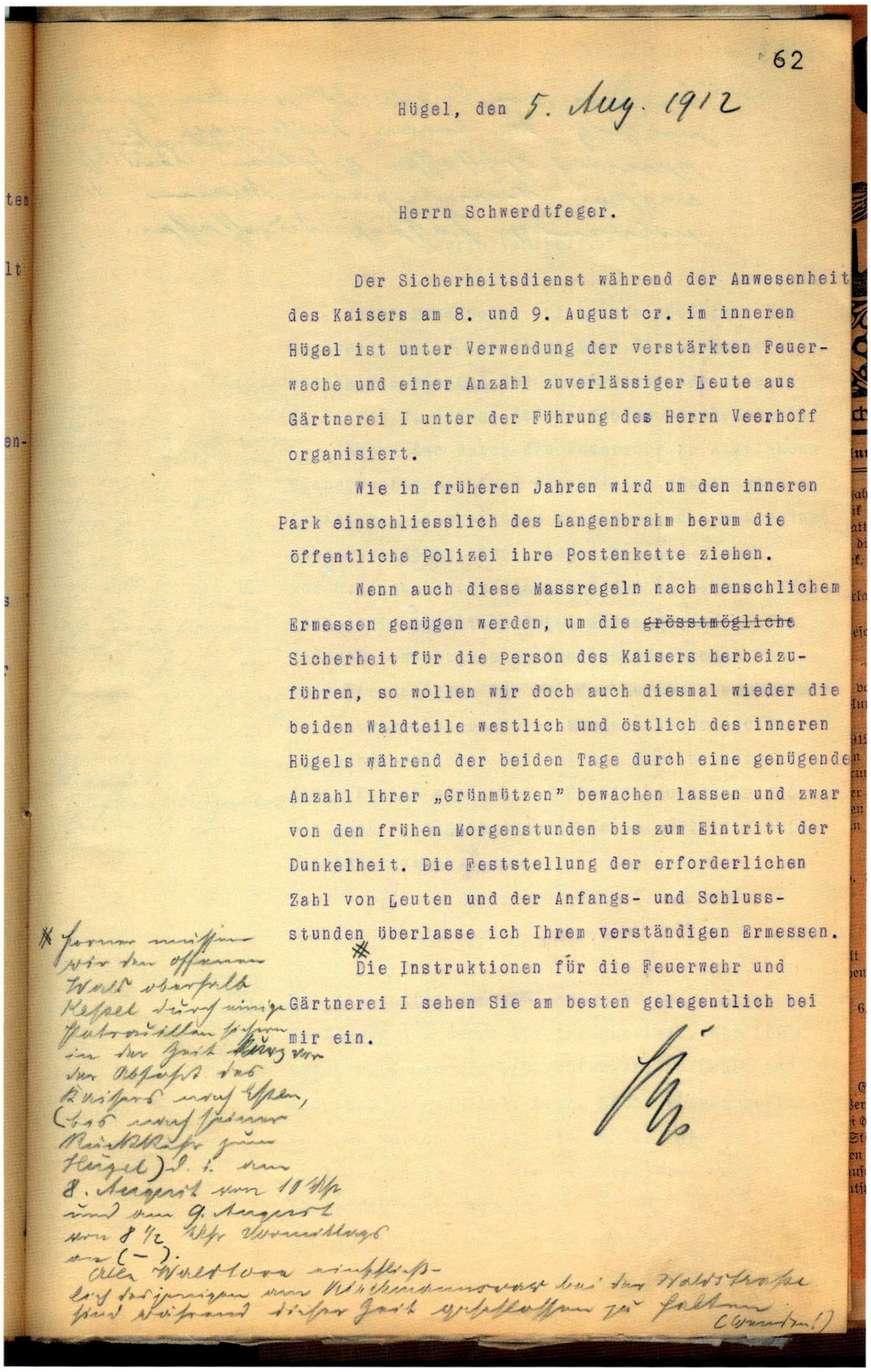
62

Hügel, den 5. Aug. 1912

Herrn Schwerdtfeger.

Der Sicherheitsdienst während der Anwesenheit des Kaisers am 8. und 9. August cr. im inneren Hügel ist unter Verwendung der verstärkten Feuerwache und einer Anzahl zuverlässiger Leute aus Gärtnerei I unter der Führung des Herrn Veerhoff organisiert.

Wie in früheren Jahren wird um den inneren Park einschliesslich des Langenbrahm herum die öffentliche Polizei ihre Postenkette ziehen.

Wenn auch diese Massregeln nach menschlichem Ermessen genügen werden, um die ~~grösstmögliche~~ Sicherheit für die Person des Kaisers herbeizuführen, so wollen wir doch auch diesmal wieder die beiden Waldteile westlich und östlich des inneren Hügels während der beiden Tage durch eine genügende Anzahl Ihrer „Grünmützen" bewachen lassen und zwar von den frühen Morgenstunden bis zum Eintritt der Dunkelheit. Die Feststellung der erforderlichen Zahl von Leuten und der Anfangs- und Schlussstunden überlasse ich Ihrem verständigen Ermessen. *

Die Instruktionen für die Feuerwehr und Gärtnerei I sehen Sie am besten gelegentlich bei mir ein.

hegte. Von der Marine sagte Tirpitz zu, aber auch Heinrich Prinz von Preußen, Großadmiral und General-Inspekteur der Marine, würde gern wieder einmal nach Essen kommen – er dankte Krupp für die Einladung und ließ ihn dabei wissen, er hege »alte und dauernde Gesinnungen für die Familie Krupp und für den Namen Krupp in seiner vollen Bedeutung«.[23] Prinz Heinrich würde übrigens mit seinem Diener und Chauffeur, aber auch mit seinem wohl hof- und marinebekannten Foxterrier kommen, und das warf gewisse organisatorische Probleme auf – würde man nun einen Zwinger benötigen, oder war mit einem wärmeren Plätzchen für das Tier zu rechnen?[24] Aus der Marine fand sich wohl alles, was Rang und Namen hatte, aus dem Heer übrigens auch der Oberst Ludendorff. Generalstabschef Moltke sagte ab, er sei »durch Dienstgeschäfte verhindert«; von den eingeladenen Großunternehmern des Ruhrgebiets lehnte Kirdorf »aus Gesundheitsrücksichten« ab, ebenso August Thyssen wegen Antretens einer Kur in Badgastein – ihm antwortete Gustav Krupp persönlich, Kirdorf hingegen offenbar nicht. Röchling, Lueg und Hugo Stinnes, um nur die wichtigeren zu nennen, nahmen die Einladung an.[25] Selbst wenn der Oberbürgermeister Holle sich persönlich für die Einladung verdienter Stadtverordneter einsetzte, konnte dies abgelehnt werden.

Schwierig war es, die Unterbringung der zahlreichen Gäste zu planen, zumal die Unterbringungsmöglichkeiten auf dem Hügel natürlich begrenzt waren. Krupp belegte die Essener Hotelkapazitäten. Der Kaiser sollte selbstverständlich, mit einem persönlichen Gefolge von nicht weniger als 25 Personen, auf dem Hügel wohnen, ebenso der Reichskanzler, Tirpitz, die Staatssekretäre des Innern und des Äußeren (Kiderlen-Waechter musste dann verspätet absagen), drei Minister und die beiden Oberpräsidenten Westfalens und der Rheinprovinz, schließlich der Kommandeur des Münsteraner VII. Armeekorps. Damit alle wussten, wer wo nächtigen würde, ließ man die Zimmerbelegung für die Villa Hügel drucken. Generäle, Admirale und Regierungspräsidenten oder sonstwie hohe Beamte mussten schon mit Hotels vorlieb nehmen. Das Programm der beiden Tage wurde in Berlin vorgelegt und am 26. Juli 1912 dort im Einzelnen abschließend angeordnet. Hierüber gab es offenbar keine Auseinandersetzungen,

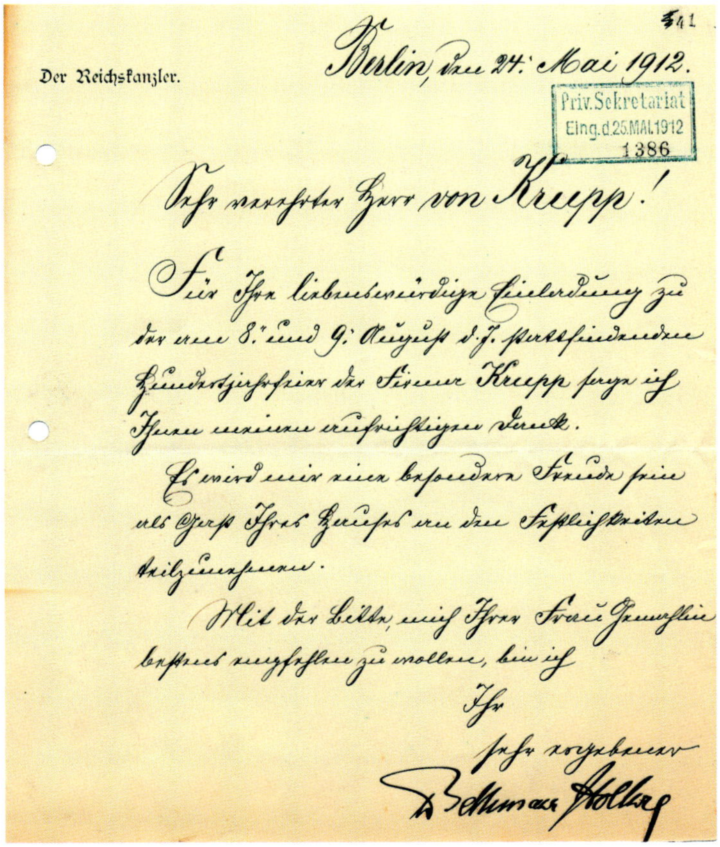
Der Reichskanzler.

Berlin, den 24. Mai 1912.

Priv. Sekretariat
Eing. d. 25. MAI 1912
1386

Sehr verehrter Herr von Krupp!

Für Ihre liebenswürdige Einladung zu der am 8. und 9. August d. J. stattfindenden Hundertjahrfeier der Firma Krupp sage ich Ihnen meinen aufrichtigen Dank.

Es wird mir eine besondere Freude sein als Gast Ihres Hauses an den Festlichkeiten teilzunehmen.

Mit der Bitte, mich Ihrer Frau Gemahlin bestens empfehlen zu wollen, bin ich

Ihr

sehr ergebener

Bethmann Hollweg

◀ Abb. 50:
Antwortschreiben von Reichskanzler Dr. von Bethmann Hollweg auf die Einladung zum Jahrhundertfest, 24. Mai 1912

▼ Abb. 51:
Erkrankungsbedingte Absage vom Staatssekretär des Äußeren, Kiderlen-Waechter, 24. Juli 1912

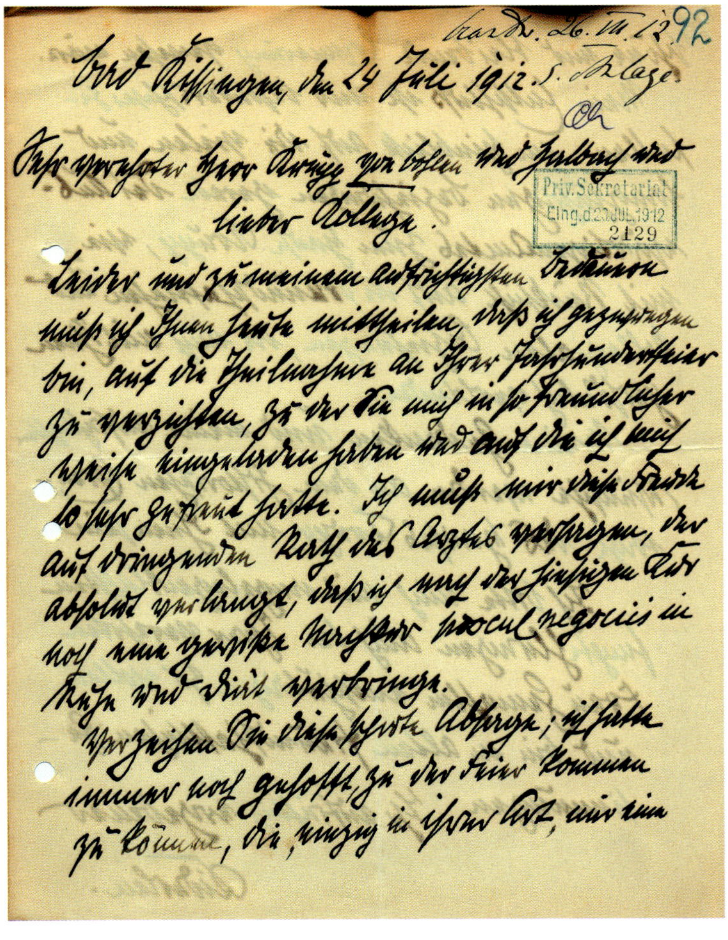
Bad Kissingen, den 24 Juli 1912.

Sehr verehrter Herr Krupp von Bohlen und Halbach und lieber Kollege.

Priv. Sekretariat
Eing. d. 25. JUL. 1912
2129

Leider und zu meinem aufrichtigsten Bedauern muss ich Ihnen heute mitteilen, dass ich gezwungen bin, auf die Teilnahme an Ihrer Jahrhundertfeier zu verzichten, zu der Sie mich in so freundlicher Weise eingeladen hatten und auf die ich mich so sehr gefreut hatte. Ich muss mir diese Freude auf dringenden Rat des Arztes versagen, der absolut verlangt, dass ich nach der hiesigen Kur noch eine gewisse Weile procul negotiis in Ruhe und Diät verbringe.

Verzeihen Sie diese späte Absage; ich hatte immer noch gehofft, zu der Feier kommen zu können, die, einzig in ihrer Art, mir eine

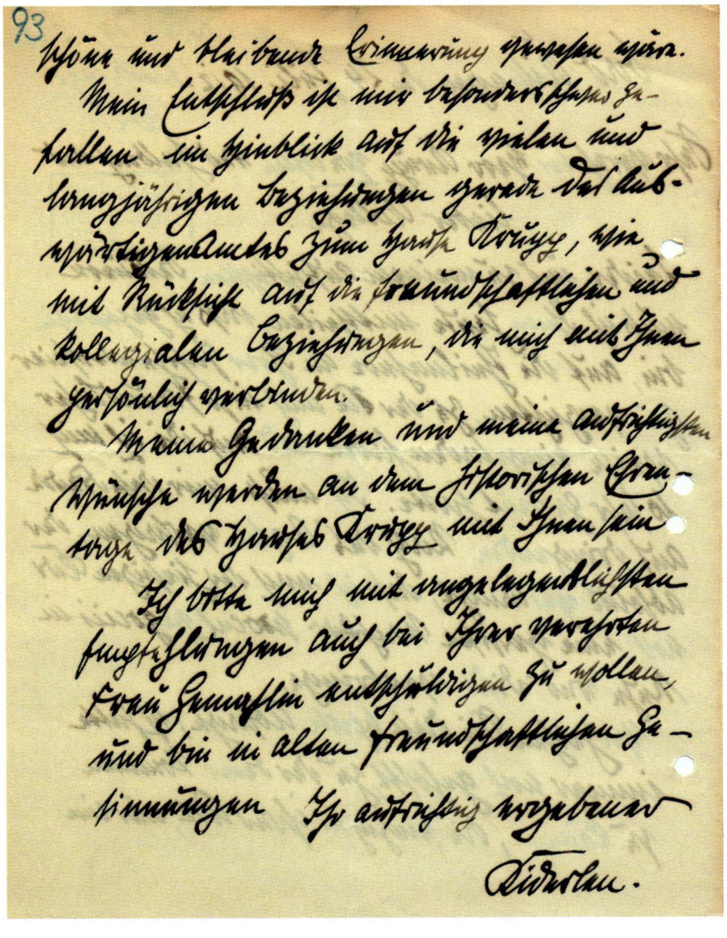
schöne und bleibende Erinnerung gewesen wäre.

Mein Entschluss ist mir besonders schwer gefallen im Hinblick auf die vielen und langjährigen Beziehungen gerade des Auswärtigen Amts zum Hause Krupp, wie mit Rücksicht auf die freundschaftlichen und kollegialen Beziehungen, die mich mit Ihnen persönlich verbinden.

Meine Gedanken und meine aufrichtigsten Wünsche werden an dem historischen Ehrentage des Hauses Krupp mit Ihnen sein.

Ich bitte mich mit angelegentlichsten Empfehlungen auch bei Ihrer verehrten Frau Gemahlin entschuldigen zu wollen, und bin in alten freundschaftlichen Gesinnungen Ihr aufrichtig ergebener

Kiderlen.

aber es wurde minutiös geplant, und Oberbürgermeister Holle erhielt deshalb nur wenige Minuten für sein Empfangs- und Huldigungszeremoniell zugebilligt. Auch die zu tragende Bekleidung war endgültig in Berlin festgelegt worden, aber es gab dennoch Nachfragen. Tagsüber wurde Uniform oder Gehrock mit Zylinder getragen, zum Festmahl trugen Heeresoffiziere »Gesellschaftsanzug« und jene der Marine die »Kleine Uniform«, ansonsten waren keine Uniformen zugelassen: »Kleiner Frack« galt für »Räte I. Klasse«, im übrigen »Frack«.[26] Übrigens sollten die Gäste des Festmahls noch eine gedruckte »Bemerkung« erhalten, mit der klargestellt wurde, dass man sich, sollte der redende Gustav Krupp bei den Worten »... in den Grenzen des Deutschen Reiches wie im weiten Raume der Welt« angekommen sein, prompt zu erheben habe, denn nun würde das Kaiserhoch ausgebracht. Es war auf diesem Wege auch sicher zu stellen, dass die Nationalhymne nicht mitgesungen wurde.

Soweit zu den außerordentlich detaillierten, mit Näherrücken des Festes erkennbar fieberhaften Vorbereitungen. Zu den langfristigen Maßnahmen gehörten die Bereitstellung der erforderlichen Gelder, auch bereits in den Vorbereitungsjahren, die Erstellung einer umfangreichen Festschrift von hoher Qualität und Überlegungen zu den Wohltaten, die man aus Anlass des Jubiläums zu gewähren gedachte. Was dies alles gekostet hat, soll weiter unten erörtert werden, aber man muss hier schon wissen, dass Gelder in erheblichem Umfang über mehrere Jahre durch den Aufsichtsrat als Rückstellungen sowohl für die Errichtung des Hauptverwaltungsgebäudes als auch für das Jubiläum aus den bilanzmäßigen Gewinnen bereitgestellt wurden.

Über die Errichtung einer Jubiläumsstiftung entwarf Hugenberg zunächst eine Denkschrift, die allerdings deutlich nicht die Absichten der Familie anlässlich des Jubiläums traf.[27] Hugenberg dachte ganz und gar politisch. Er sah nunmehr, nach den für die Sozialdemokratie höchst erfolgreichen Reichstagswahlen von Anfang 1912, das Reich in einer Entscheidungslage darüber, »ob ein Umschwung in Bezug auf unsere Sozialpolitik in der Richtung des Einlenkens in ein gesundes mehr individualistisches Fahrwasser eintritt *oder* ob sozialistische Zwangsmaßregeln, die dem Unternehmertum vermittelst des allgemeinen Wahlrechts auferlegt werden, die Arbeitsbedingungen der deutschen Industrie derart untergraben sollen, dass eines Tages ein Versagen unserer Ausfuhrmöglichkeiten in Verbindung mit einer Abwanderung von Kapital in günstigere Arbeitsgebiete und damit ein schwerer Zusammenbruch in unseren Wirtschaftsgrundlagen eintritt.« Bei dieser Lage, so Hugenberg, sei es ganz falsch, »sich auf die gänzliche Verneinung zu beschränken«; man müsse vielmehr »etwas *Positives* hinzufügen«.[28] Da sprach ganz der Geist der Bismarckzeit, ebenso hatte der alternde Reichskanzler die staatliche Sozialpolitik der 1880er Jahre begründet. Es gebe nur ein neues Gebiet, auf dem Unternehmer heute »ungestraft«, nämlich ohne »Eingriffe des Gesetzgebers fürchten zu müssen«, positiv vorgehen könnten: Das sei das Gebiet des Wohnungsbaus, insbesondere der Bildung von Wohneigentum. Hier empfahl er, »einen kräftigen Versuch auf breiter Grundlage zu machen«. Hugenberg dachte an die Bildung einer Aktiengesellschaft, die unter bestimmten Kautelen zu agieren hätte, und er zog eine Selbstverpflichtung des Werkes zur Schaffung eines Reservefonds sowie zu laufenden Zahlungen aus der Dividende der Krupp-Werke vor, zielte also auf eine Art Gewinnbeteiligung. Eine solche ist in der Nachkriegszeit unter ganz anderen Umständen und mit nur sehr kurzfristiger Wirkung auch tatsächlich, freilich in anderer Weise, verwirklicht worden, und auch die Jubiläumsstiftung von 1912 folgte diesem Gedanken noch nicht – es verdient aber Interesse, dass schon vor Kriegsausbruch solche Überlegungen angestellt wurden.[29]

Die Familie ging andere Wege. Sie verfügte eine Jubiläumsstiftung wesentlich als Zustiftung zu bestehenden Einrichtungen, aber in einer Aufsehen erregenden Höhe, neben vielen anderen Maßnahmen, die weiter unten dargelegt werden. Den Vorbereitungen für die Festschrift und den diesen Kraftakt begleitenden Maßnahmen wollen wir uns dann abschließend zuwenden.

◀ Abb. 52:
Die Gäste auf dem Hügel, August 1912

4

Nachweiſung der Wohnungen der im Auguſt 1912 auf Hügel anweſenden Herrſchaften.

5

Haupthaus.

Schwalbenneſter:

Nr. 1 Herr von Bülow
„ 2 Exz. Dr. Sydow
„ 3 Exz. von Hollmann

I. Etage:

Nr. 1 }
„ 2 } Se. Majeſtät der Kaiſer und König
„ 3 }
„ 9 Freiherr und Freifrau von Wilmowski

II. Etage:

Nr. 1 Herr und Frau Arthur Krupp
„ 2 } Der Reichskanzler
„ 3 S. }
„ 4 } Exz. Dr. Delbrück
„ 5 Exz. von Valentini
„ 6 Flügel-Adjutant Oberstlt. v. Mutius
„ 7 Exz. von Einem
„ 8 Geſandter Dr. Frhr. von Jeniſch
„ 9 Exz. von Müller
„ 10 } Exz. Frhr. von Hauſen
„ 11 S. }
„ 12 } Exz. von Marchtaler
„ 14 Flügel-Adjutant Major v. Caprivi
„ 18 Oberſtabsarzt Dr. Niedner

Kemenate:

Nr. 1 Hofſtallmeiſter von Bohlen und Halbach
„ 2 Rittmeiſter von Bohlen und Halbach
„ 3 Se. Durchl. Prinz von Ratibor u. Corvey
„ 4 Exz. Frhr. von Rheinbaben

6

Kleines Haus.

I. Etage:

Nr. 3 }
„ 4 } Exz. Graf zu Eulenburg
„ 5 Exz. Frhr. von Seckendorff
„ 6 }
„ 7 } Se. Königl. Hoheit Prinz Heinrich von Preußen

II. Etage:

Nr. 2 }
„ 3 } Exz. von Pleſſen
„ 4 Exz. Frhr. von Lyncker
„ 5 Freiherr u. Freifrau von Ende
„ 6 Exz. von Breitenbach
„ 7 } Exz. von Tirpitz
„ 8 }
„ 9 } Exz. von Heeringen

Beamtenhaus I.

Beamtenhaus II.
Oberleutnant Frhr. von Sell

Beamtenhaus III.
Hofſtaatsſekretär Knauff
Geh. Hofrat Abb
Hofrat Peterſen
Geh. Hofrat Perdelwitz
Beamter vom Mar.-Kab.

7

Dienerschaft.

1 Bett beim Portier Garderobier Föllbach
1 „ „ Nähzimmer Kammerdiener Schulze
1 „ „ Kammerdiener Leibjäger Pretſchker
1 „ auf Belvedere Leibjäger Peters
1 „ „ „ Hoffriſeur Haby
1 „ „ „ Kammerdiener des Reichskanzlers
1 } „ „ „ Diener von Oberſtleutnant von Mutius
1 } „ „ „ „ von Major von Caprivi
1 } „ „ „ „ von Oberſtabsarzt Dr. Niedner
1 } „ „ „ „ von Exz. von Valentini
1 } „ „ „ „ von Exz. von Müller
1 } „ „ „ „ von Geſandter Frhr. von Jeniſch
1 „ im Pavillon 1 Leibgendarm
1 „ „ „ 1 Leibgendarm
1 „ „ „ Diener von Freiherrn von Wilmowski
1 „ „ „ „ von Oblt. Frhr. von Sell
1 „ „ „
1 „ „ „
1 „ in der Kegelbahn
1 „ „ „ Diener von Exz. Dr. Delbrück
1 „ „ „
1 „ „ „ „ von Exz. Dr. Sydow
1 „ „ „ „ von Sr. Durchl. Prinz von Ratibor
1 „ „ „ „ von Exz. von Einem
1 „ „ „ Kammerdiener von Herrn Arthur Krupp
1 „ „ „ Diener von Hofſtallm. v. Bohlen u. Halbach
1 „ „ „ „ von Exz. Frhr. von Hauſen
1 „ „ „ „ von Exz. von Marchtaler
1 „ in dem Lichtbad-Gebäude }
1 } „ „ „ }
1 } „ „ „ } 5 Kabinettsdiener
1 } „ „ „ }
1 } „ „ „ }

8

1 Bett in Kleines Haus Diener von Exz. Graf zu Eulenburg
1 „ „ „ „ von Exz. Frhr. von Seckendorff
1 „ „ „ Kammerdiener Sr. Kgl. Hoheit Prinz Heinrich von Preußen
1 „ „ „ Diener von Exz. von Pleſſen
1 „ „ „ „ von Exz. Frhr. von Lyncker
1 „ „ „ „ von Frhr. von Ende
1 „ „ „ „ von Exz. von Breitenbach
1 „ „ „ „ von Exz. von Tirpitz
1 „ „ „ „ von Exz. von Heeringen

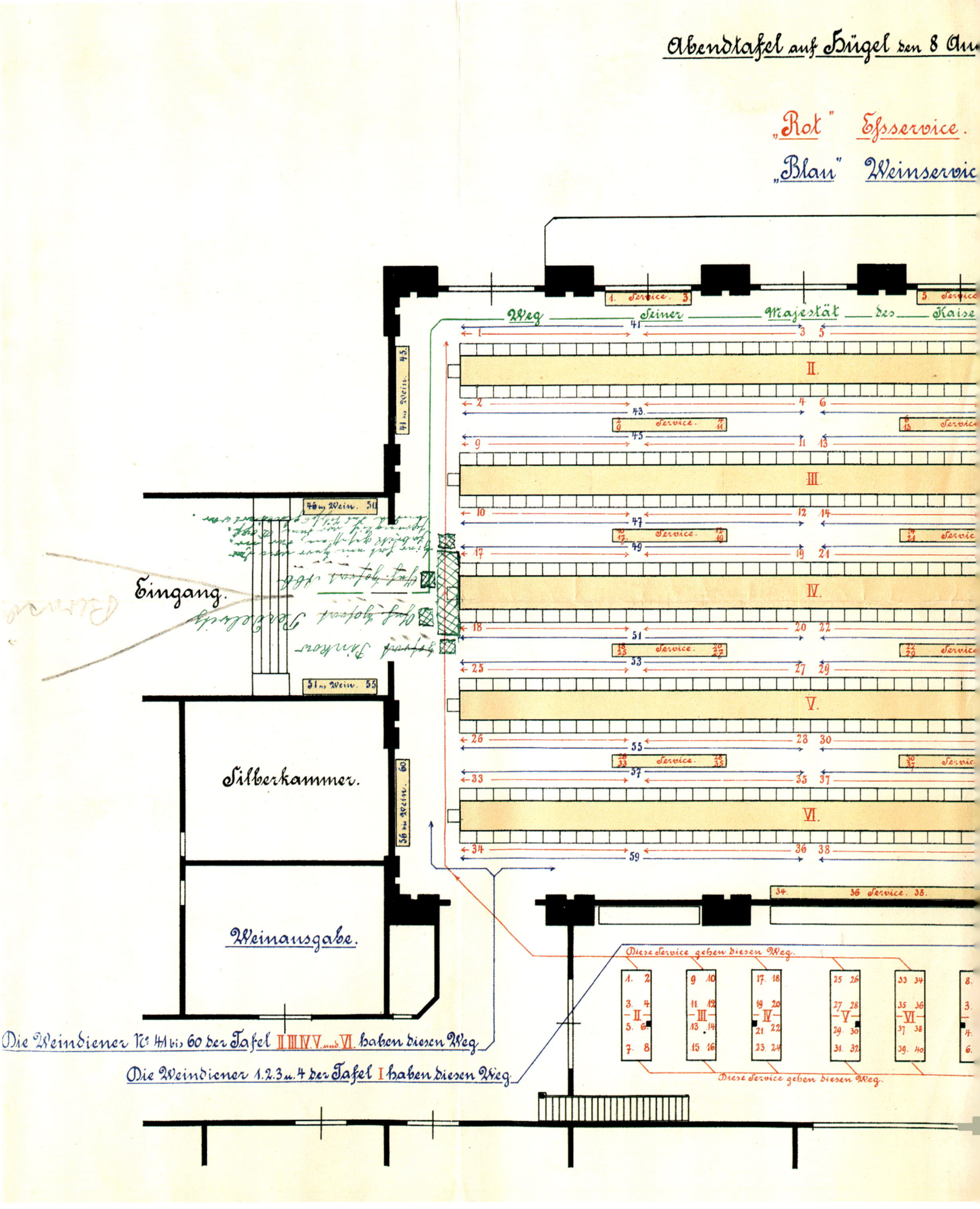

Abendtafel auf Hügel den 8 Au
„Rot" Esservice.
„Blau" Weinservic
Weg Seiner Majestät des Kaise
Eingang.
Silberkammer.
Weinausgabe.
Diese Service gehen diesen Weg.
Die Weindiener No 41 bis 60 der Tafel II III IV V und VI haben diesen Weg
Die Weindiener 1.2.3 u. 4 der Tafel I haben diesen Weg

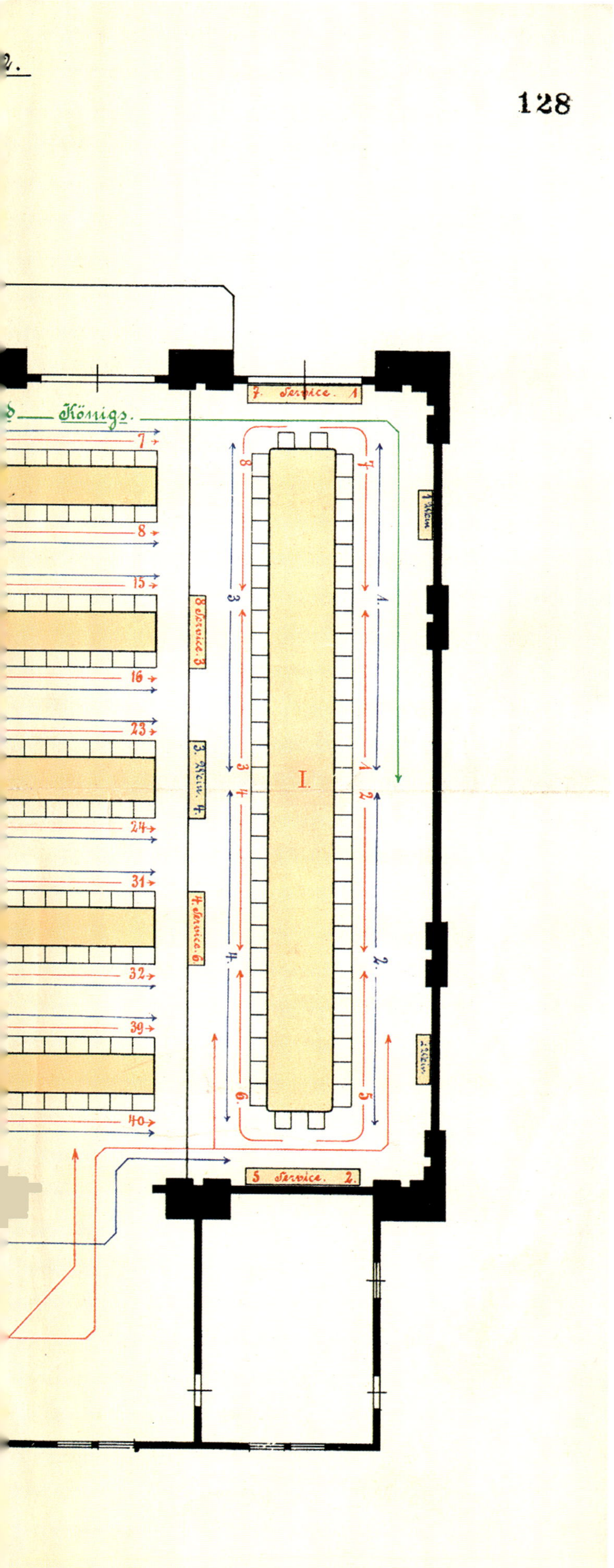

◀ Abb. 53:
Sitz- und Servierplan für das »Kaiseressen« am 8. August 1912 im neu errichteten Festsaal der Villa Hügel

III. Krupp- und Kaisertage in Essen

Was die eigentlichen Festverläufe angeht, beschränkt sich die folgende Darstellung auf kurze Hinweise. Man gewinnt aus den Quellen den Eindruck einer geplanten, prunkvollen Langeweile im Vollzug des Programms: Hehre Worte wurden allseits verkündet, die Floskeln staatlicher Repräsentation überwogen. Aber die Reden zeigen doch auch einige Besonderheiten, Akzente und Absichten, weshalb ihnen in unserer Darstellung größere Aufmerksamkeit zuteil werden wird. Auch ist nicht zu übersehen, welche Wirkung für die Teilnehmer von dem Fest ausging – und sei es nur für jene, die das Spalier bildeten. Eine der überlieferten großformatigen Aufnahmen zeigt den mit dem Firmenchef durch den Altenhof daher schreitenden Kaiser mit

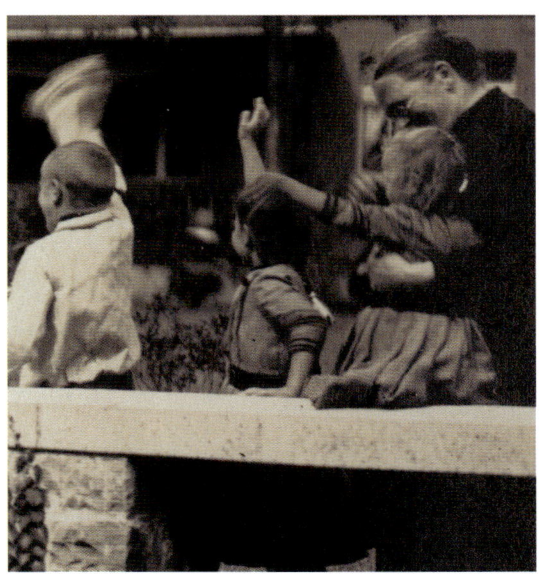

▲ Abb. 54:
Der Kaiser und Gustav Krupp von Bohlen und Halbach besichtigen die Siedlung Altenhof in Essen-Rüttenscheid
An der Kleidung ist zu erkennen, dass in Essen am 8. August 1912 ganz unerwartet kühles Wetter herrschte.

◀ Abb. 55:
Ausschnitt: Eine Mutter erklärt ihrer Tochter das Geschehen

▶ Abb. 56:
Einladungskarte zur Jubilarfeier am 3. August 1912 für Richard Kranz (1880–1964), Betriebsführer der Lithographischen und Photographischen Anstalt der Essener Gussstahlfabrik

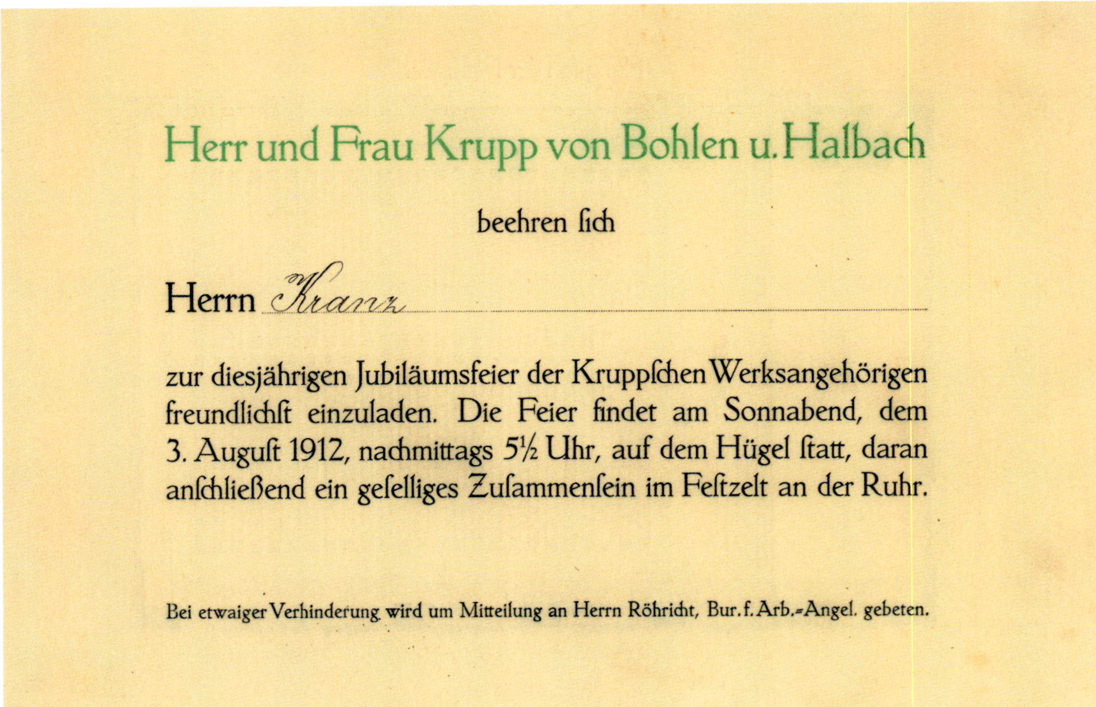
Herr und Frau Krupp von Bohlen u. Halbach

beehren ſich

Herrn Kranz

zur diesjährigen Jubiläumsfeier der Kruppſchen Werksangehörigen freundlichſt einzuladen. Die Feier findet am Sonnabend, dem 3. Auguſt 1912, nachmittags 5½ Uhr, auf dem Hügel ſtatt, daran anſchließend ein geſelliges Zuſammenſein im Feſtzelt an der Ruhr.

Bei etwaiger Verhinderung wird um Mitteilung an Herrn Röhricht, Bur. f. Arb.-Angel. gebeten.

▼ Abb. 57:
Die Festhalle auf dem Hügel mit der Bestuhlung für die Jubilarfeier, der Blick geht in Richtung Durchgang zum Großen Haus

Gefolge. Im Vordergrund ist eine Mutter zu erkennen, die ihrer gebannt zuschauenden kleinen Tochter offenkundig das Geschehen erklärt. – Der Erinnerungswert der Festereignisse war verständlicherweise vor allem für die leitenden Werksangestellten hoch.[30] Ansonsten: Man vollzog ein Programm, und als diesem, am frühen Nachmittag des 8. August, durch das Unglück auf Zeche Lothringen in Bochum-Gerthe eine empfindliche Störung widerfuhr, setzte man es in einer Weise fort, die geeignet erschien, die Jahrhundertfeier als Erinnerungsposten für die Nachwelt zu erhalten, und brach es dann ab.

Die Jubilarfeier fand am Samstag, dem 3. August 1912, nicht – wie bisher üblich – im Städtischen Saalbau, sondern, das galt als besondere Auszeichnung, in der eigens errichteten Festhalle auf dem Hügel statt.[31] 821 Jubilare der Jahre 1911 und 1912 waren zu ehren und zusätzlich Hunderte von weiteren Gästen zu bewirten. Es gab die immer bei Kruppschen Jubilarfeiern übliche, erhabene musikalische Umrahmung. Gustav Krupp, der von allen Mitgliedern des Aufsichtsrates, den Mitgliedern des Direktoriums und den nahen Familienmitgliedern begleitet wurde, hielt als Firmenleiter die knapp gehaltene Festrede und brachte zum Schluss das obligatorische Kaiserhoch aus. Hier wie in den weiteren Festteilen waren es ausschließlich die Damen der engeren Familie Krupp, die das andere Geschlecht repräsentierten: Bertha, die Erbin, zuerst, dann deren Mutter, »Frau Exzellenz Margarethe Krupp« (1854–1931), und ihre langjährige, als familienzugehörig betrachtete Gesellschafterin, Fräulein Margarethe Brandt, ferner die Schwester Berthas, Barbara von Wilmowsky, mit ihrem Ehemann Tilo (1878–1966), der seit 1910 dem Aufsichtsrat angehörte. Hinzutreten konnten, wie bei diesem Anlass, Damen der erweiterten Familie, jedoch stets mit ihren Gatten, so vor allem der österreichische Werksinhaber Arthur Krupp und seine Frau sowie Angehörige der Familie von Margarethe, der von Endes. Weitere, ganz auserwählte Damen waren nur zum Festakt im Oberlichthof des Hauptverwaltungsgebäudes zugelassen: die Damen (Gattinnen) des Direktoriums und »die Damen der fremden Abnahmeoffiziere«, wie es in einem Einladungsschreiben Hugenbergs hieß[32] – auf der Galerie des Saals.

Krupps Rede zur Jubilarfeier enthielt die in dieser Firma bei diesem Jahresanlass immer üblichen Topoi: die Erinnerung an die mühseligen, opfervollen und vor allem ganz kleinen Anfänge der Firma und an die beherrschende Rolle Alfred Krupps, »Fleiß, Gründlichkeit und Treue« als Tugenden der Werksfamilie. Einigermaßen neu war vermutlich ein einziger Ausdruck, der von nun an gang und gäbe wurde: »Sie [die Jubilare] zählen sich und dürfen sich zählen zu den *Kruppianern* im vollen Sinne des Wortes, d. h. zu den Männern, die in voller Würdigung des guten alten Kruppschen Geistes ihr Ideal sehen in treuer Pflichterfüllung, in hingebender Arbeit für die Aufgaben, die Ihnen des Lebens äußeres Schicksal, die Sie aber vor allem sich selbst gestellt haben«. Das waren, genau besehen, zwei merkwürdig widersprüchliche Relativsätze. »Mehr als Arbeiter allein im landläufigen Sinn des Wortes – obwohl gewiss diese Bezeichnung schon allein für jeden von uns eine ehrenvolle ist – sehe ich heute in Ihnen, sind sie doch eben in dem geschilderten Sinne lebendige Träger guter Überlieferung, Erzeuger und Mehrer deutschen Arbeitssinnes, deutscher Arbeitsfreudigkeit.« Krupp betonte die Besonderheit dieser Tage, die Hundertjahrfeier und die besondere Ehrung »hier in unserem Heim«, und weil nun die Bezeichnung »Arbeiter« bereits als »ehrenvoll« apostrophiert worden war, beschwor er den für bald erwarteten Kaiser gar »als obersten Arbeiter im Deutschen Reiche«, um hierauf das übliche, machtvolle Kaiserhoch auszubringen: »dröhnend dringe es hinaus …«.[33]

Es schloss sich die Übergabe der Gedenkmedaillen und der Geldgeschenke an die Jubilare durch Krupp, seine Gattin und seine Schwiegermutter an, und das muss einige Zeit gedauert haben. »Das Sturmsche ›Deutschlands Gebet‹ in der Komposition von Herrn Matthieu Neumann« beschloss den »offiziellen Teil« der Feier, aber das war nicht alles, jetzt begab sich die gesamte Festgemeinde auf den etwa viertelstündigen Fußmarsch hinunter zur Ruhr, wo ein großes Festzelt errichtet worden war. Hier unten erst dankte der Sprecher der Jubilare, Meister Gustav Hösel (geb. 1849) aus der Feldrohrwerkstatt. Die Symbolik des Oben und Unten kann nicht ohne Absicht gewesen sein. Es ist auch kein Zufall, dass von diesem Teil des Festes zwar ein Sitzplan im Festzelt, aber, soweit zu sehen, nicht ein einziges Bild überliefert ist; das da unten war nicht mehr so wichtig, und Zelte bieten eine wenig repräsentative Architektur.

Meister Hösel meinte, den Geehrten sei die »Brust mit Stolz« erfüllt, weil man teilhatte an all den Erfolgen, »die doch nur mög-

▲ Abb. 58: Deckblatt des Programms zur Jubilarfeier auf dem Hügel am 3. August 1912, hier die Fassung zum 25-jährigen Dienstjubiläum

▶ Abb. 59:
Blick von der Ruhr hinauf zur Villa Hügel, rechts der Bahnhof Hügel und unten das heutige Restaurant Parkhaus Hügel, Postkarte 1907

lich waren durch rastlosen Fleiß, selbstlose Hingabe der einstigen sowie des jetzigen Herrn Chefs unter treuem Beistande tüchtiger Beamten und Arbeiter.« Man habe, so erinnerte er, teilgehabt an Freud und Leid des Hauses Krupp, habe zwei Chefs zu Grabe getragen und die Vermählungen der Töchter sowie die Geburt des Stammhalters Alfried erlebt. »Solche Ereignisse der Trauer und der Freude haben stets von neuem das Band gestärkt, das uns mit dem Hause und dem Werke Krupp verbindet«, und diese Bande würden fortwirken: »Krupp allzeit voran!« Es folgte ein jubelndes Hoch auf die Familie.

Man wurde beköstigt, es gab wohl reichlich Festbier, aber der Sonderzug fuhr um 22 Uhr nach Essen zurück – wie immer bei Krupp: sehr pünktlich.

Drei Tage später, am Dienstag, 6. August, fand der »Festabend« für die Werksangehörigen im Städtischen Saalbau statt. Dieser war ganz in Weiß, Rot und Grün geschmückt und barst schier aus den Fugen wegen des Andrangs. Man hatte Werksangehörige aus Essen in Auswahl, ebenso von den Außenwerken, die Repräsentanten der Kruppschen Vertretungen in aller Welt und ausgewählte Gäste geladen; im Wesentlichen ging es aber um eine »Kruppsche Parade« aller Ränge. Auch dies blieb beinahe reine Männersache; nur die Kruppschen Damen zierten wieder das Fest. Gustav Krupp beschwor in seiner kurz gehaltenen, im Kaiserhoch endenden Ansprache die Werksgemeinschaft. Alle schätzten sich glücklich, »zu Alfred Krupps Familie zu gehören«; es drängte ihn zu betonen, »welch große Bedeutung ich – fast möchte ich sagen: täglich mehr und mehr – gerade dieser Gemeinschaft beilege, die durch die Grundlage der Arbeit zwischen uns allen gebildet

▼ Abb. 60
Einladung für Herrn Kranz zum Belegschaftsfest im Städtischen Saalbau am 6. August 1912 (Vorder- und Rückseite)

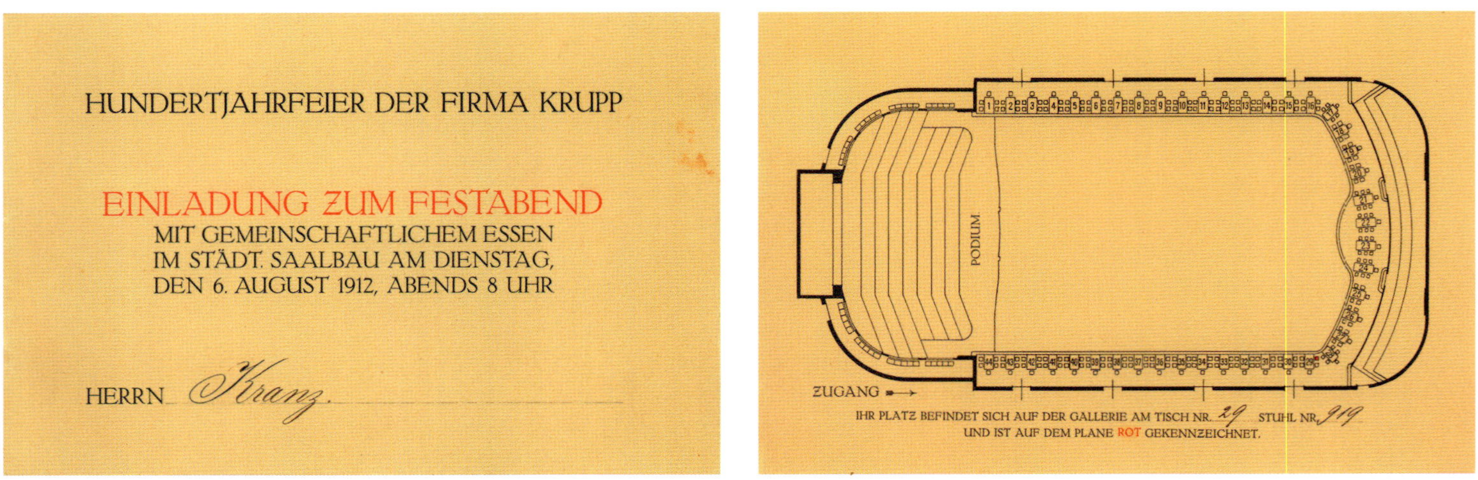

4.

KRUPP BLEIBT DOCH KRUPP

MEL.: WAS DIE WELT MORGEN BRINGT.

So lange Walzenkraft
Schien', Platt' und Blech noch ſchafft
Aus Bramm' und Lupp',
So lang' trotz Haager Witz
Kanone und Haubitz
:,: Senden den Feuerblitz,
Bleibt Krupp noch Krupp. :,:

Preuß', Sachſe, Heſſ' und Schwab'
Stellten zu unſ'rem Stab'
Jeder 'nen Trupp.
Ob's durcheinander ſchwirrt,
Weil da bald «kölſch» parliert
:,: Und bald geſchwäbelt wird,
Bleibt Krupp doch Krupp. :,:

Nach Mecklenburgſcher Sitt',
Heißt es in unſrer Mitt'
«Höger herup!»
Ob auch die Konkurrenz
Schieße wie Kraut im Lenz,
:,: Sich blähe und ſperenz',
Krupp bleibt doch Krupp. :,:

Alfreds Genialität
Führte uns ſteil und ſtät
Zur höchſten Kupp'.
Ob nicht an Kraft ihm gleich
Mehrte doch Fritz das Reich,
:,: Tat manchen guten Streich
Und Krupp blieb Krupp. :,:

Als er zu früh verblich,
Gab hin der Sorge ſich
Manch eine Grupp'.
Doch keine Ändrung kam,
Nichts uns vom Weſen nahm
:,: Der ganze Aktienkram.
Krupp blieb doch Krupp. :,:

Und Berta wuchs heran
In treuer Mutter Bann,
Nicht eine Pupp',
Schmuck, ſinnig, ernſt zumal,
Echt wie der reinſte Stahl,
:,: Klug in des Gatten Wahl,
Ganz eine Krupp. :,:

Als das der Kaiſer ſah,
Vom Auge fiel's ihm da
Wie eine Schupp'.
Flugs er die Feder nahm,
Zu Bohlen Halbach kam
:,: Noch der gewalt'ge Nam'.
Und Krupp blieb Krupp. :,:

Um dieſen Wahlſpruch ſchart
Nach guter alter Art
Sich unſer Trupp.
Das nächſte Säkulum
Mehre des Namens Ruhm,
:,: Wir woll'n uns mühen drum:
Krupp bleibe Krupp! :,:

Otto Eccius
Mitglied des Direktoriums.

▲ ◀ Abb. 61:
Aus dem Programm der Belegschaftsfeier: Das Lied »Krupp bleibt doch Krupp« von Otto Eccius

▶ Abb. 62:
Finanzrat Dr. Ernst Haux (1863–1938), Mitglied des Direktoriums der Fried. Krupp A.G.

wird, einer Gemeinschaft, die mancher wohl theoretisch bestreiten möchte, praktisch aber niemand beseitigen kann. Ich glaube: je größer das Werk, desto wichtiger ist diese Grundlage gemeinschaftlicher Arbeit, gemeinschaftlicher Pflichterfüllung.«

»Arbeit als Pflicht«, das war ganz Alfred der Große, das durchwehte dieses Fest, so konstruierte es im Geist des Alten die Gegenwart und Zukunft, so groß sie auch geworden war. »Pflichttreue und Arbeit würdigen und anerkennen«, das sollte alle verbinden, über die im Übrigen gerade bei Krupp scharf getrennten Ränge hinweg. Je faktisch unbeherrschbarer Belegschaft und Werke aufgrund schierer Größe wurden, je feindlicher Teile der Umwelt diesem ganzen System sich erklärten, um so stärker wurde das Gebot eines wenigstens semantischen Einheitsschwurs verspürt. Es war nun an Haux, das den Jubilaren erstmals erklungene Wort von den »Kruppianern« aufzu-

▼ Abb. 63:
Die Belegschaftsfeier im Städtischen Saalbau: Blick in den Festsaal

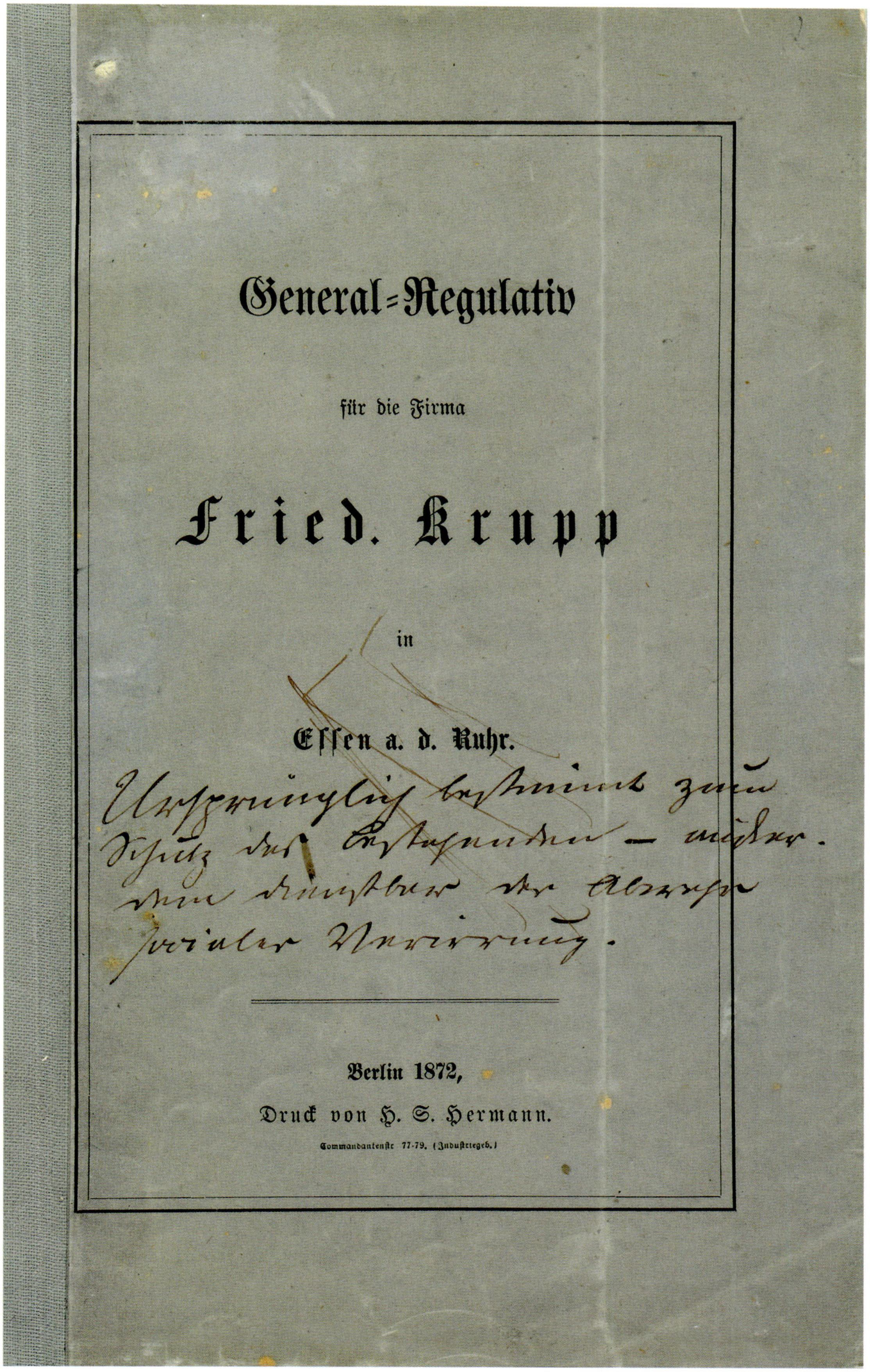
General-Regulativ

für die Firma

Fried. Krupp

in

Essen a. d. Ruhr.

Ursprünglich bestimmt zum Schutz des Bestehenden – außerdem dienstbar der Abwehr socialer Verirrung.

Berlin 1872,

Druck von H. S. Hermann.

Commandantenstr. 77-79. (Industriegeb.)

◀ **Abb. 64:**
Deckblatt des Kruppschen Generalregulativs von 1872
Zusatz von der Hand Alfred Krupps: »Ursprünglich bestimmt zum Schutz des Bestehenden – außerdem dienstbar der Abwehr socialer Verirrung.«

nehmen, als eine nach innen gerichtete Wertegemeinschaft, die sich jetzt feiere, während ja die kommenden Kaisertage »der Öffentlichkeit« gelten müssten.

Finanzrat Ernst Haux (1863–1938) war Schwabe, und die Pflege des Schwabentums ließ er sich bei Krupp jahrzehntelang angelegen sein: durch Schwabenabende und wohl

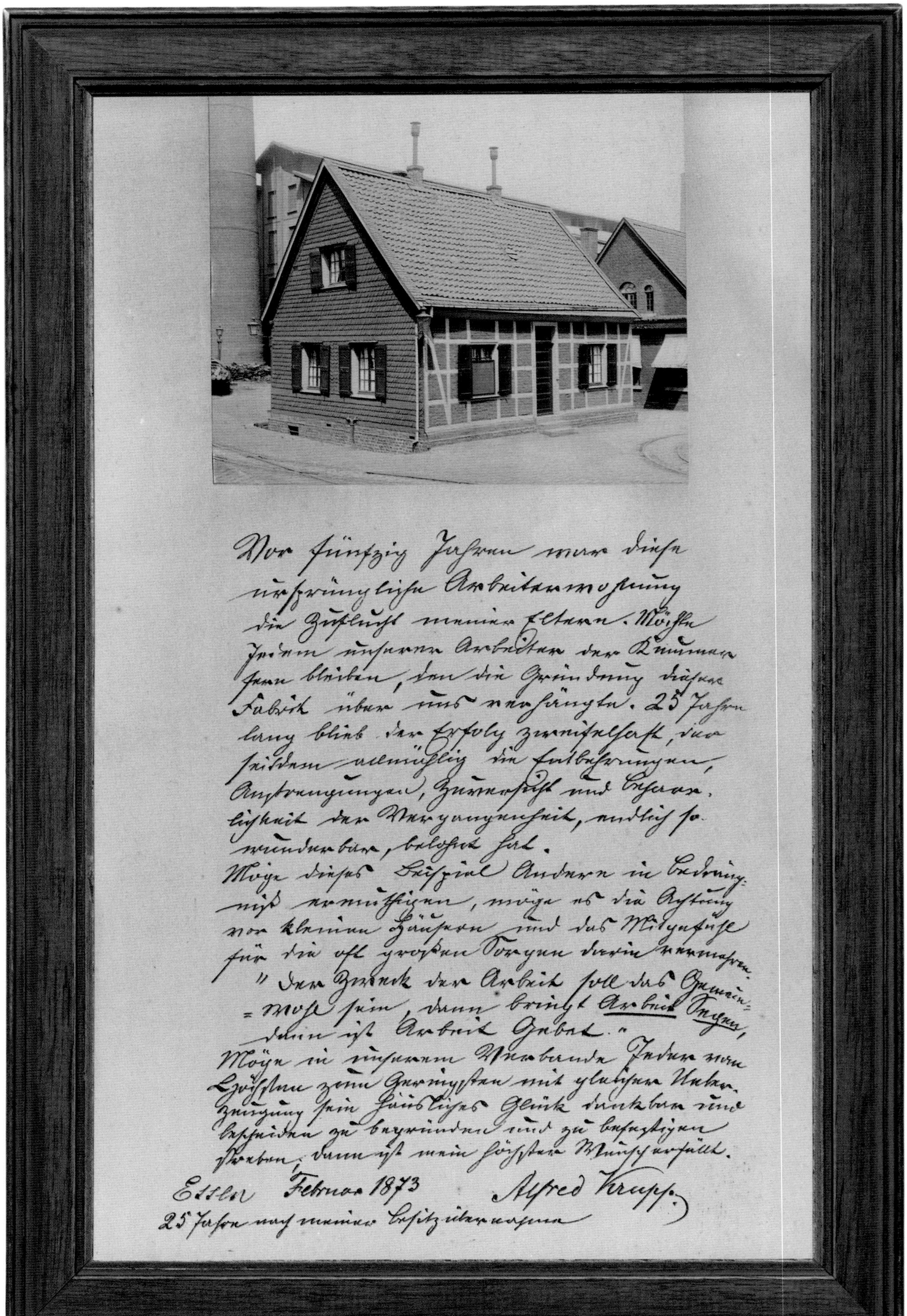

Vor fünfzig Jahren war diese ursprüngliche Arbeiterwohnung die Zuflucht meiner Eltern. Möchte jedem unserer Arbeiter der Kummer fern bleiben, den die Gründung dieser Fabrik über uns verhängte. 25 Jahre lang blieb der Erfolg zweifelhaft, der seitdem allmählig die Entbehrungen, Anstrengungen, Zuversicht und Beharrlichkeit der Vergangenheit, endlich so wunderbar, belohnt hat.
Möge dieses Beispiel Andern in Bedrängniß ermuthigen, möge es die Achtung vor kleinen Häusern und das Mitgefühl für die oft großen Sorgen darin vermehren.
„Der Zweck der Arbeit soll das Gemeinwohl sein, dann bringt Arbeit Segen, dann ist Arbeit Gebet."
Möge in unserem Verbande Jeder vom Höchsten zum Geringsten mit gleicher Ueberzeugung sein häusliches Glück dankbar und bescheiden zu begründen und zu befestigen streben, dann ist mein höchster Wunsch erfüllt.

Essen Februar 1873 Alfred Krupp.
25 Jahre nach meiner Besitzübernahme

◀ Abb. 66:
Das Stammhaus inmitten der Werksanlagen, zwischen der Rückseite des neuen Hauptverwaltungsgebäudes und dem Martinwerk 3, 1935

◀ Abb. 65:
Das »Stammhaus« (Zustand 1873) mit den berühmten Erläuterungen von Alfred Krupp
»Vor fünfzig Jahren war diese ursprüngliche Arbeiterwohnung die Zuflucht meiner Eltern. Möchte jedem unserer Arbeiter der Kummer fern bleiben, den die Gründung dieser Fabrik über uns verhängte. 25 Jahre lang blieb der Erfolg zweifelhaft, der seitdem allmählig in Entbehrungen, Anstrengungen, Zuversicht und Beharrlichkeit der Vergangenheit, endlich so wunderbar, belohnt hat. Möge dieses Beispiel Andere in Bedrängniß ermuthigen, möge es die Achtung vor kleinen Häusern und das Mitgefühl für die oft großen Sorgen darin vermehren. *Der Zweck der Arbeit soll das Gemeinwohl sein, dann bringt Arbeit Segen, dann ist Arbeit Gebet.* Möge in unserem Verbande Jeder vom Höchsten zum Geringsten mit gleicher Überzeugung sein häusliches Glück dankbar und bescheiden zu begründen und zu befestigen streben, dann ist mein höchster Wunsch erfüllt.
Essen Februar 1873
Alfred Krupp, 25 Jahre nach meiner Besitzübernahme«

▲ **Abb. 67:**
Gustav und Bertha Krupp von Bohlen und Halbach mit ihrem ersten Sohn und Erben, Alfried, im Jahre 1910

auch durch gelegentliche Protektion ethnisch gefälliger Kandidaten für gewisse Ämter. Er war von Friedrich Alfred Krupp 1896 aus Württemberg abgeworben worden und nahm seither bis 1922 die Verantwortung für das Finanzielle im Direktorium und für die Familie wahr, um danach, das unterstreicht die Vertrauensstellung, bis zu seinem Tode im Aufsichtsrat der Firma und der Familie verbunden zu bleiben. Haux war – neben anderen – Testamentsvollstrecker für Friedrich Alfred Krupp und beriet vor allem dessen Gattin Margarethe als Verwalterin des Erbes, später auch Gustav Krupp und dessen Frau Bertha, in allen finanziellen Angelegenheiten und gerade auch bei Grundstücksgeschäften sowohl des Werks als auch der Familie. Er dürfte den intimsten Überblick über die Geschäftslage und den Reichtum Krupps in den Blütejahren bis 1914, aber auch während des Krieges und in der Inflationszeit gewonnen haben. Im Alter erblindete er. Seine unveröffentlichten, Mitte der 1930er Jahre diktierten Memoiren[34] zeigen, welche großen Erwartungen ein deutschnationaler, jetzt jedenfalls antisemitischer Monarchist mit Adolf Hitler mehr als mit dem Nationalsozialismus verband. Als Finanzpatriarch der Firma trug er die Hauptverantwortung für die Bilanzen und mithin für deren politische Vertretbarkeit, aber daneben war er, eher aus Neigung, nach der Jahrhundertwende und rasch zunehmend mit den Jubiläumsplanungen in die Rolle des Aufsehers über das richtige Geschichtsbild der Firma gerückt, das uns noch beschäftigen wird. Infolgedessen hielt er der Festgemeinde am 6. August 1912 den maßgeblich geschichtsdeutenden Vortrag.

Die ziemlich lange Rede[35] beschwor selbstverständlich aufs Neue »den kategorischen Imperativ der Pflicht« mit allem, was dazu gehörte, praktisch wiederholend, denn diese Worte waren »Pflichten« des Chefs gewesen. Haux gliederte, so war das intern längst üblich, entlang der Unternehmerdynastie nach Persönlichkeiten, widmete sich also zunächst dem »feurigen« Friedrich, sodann dem »wunderbaren« Alfred und schließlich Friedrich Alfred, »der Besten einer, den die deutsche Erde getragen«. »Vermögen und Gesundheit« gab Friedrich an die große Aufgabe, das Geheimnis des Gussstahls zu lüften, »und wenn er auch das Ziel nicht völlig erreicht hat, [...] so hat er doch den Samen ausgestreut...« – eine zurückhaltende Wertung. Dann der große Alfred, der »die idealen Grundlagen« legte. Er war, nicht nur als Techniker, ein genialer Kopf, er hatte »das Problem des Stahls populär« gemacht, aber nicht das Eisenbahnmaterial, die eigentliche Grundlage der Firma, fand Erwähnung, sondern »Eisen und Bronze« als Gegensatz des Neuen zum Alten,[36] der Stahl als »die Grundlage fast der gesamten Waffentechnik«. Das war der eine Aspekt der historischen Würdigung Alfreds, den anderen umschloss dessen Verständnis des Werks »als ein[es] Verband[es] mit sittlichen Zwecken«, was die Wohlfahrtspflege, die Ordnung des Werks nach innen durch das Generalregulativ von 1872 sowie die Vorsorge gegen jede mögliche »Zersplitterung« – sei es in der Eigentümerstruktur, sei es zwischen Eigentümerfamilie und Werk – zum Thema machte. Solche Ordnung der Wirklichkeit, solche idealen Gedanken waren »so umfassend und mächtig«, dass sich die Nachfolger, selbst wenn sie es gewollt hätten, dem nicht entziehen konnten. Diese Gedanken wirkten, so Haux, in den Nachfolgern fort. Alfreds Sohn und dessen Schwiegersohn blieben, als »erste Diener« des großen Werks, den Grundsätzen treu ergeben, ein jeder seine »ernste Pflicht« wahrnehmend. Nicht zufällig klang hier – wie schon in Gustav Krupps Rede an die Jubilare – das berühmte Wort Friedrichs II. vom König als dem ersten Diener des Staates an. Und natürlich waren in solchem Zusammenhang Alfred Krupps Stammhaus-Worte zu zitieren, jene Sätze, mit denen er eine Fotographie des Stammhauses geschmückt hatte, wie es 1873, anlässlich des 25jährigen Jubiläums seines Alleinbesitzes an der Firma, wiederhergestellt worden war: »Der Zweck der Arbeit soll das Gemeinwohl sein; dann bringt Arbeit Segen, dann ist Arbeit Gebet.« Was jene Älteren auch geschaffen, das müsse gewiss »im Fortschritt der Zeit dem Besseren und Vollkommneren weichen. Bleibenden Wert aber hat die Gesinnung, der Geist, in dem sie gewirkt.«

Dieser Geist der Vergangenheit, der den Fortschritt überdauerte, er umschloss den Sinn und die Funktion von Geschichte für die Gegenwart. In ihm transportierten sich die tragenden Werte, vor allem, »Treue mit Treue zu vergelten« im Verhältnis des Eigentümers zum Mitarbeiter. Glücklich habe sich alles gefügt, nun wachse gar auf dem Hügel »ein neues Geschlecht heran«, und so ließ sich »aufs Neue geloben, allezeit in Treue zu diesem Werke zu stehen«. Und das war der Wunsch der Mitarbeiter für die Zukunft, mit dem Haux schloss: Die Familie und das Werk, sie sollten, sprach der Schwabe, »up ewig ungedeelt« der Zukunft entgegen blühen – dreimal Hoch auf Krupp.

Man kann sich den weiteren formellen Vollzug des Festabends sparen: Es sprachen eine prominente Größe aus den Außenvertretungen der Firma, dann Direktor Sorge vom Magdeburger Grusonwerk, man sang ein neues, von Otto Eccius (1868–1937), dem Dezernenten für Kriegsmaterial, verfasstes Lied »Krupp bleibt doch Krupp«, und zum Abschluss redete der alte Ludwig Klüpfel (1843–1915), der 1910 vom Direktorium in den Aufsichtsrat gewechselt und noch unter Alfred Krupp leitend tätig gewesen war, auch er sprach das Wort von den »Kruppianern«. In allem erklang noch ein Jubiläumsgedicht, das die Belegschaft einem C. Gerstner, ehemaligem Chefchemiker der Firma, verdankte. Darin hieß es unter anderem:

»Wir sehen Alfreds Bild vor uns erscheinen,
Den zeitig schon des Lebens Ernst gestählt,
Der – pflichtgetreu im Großen wie im Kleinen –
Zum Menschenfreund vom Schicksal ward erwählt.

In dem sich Scharfsinn, Tatkraft, Güte einen,
Den seine Zeit zu ihren Besten zählt –
Ein Vorbild bei des Bürgerfleißes Schaffen,
Ein Meister edler Schmiedekunst der Waffen.«

◀ Abb. 68: Die Familie Krupp von Bohlen und Halbach beim Ausritt auf dem Hügel: Gustav, Bertha und Alfried

▲ **Abb 69: Der Festakt zur Ordensverleihung im »Oberlichthof« des Hauptverwaltungsgebäudes am 7. August 1912**

Und schließlich:

»Der Arbeit Ehrung bindet uns aufs neue
An's Kruppsche Haus, in Liebe,
Dank und Treue.«

So schwebte Alfreds Geist und Werk über allem. Das war Kruppsches Selbstverständnis, und es wäre ganz verfehlt, darin allein deklamatorisches Geschick und taktische Führungskraft zu erkennen: Die Familie, die Leitung und bestimmt die große Überzahl der Werksbeamten waren hiervon beseelt und sahen sich selbst unterschieden und erhoben vermittelst solcher wertverbundenen Gemeinschaftlichkeit. Dass all dies nunmehr, in den nächsten Tagen, allerhöchste Bestätigung erfahren sollte, widerspiegelte einen für das späte Kaiserreich typischen Zusammenhang. Betriebliche Herrschaft blieb, geschützt und gestützt durch die Macht der Obrigkeit im Konstitutionalismus, ungebrochen. In solchem Schutz ließen sich Werte einer vergangenen Zeit, in neuen Bezügen und Sinnbeimessungen, transportieren und funktionalisieren. Krupp war darin ein idealer Fall, ein orientierendes Muster. Der ursprünglich, in einer frühen Übergangsphase vom Handwerk zur Industrie, prägende Firmenpatriarchalismus war zur Ideologie geworden – und das wohl schon unter Alfred Krupp.[37]

Was nun folgte, unterstrich die staatsmachtgestützte und -geschützte Autorität des Werkes nach innen. Ein wahrer Regen an staatlichen Wertschätzungen ging auf die Belegschaft und vor allem die leitenden Angestellten nieder. Die Ehrungen und Ordensverleihungen fanden am Tag nach dem Werksfest, Mittwoch, dem 7. August 1912 nachmittags, statt; das war übrigens auch der Tag, an dem die Außenwerke das Jubiläum begingen.[38] Allein der Kaiser als preußischer König verlieh in Essen 499 Ehrungen, darunter 345 Ehrenzeichen, 80 Verdienstkreuze und 74 Orden, vor allem den Kronenorden und den Roten Adlerorden in verschiedenen Klassen. Handelsminister von Sydow sollte die Verleihungen vornehmen, aber er schrieb am 13. Juli 1912 an Gustav Krupp, das sei nun doch zu viel, wie man sich die Prozedur wohl denke?[39] Offenkundig wurde, mit Hilfe der Oberpräsidenten beider Westprovinzen, des Düsseldorfer Regierungspräsidenten sowie des Oberbürgermeisters und des Polizeipräsidenten von Essen, in geballter Behördenarbeit ein Weg gefunden, und von Sydow vollzog auch dies im Geiste Alfred Krupps und seiner Nachfolger, »deren

Erbe weiter im Geiste der unbedingten Pflichttreue, des Strebens nach höchster Vervollkommnung und des steten Bewusstseins der Pflichten gegen das Gemeinwohl verwaltet und ausgebaut« wurde.[40] Eine Wahrnehmung staatlicher Ehren, wonach diese nicht jenen zukommen, die vertragsgemäß Arbeiten vollziehen und dafür ein Einkommen erzielen, sondern jenen, die, davon ganz unabhängig, tatsächlich und aus freiem Willen abseits ihres Beschäftigungsverhältnisses dem gemeinen Wohl Dienste erweisen, eine solche Wahrnehmung war nirgends zu entdecken, und sie war wohl auch nicht zeitgemäß. Wenn Arbeit als staatsbürgerliche Pflicht definiert ist, muss man solche Differenzierungen nicht vornehmen.

Bei der Auswahl der Ehrungen hatte die Firma Vorschläge unterbreitet. Das ging sehr weit. Mindestens für die höheren Ränge der Belegschaft dürfte Gustav Krupp der eigentliche Ordensverteiler gewesen sein. Seit Mai 1912 bemühte er sich intensiv, und zwar zumeist erfolgreich, für gewisse leitende Herren, zumal die Nichtpreußen unter ihnen, Orden und Ehrenzeichen anderer deutscher Fürsten beziehungsweise Bundesstaaten zu gewinnen. In Hessen, Bayern, Sachsen, Baden, Württemberg und auch Mecklenburg achtete man dabei stets auf die passende Staatsbürgerschaft. Für den Prokuristen und verantwortlichen Festorganisator von Bülow scheiterte indessen der entsprechende Versuch in Karlsruhe. So bemühte sich der Firmenchef in Schwerin: von Bülow sei in Preußen derzeit nicht ehrungsfähig, weil er den Roten Adlerorden, 4. Klasse, eben erst, Ende 1910, erhalten hatte. Der Erfolg blieb nicht aus. In Schwerin vermochte man binnen dreier Wochen, das »Ritterkreuz mit der Krone des Greifenordens« zu verleihen. Natürlich war auch Gustav Krupp selber zu ehren, und das war nicht ganz einfach, denn der ehemalige Diplomat war bereits seit dem 27. Januar 1910 Mitglied des Preußischen Herrenhauses, dort übrigens zusammen mit Ludwig Delbrück, dem Bankier und Mitglied des Kruppschen Aufsichtsrats. Nun wirkte der Schwager Tilo von Wilmowsky hinter den Kulissen, scheint aber, in den Anstrengungen um Verleihung des Titels eines »Gesandten«, bei den Diplomaten auch auf Widerstände gestoßen zu sein. Gustav wurde »außerordentlicher Gesandter und bevollmächtigter Minister«, und er hatte deshalb fortan Anspruch auf die Anrede »Exzellenz«, ein Rang, den ihm der Kaiser höchstpersönlich sofort nach seiner Ankunft am folgenden Tag verlieh. Dem Firmenchef sind, darüber hinaus, mindestens drei weitere hohe nichtpreußische Auszeichnungen zuteil geworden.[41] Die Technische Hochschule Darmstadt verlieh ihm die Würde eines Dr.-Ing. honoris causa. Seine Schwiegermutter Margarethe Krupp, geb. von Ende, wurde anlässlich des Jubiläums Ehrenbürgerin der Stadt Essen.

◀ **Abb. 70:**
Krupp und der Kaiser – Autofahrt durch Essen, 8. August 1912

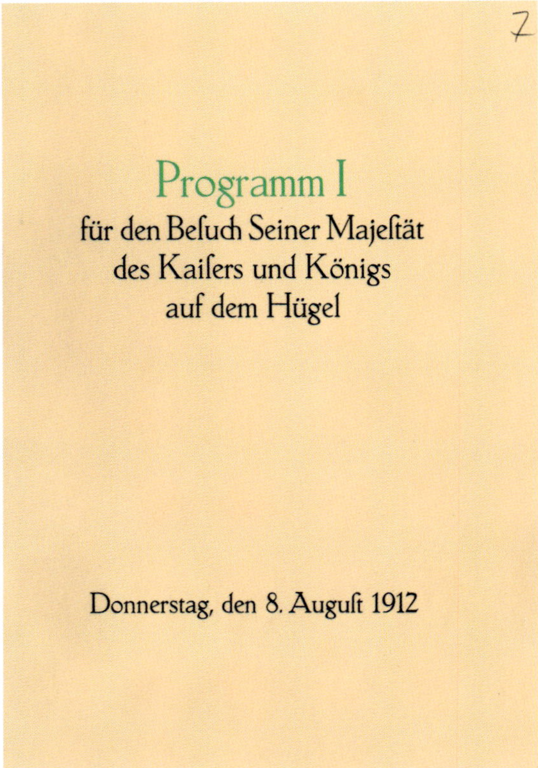

7

Programm I
für den Besuch Seiner Majestät
des Kaisers und Königs
auf dem Hügel

Donnerstag, den 8. August 1912

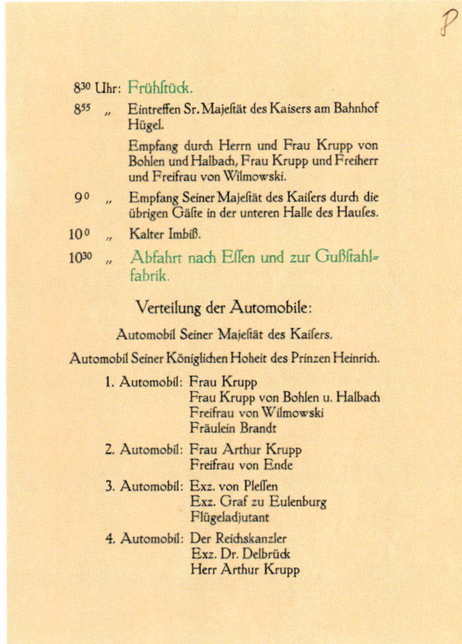

8

8^{30} Uhr: Frühstück.

8^{55} „ Eintreffen Sr. Majestät des Kaisers am Bahnhof Hügel.

Empfang durch Herrn und Frau Krupp von Bohlen und Halbach, Frau Krupp und Freiherr und Freifrau von Wilmowski.

9^{0} „ Empfang Seiner Majestät des Kaisers durch die übrigen Gäste in der unteren Halle des Hauses.

10^{0} „ Kalter Imbiß.

10^{30} „ Abfahrt nach Essen und zur Gußstahlfabrik.

Verteilung der Automobile:

Automobil Seiner Majestät des Kaisers.

Automobil Seiner Königlichen Hoheit des Prinzen Heinrich.

1. Automobil: Frau Krupp
Frau Krupp von Bohlen u. Halbach
Freifrau von Wilmowski
Fräulein Brandt

2. Automobil: Frau Arthur Krupp
Freifrau von Ende

3. Automobil: Exz. von Plessen
Exz. Graf zu Eulenburg
Flügeladjutant

4. Automobil: Der Reichskanzler
Exz. Dr. Delbrück
Herr Arthur Krupp

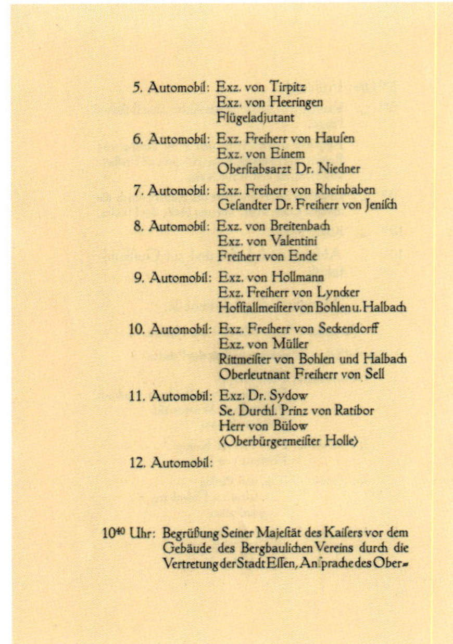

5. Automobil: Exz. von Tirpitz
Exz. von Heeringen
Flügeladjutant

6. Automobil: Exz. Freiherr von Hausen
Exz. von Einem
Oberstabsarzt Dr. Niedner

7. Automobil: Exz. Freiherr von Rheinbaben
Gesandter Dr. Freiherr von Jenisch

8. Automobil: Exz. von Breitenbach
Exz. von Valentini
Freiherr von Ende

9. Automobil: Exz. von Hollmann
Exz. Freiherr von Lyncker
Hofstallmeister von Bohlen u. Halbach

10. Automobil: Exz. Freiherr von Seckendorff
Exz. von Müller
Rittmeister von Bohlen und Halbach
Oberleutnant Freiherr von Sell

11. Automobil: Exz. Dr. Sydow
Se. Durchl. Prinz von Ratibor
Herr von Bülow
(Oberbürgermeister Holle)

12. Automobil:

10^{40} Uhr: Begrüßung Seiner Majestät des Kaisers vor dem Gebäude des Bergbaulichen Vereins durch die Vertretung der Stadt Essen, Ansprache des Ober-

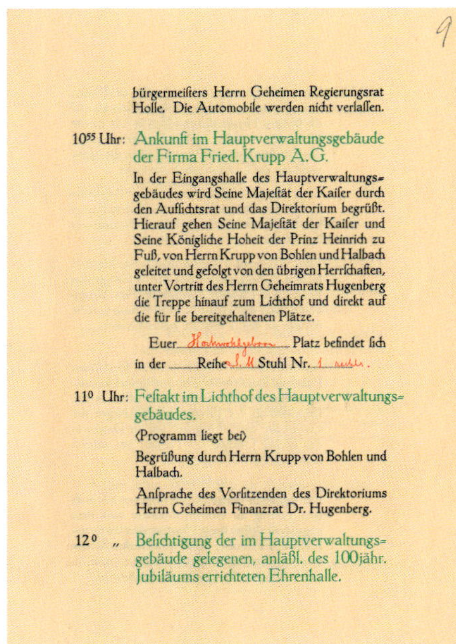

9

bürgermeisters Herrn Geheimen Regierungsrat Holle. Die Automobile werden nicht verlassen.

10^{55} Uhr: Ankunft im Hauptverwaltungsgebäude der Firma Fried. Krupp A.G.

In der Eingangshalle des Hauptverwaltungsgebäudes wird Seine Majestät der Kaiser durch den Aufsichtsrat und das Direktorium begrüßt. Hierauf gehen Seine Majestät der Kaiser und Seine Königliche Hoheit der Prinz Heinrich zu Fuß, von Herrn Krupp von Bohlen und Halbach geleitet und gefolgt von den übrigen Herrschaften, unter Vortritt des Herrn Geheimrats Hugenberg die Treppe hinauf zum Lichthof und direkt auf die für sie bereitgehaltenen Plätze.

Euer Hochwohlgeboren Platz befindet sich in der ___ Reihe S. M. Stuhl Nr. 1 rechts.

11^{0} Uhr: Festakt im Lichthof des Hauptverwaltungsgebäudes.

(Programm liegt bei)

Begrüßung durch Herrn Krupp von Bohlen und Halbach.

Ansprache des Vorsitzenden des Direktoriums Herrn Geheimen Finanzrat Dr. Hugenberg.

12^{0} „ Besichtigung der im Hauptverwaltungsgebäude gelegenen, anläßl. des 100jähr. Jubiläums errichteten Ehrenhalle.

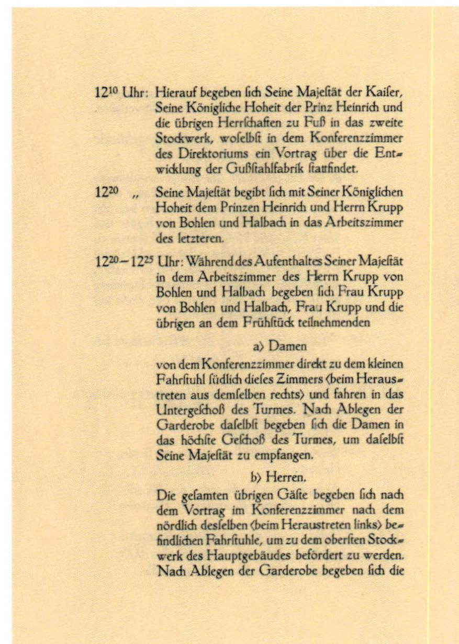

12^{10} Uhr: Hierauf begeben sich Seine Majestät der Kaiser, Seine Königliche Hoheit der Prinz Heinrich und die übrigen Herrschaften zu Fuß in das zweite Stockwerk, woselbst in dem Konferenzzimmer des Direktoriums ein Vortrag über die Entwicklung der Gußstahlfabrik stattfindet.

12^{20} „ Seine Majestät begibt sich mit Seiner Königlichen Hoheit dem Prinzen Heinrich und Herrn Krupp von Bohlen und Halbach in das Arbeitszimmer des letzteren.

12^{20}–12^{25} Uhr: Während des Aufenthaltes Seiner Majestät in dem Arbeitszimmer des Herrn Krupp von Bohlen und Halbach begeben sich Frau Krupp von Bohlen und Halbach, Frau Krupp und die übrigen an dem Frühstück teilnehmenden

a) Damen

von dem Konferenzzimmer direkt zu dem kleinen Fahrstuhl südlich dieses Zimmers (beim Heraustreten aus demselben rechts) und fahren in das Untergeschoß des Turmes. Nach Ablegen der Garderobe daselbst begeben sich die Damen in das höchste Geschoß des Turmes, um daselbst Seine Majestät zu empfangen.

b) Herren.

Die gesamten übrigen Gäste begeben sich nach dem Vortrag im Konferenzzimmer nach dem nördlich desselben (beim Heraustreten links) befindlichen Fahrstuhle, um zu dem obersten Stockwerk des Hauptgebäudes befördert zu werden. Nach Ablegen der Garderobe begeben sich die

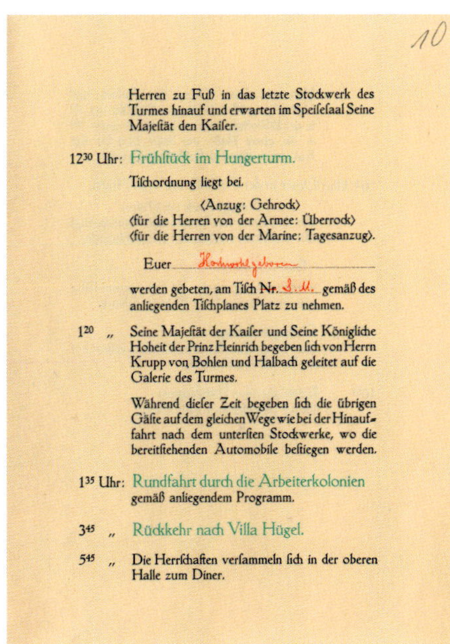

10

Herren zu Fuß in das letzte Stockwerk des Turmes hinauf und erwarten im Speisesaal Seine Majestät den Kaiser.

12^{30} Uhr: Frühstück im Hungerturm.

Tischordnung liegt bei.

(Anzug: Gehrock)
(für die Herren von der Armee: Überrock)
(für die Herren von der Marine: Tagesanzug).

Euer Hochwohlgeboren

werden gebeten, am Tisch ~~Nr.~~ S. M. gemäß des anliegenden Tischplanes Platz zu nehmen.

1^{20} „ Seine Majestät der Kaiser und Seine Königliche Hoheit der Prinz Heinrich begeben sich von Herrn Krupp von Bohlen und Halbach geleitet auf die Galerie des Turmes.

Während dieser Zeit begeben sich die übrigen Gäste auf dem gleichen Wege wie bei der Hinauffahrt nach dem untersten Stockwerke, wo die bereitstehenden Automobile bestiegen werden.

1^{35} Uhr: Rundfahrt durch die Arbeiterkolonien gemäß anliegendem Programm.

3^{45} „ Rückkehr nach Villa Hügel.

5^{45} „ Die Herrschaften versammeln sich in der oberen Halle zum Diner.

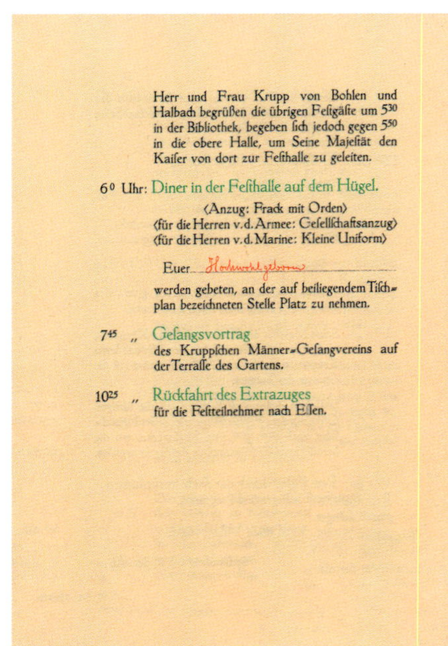

Herr und Frau Krupp von Bohlen und Halbach begrüßen die übrigen Festgäste um 5^{30} in der Bibliothek, begeben sich jedoch gegen 5^{50} in die obere Halle, um Seine Majestät den Kaiser von dort zur Festhalle zu geleiten.

6^{0} Uhr: Diner in der Festhalle auf dem Hügel.

(Anzug: Frack mit Orden)
(für die Herren v. d. Armee: Gesellschaftsanzug)
(für die Herren v. d. Marine: Kleine Uniform)

Euer Hochwohlgeboren

werden gebeten, an der auf beiliegendem Tischplan bezeichneten Stelle Platz zu nehmen.

7^{45} „ Gesangsvortrag des Kruppschen Männer-Gesangvereins auf der Terrasse des Gartens.

10^{25} „ Rückfahrt des Extrazuges für die Festteilnehmer nach Essen.

▲ ▶ Abb. 71:
Die Programmhefte I und II für den Kaiserbesuch am 8. und 9. August 1912, sie waren für Bertha Krupp von Bohlen und Halbach bestimmt

24

Programm II
für den Beſuch Seiner Majeſtät des Kaiſers und Königs auf dem Hügel

Freitag, den 9. Auguſt 1912

8^{30} Uhr: Frühſtück.

9^{0} „ Abfahrt zur Gußſtahlfabrik.

Programm für die Beſichtigung liegt bei.

Verteilung der Automobile.

Automobil Seiner Majeſtät des Kaiſers

Automobil Seiner Königlichen Hoheit des Prinzen Heinrich.

1. Automobil: Geſandter Dr. Freiherr von Jeniſch
Herr Arthur Krupp
Freiherr von Ende
Oberſtabsarzt Dr. Niedner
2. Automobil: Oberſtleutnant von Mutius
Major von Caprivi
3. Automobil: Exz. von Pleſſen
Exz. Graf zu Eulenburg
4. Automobil: Der Reichskanzler
Exz. Dr. Delbrück
5. Automobil: Exz. von Tirpitz
Exz. von Heeringen
6. Automobil: Exz. Freiherr von Hauſen
Hofſtallmeiſter von Bohlen u. Halbach
7. Automobil: Exz. von Einem
Exz. Freiherr von Rheinbaben
8. Automobil: Exz. von Breitenbach
Exz. von Valentini
9. Automobil: Exz. von Hollmann
Exz. Freiherr von Lyncker

25

10. Automobil: Exz. Freiherr von Seckendorff
Exz. von Müller
Oberleutnant Freiherr von Sell
11. Automobil: Exz. Dr. Sydow
Se. Durchl. Prinz von Ratibor
Herr von Bülow
Rittmeiſter von Bohlen und Halbach
12. Automobil:

1^{0} Uhr: Rückfahrt nach dem Hügel.

1^{30} „ Frühſtück in der Feſthalle auf Hügel.

Sämtliche Gäſte verſammeln ſich um 1^{20} Uhr in der oberen Halle.

⟨Anzug: Gehrock⟩
⟨für die Herren von der Armee: Überrock⟩
⟨für die Herren von der Marine: Tagesanzug⟩.

Euere Hochwohlgeboren

werden gebeten, an der auf dem anliegenden Sitzplan vermerkten Stelle Platz nehmen zu wollen.

5^{30} „ Feſtſpiel in der Reitbahn.

Die Herrſchaften werden gebeten, ſich um 5^{20} Uhr vor dem Stalleingang auf dem Reitplatz zu verſammeln, event. bei ſchlechtem Wetter im Verbindungsgang zwiſchen Reitplatz und der Reitbahn, im letzteren Fall erfolgt die Beförderung vom Haupthaus bis zur Reitbahn durch Automobile.

Nachdem 5^{25} Uhr Seiner Majeſtät und Seiner Königlichen Hoheit dem Prinzen Heinrich entſprechende Meldung erſtattet iſt, begeben ſich Allerhöchſtdieſelben, von Herrn Hofſtallmeiſter von Bohlen und Halbach bzw. Herrn Freiherrn von Wilmowski geleitet, im Automobil nach dem Stall und von da ſofort zur Tribüne der Reitbahn.

7^{15} Uhr: Ende des Feſtſpiels.

Seine Majeſtät der Kaiſer ſowie Seine Königliche Hoheit der Prinz Heinrich begeben ſich auf gleichem Wege wie vorhin zum Haupthaus zurück, ebenſo ſämtliche übrigen Zuſchauer.

8^{15} Uhr: bzw. 1 Stunde nach Beendigung des Feſtſpiels:

Diner in der Feſthalle auf Hügel.

Das Gefolge, die Hügelgäſte, ſowie die ſonſtigen Eingeladenen verſammeln ſich um 8^{0} Uhr bzw. 45 Minuten nach Beendigung des Feſtſpiels in der oberen Halle.

⟨Anzug: Frack mit Orden⟩
⟨für die Herren v. d. Armee: Geſellſchaftsanzug⟩
⟨für die Herren v. d. Marine: Kleine Uniform⟩.

11^{0} Uhr: Abfahrt Seiner Majeſtät vom Bahnhof Hügel.

Solchermaßen dekoriert, konnten nun die Kaisertage beginnen. Nachdem Wilhelm II. anderntags pünktlich um 9 Uhr mit dem Sonderzug, den er gern für Nachtfahrten nutzte, auf dem Hügel angekommen und mit einem Imbiss gebührend empfangen worden war, führte die Fahrt mit Automobilen nach Essen durch selbstverständlich girlandenbegrünte und fahnengeschmückte Straßen. Nicht nur die Fa. Krupp, auch zahlreiche weitere Essener Betriebe hatten ihren Arbeitern wegen des Kaiserbesuchs mindestens einen halben Tag der Arbeitsruhe beschert. Denn dies sollte ein Festtag für die gesamte Stadt sein, und so fieberten die Menschen dem Ereignis entgegen. Der Empfang der Stadt fand – entgegen dem Wunsch von Gustav Krupp, der ihn lieber näher beim Werk gesehen hätte – an der Bismarckstraße vor dem Gebäude des Bergbaulichen Vereins, dem Glückauf-Haus, statt

▲ Abb. 72:
Der Kaiser ante portas – der Empfang der Stadt Essen

▶ Abb. 73:
Ausschnitt: Oberbürgermeister Holle und die »Ehrenjungfrauen«

und trug, so kurz er war, alle Züge des uralten Adventus-Zeremoniells: Die Stadt huldigte dem Kaiser. Dort war eine Ehrenpforte errichtet, zehn Kinder und die vierzehnjährige Tochter des Oberbürgermeisters überreichten einen Blumenstrauß »ohne Deklamation«, ein Männerchor von 500 Sängern beschwor »Heil Kaiser und Reich«, und der Oberbürgermeister sprach ganze drei Minuten, worauf Chor und Publikum die erste Strophe der Nationalhymne sangen. Es ging dann weiter zur Gussstahlfabrik, denn um 11 Uhr sollte der Festakt im Lichthof des Hauptverwaltungsgebäudes beginnen.

Alle Festgäste hatten ihre Plätze längst eingenommen, und als der Kaiser die Festhalle mit Gustav Krupp betrat, stand man selbstverständlich, setzte sich erst, nachdem Seine Majestät sich zu setzen geruht hatte. Man lauschte dem Vorspiel zu Wagners »Rienzi«, Gustav Krupp schritt zum opulent geschmückten Rednerpult. Die folgenden Szenen waren für alle Zeiten im Gedächtnis zu verzimmern, und so dürften die Kruppschen Fotographen – man hatte längst schon

◀ Abb. 74:
Der Empfang der Stadt:
der Kaiser tritt näher

▼ Abb. 75:
Der Empfang der Stadt:
das Arrangement der
Massen – Jubel im Spalier

▲ Abb. 76:
Ankunft der Wagenkolonne bei der Gussstahlfabrik (Einfahrt in die Altendorfer Straße, Blickrichtung zur Essener Innenstadt) auf der Höhe der Eisenbahnbrücke am Alfred-Krupp-Denkmal

◄ ▼ Abb. 77 und 78: Ausschnitte: Polizei und Spalier

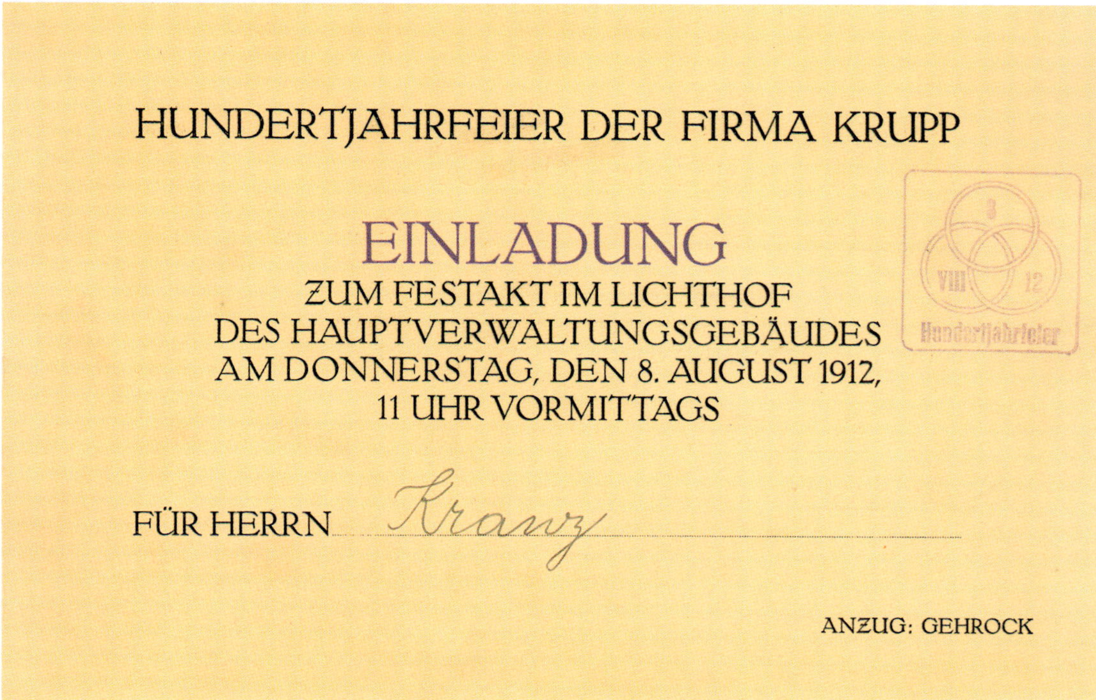
HUNDERTJAHRFEIER DER FIRMA KRUPP

EINLADUNG
ZUM FESTAKT IM LICHTHOF
DES HAUPTVERWALTUNGSGEBÄUDES
AM DONNERSTAG, DEN 8. AUGUST 1912,
11 UHR VORMITTAGS

FÜR HERRN Kranz

ANZUG: GEHROCK

8
VIII 12
Hundertjahrfeier

◀ Abb. 79:
Einladung für Herrn Kranz zum Festakt im Hauptverwaltungsgebäude am 8. August 1912

▼ Abb. 80:
Der Empfang am Haupteingang des Hauptverwaltungsgebäudes

▶ Abb. 81:
Sitzordnung im
Lichthof

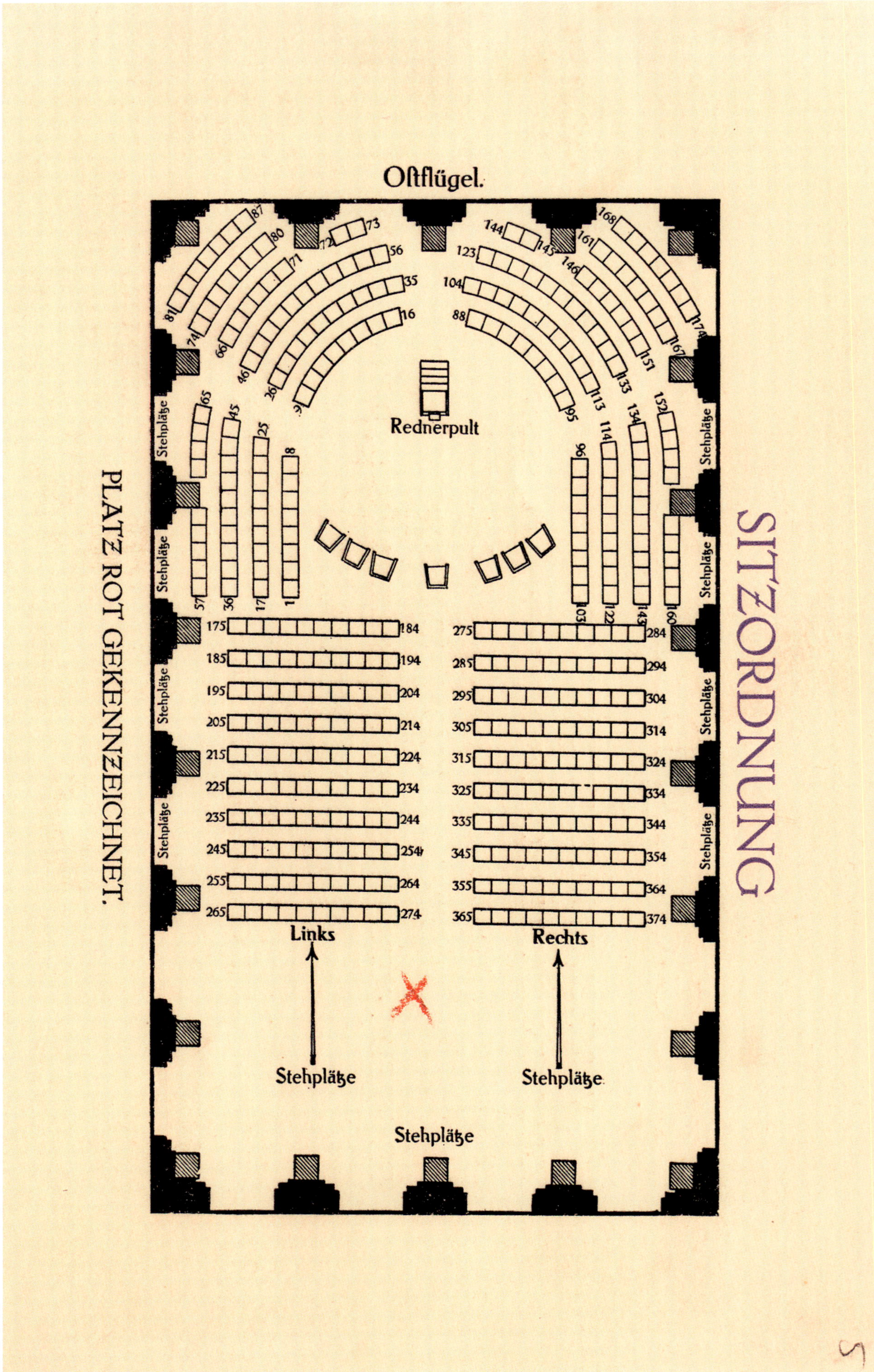

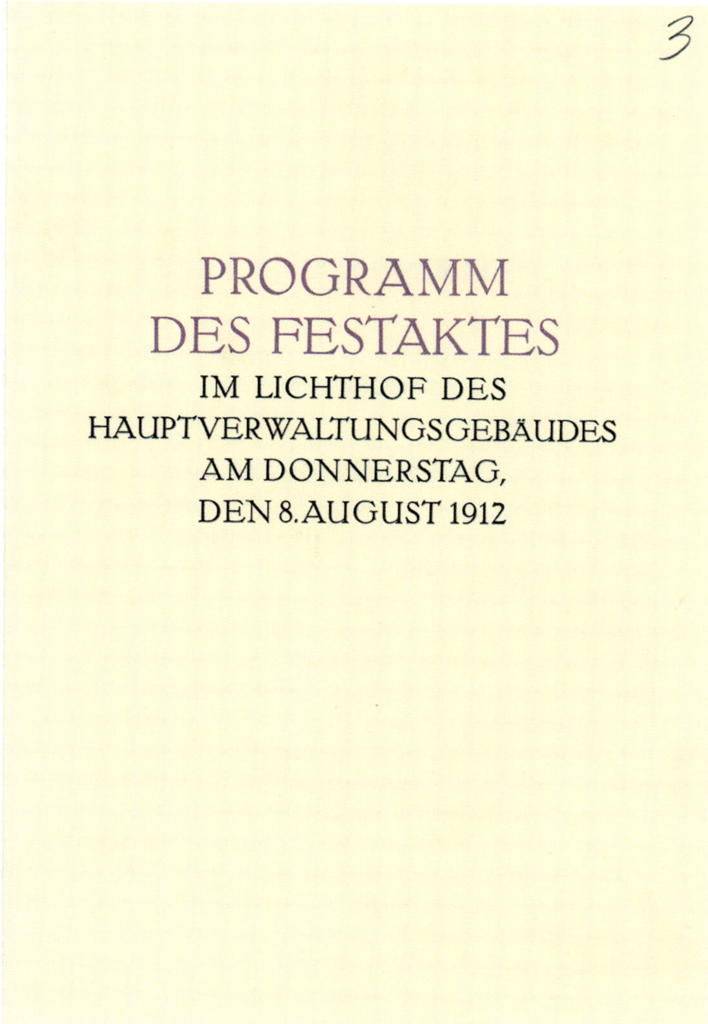

3

PROGRAMM
DES FESTAKTES
IM LICHTHOF DES
HAUPTVERWALTUNGSGEBÄUDES
AM DONNERSTAG,
DEN 8. AUGUST 1912

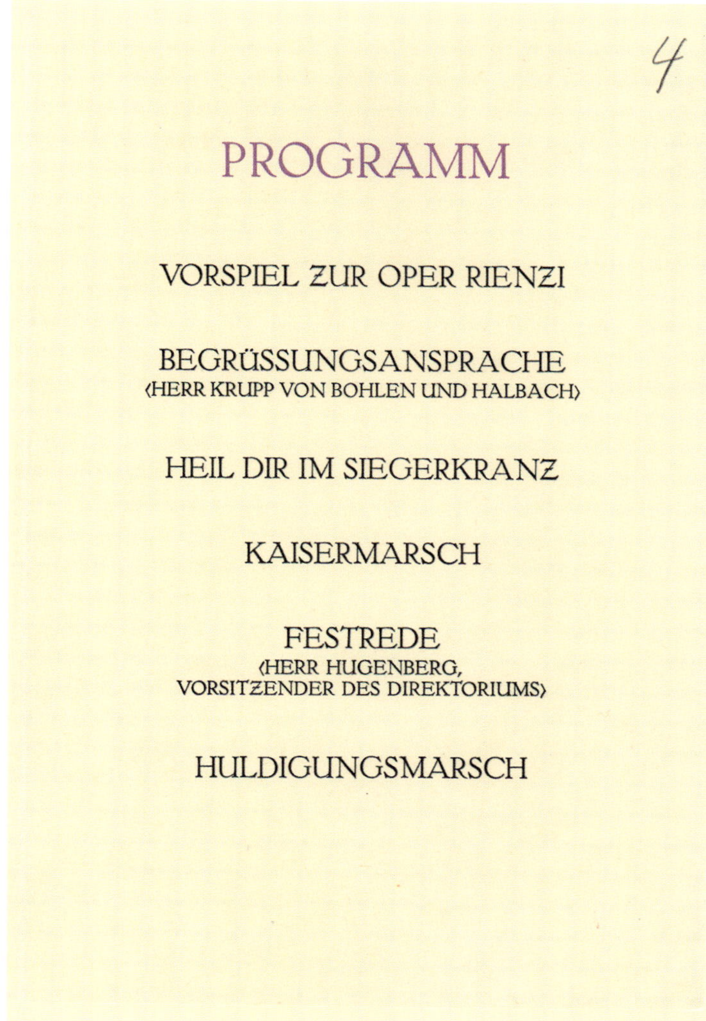

4

PROGRAMM

VORSPIEL ZUR OPER RIENZI

BEGRÜSSUNGSANSPRACHE
(HERR KRUPP VON BOHLEN UND HALBACH)

HEIL DIR IM SIEGERKRANZ

KAISERMARSCH

FESTREDE
(HERR HUGENBERG,
VORSITZENDER DES DIREKTORIUMS)

HULDIGUNGSMARSCH

den geschmückten und fertig bestuhlten Festsaal im Bild dokumentiert – lange geübt haben, um die richtigen Positionen möglichst ohne Störung des Festgeschehens einzunehmen. Im Wesentlichen bestand das Programm aus der Ansprache Gustav Krupps, einer Antwort des Kaisers und einer ausführlicheren Rede Hugenbergs als des geschäftsleitenden Managers der Firma. Man hatte eng bestuhlt für knapp 500 Zuhörer, aber es gab zahlreiche Stehplätze, und neben den Krupp-Damen, die unmittelbar vor dem Podium neben dem Kaiser saßen, durften die Damen des Direktoriums und die Gattinnen einiger Gäste dem Festakt von der ersten der zweistöckig umlaufenden Galerien des Saales aus zuschauen. Die Fotographen haben sorgfältig die entscheidenden Momente, die Redner und Festgäste zu wichtigen Augenblicken festgehalten: die Rede Gustav Krupps bei Ausbringung des Kaiserhochs (alle standen mit erhobener rechter Hand, nur der Kaiser saß), die Antwort des Kaisers (alles stand) und die Rede Hugenbergs.[42]

Gustav Krupp erging sich, wie alle Redner dieses Jahrhundertfestes, in den floskelhaften Lobpreisungen von Staatsmacht und kaiserlicher Autorität, und er verwies auf das Fundament des neuen Verwaltungsgebäudes, das ja zugleich eingeweiht wurde, zum Vergleich für die Solidität, auf der das Kruppsche und das Deutsche Reich errichtet seien: eben Eisenbeton, auf dem die Zukunft, »möglichkeitsschwanger«, errichtet werde. Was die Worte des Firmenchefs anleitete, mag aus der folgenden Beobachtung deutlich werden: Gustav Krupp hatte in seinem Manuskript geschrieben, es habe sich im Laufe der Geschichte »der einheitliche Wille [herausgebildet], der durch's Ganze geht, das einheitliche Interesse an dem Gedeihen des Werkes zum Wohle für alle, in das fremde Einflüsse hineinspielen zu lassen bisher glücklich vermieden werden konnte.«[43] Der Nachsatz dieser Passage, also der indirekte Hinweis auf weniger glückliche Einflüsse, stand im handschriftlichen Entwurf Gustav Krupps und wurde für den maschinenschriftlichen Entwurf getilgt. Das »Gedei-

▲ **Abb. 82:**
Das Programm zum Festakt im Hauptverwaltungsgebäude, 8. August 1912

◄ Abb. 84:
Ausschnitt I: Damen auf der Galerie

◄ Abb. 83:
Der Festakt am 8. August im Lichthof: Gustav Krupp von Bohlen und Halbach ist der erste Redner
Sitzreihe gegenüber dem Rednerpult, von rechts: leerer Stuhl Gustav Krupps, Prinz Heinrich, Bertha Krupp von Bohlen und Halbach, der Kaiser, Margarethe Krupp, Arthur Krupp, Margret Krupp (Gattin Arthurs); die leitenden Herren der Firma sitzen in den beiden hinteren Blöcken, die einen Halbkreis hinter dem Rednerpult formen. In der vordersten Reihe des Blocks links vom Rednerpult, links außen: Alfred Hugenberg

◄ Abb. 85:
Ausschnitt II: Sicherheitsbeamter

◀ Abb. 86:
Der Kaiser in der ersten Reihe der Zuhörer

◀ Abb. 87:
Der Festakt im Lichthof des Hauptverwaltungsgebäudes am 8. August 1912, Gemälde nach der Fotografie (Abb. 86) von Theodor Rocholl

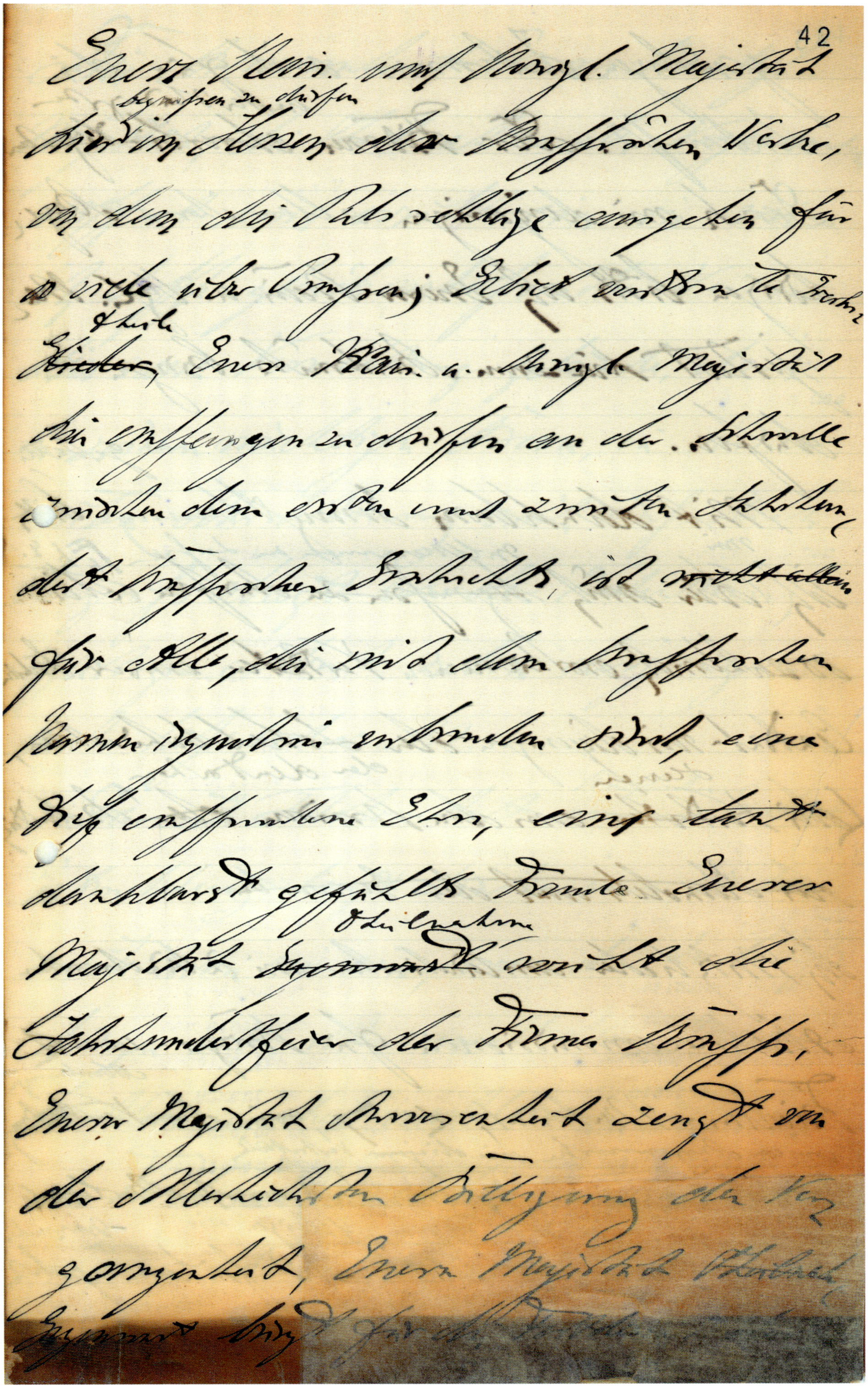

▶ Abb. 88: Das handschriftliche Manuskript zur Ansprache von Gustav Krupp von Bohlen und Halbach im Turmhaus am 8. August 1912 (erste Seite)

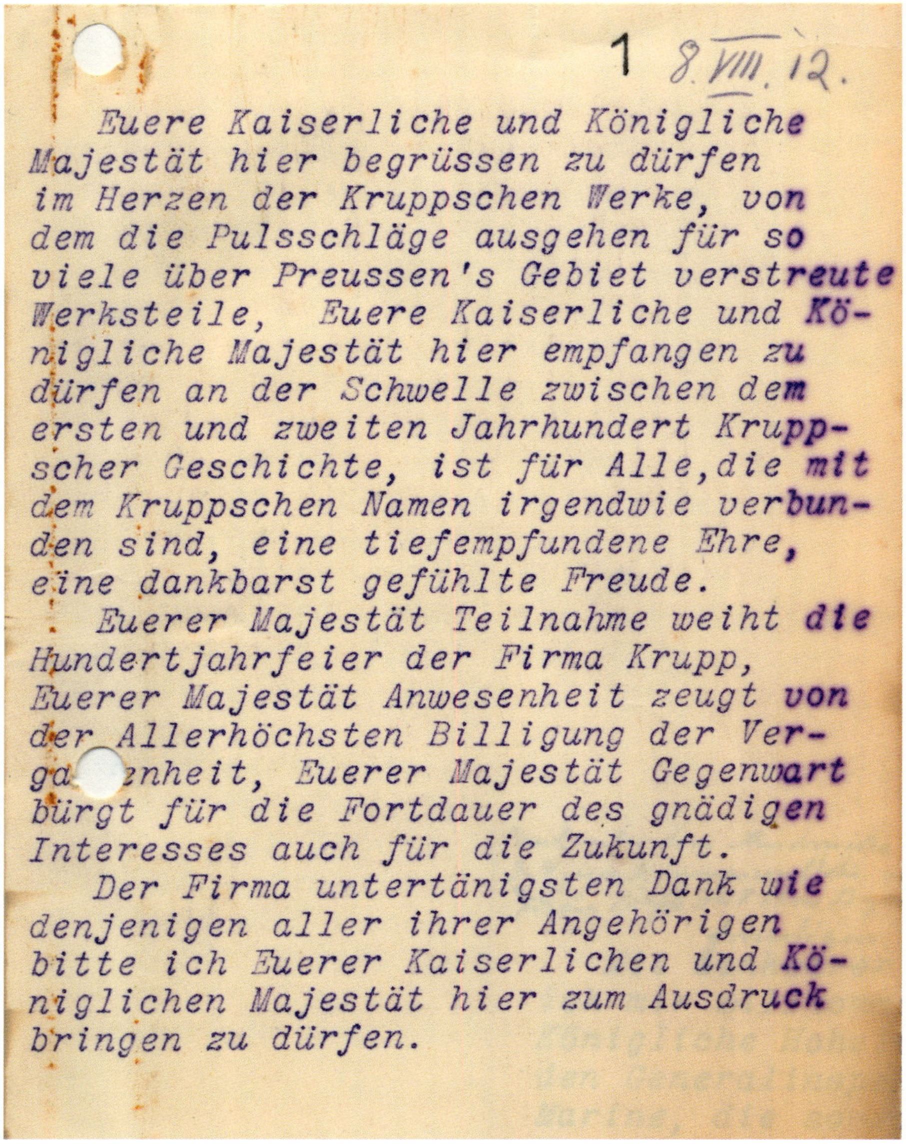

1 8. VIII. 12.

Euere Kaiserliche und Königliche Majestät hier begrüssen zu dürfen im Herzen der Kruppschen Werke, von dem die Pulsschläge ausgehen für so viele über Preussen's Gebiet verstreute Werksteile, Euere Kaiserliche und Königliche Majestät hier empfangen zu dürfen an der Schwelle zwischen dem ersten und zweiten Jahrhundert Kruppscher Geschichte, ist für Alle,die mit dem Kruppschen Namen irgendwie verbunden sind, eine tiefempfundene Ehre, eine dankbarst gefühlte Freude.

Euerer Majestät Teilnahme weiht die Hundertjahrfeier der Firma Krupp, Euerer Majestät Anwesenheit zeugt von der Allerhöchsten Billigung der Vergangenheit, Euerer Majestät Gegenwart bürgt für die Fortdauer des gnädigen Interesses auch für die Zukunft.

Der Firma untertänigsten Dank wie denjenigen aller ihrer Angehörigen bitte ich Euerer Kaiserlichen und Königlichen Majestät hier zum Ausdruck bringen zu dürfen.

▲ **Abb. 89:**
Erste Seite des Redemanuskripts

▶ ▶ **Abb. 90:**
Die Ansprache des Kaisers beim Festakt am 8. August im Lichthof

hen des Werkes zum Wohl für alle« verdrängte jeden Hinweis auf entgegen stehende Entwicklungen. Hugenberg war da, wie wir sehen werden, konfliktbereiter.

Es war dann das vornehme Recht des Firmenchefs, das Kaiserhoch ausbringen zu dürfen, zu dem selbstverständlich, den Kaiser ausgenommen, alle sich und die rechte Hand erhoben, und nun erklang »Heil Dir im Siegerkranz«, da stand auch der Kaiser, um hierauf zum Rednerpult zu schreiten. Majestät lobte das »Stück preußischer und deutscher Geschichte«, das hier gefeiert wurde. Diese selbstverständlich erwartete Ansprache hatte im gedruckten Programm nicht angekündigt werden können, denn man hatte dem Hohen Gast und dessen Dispositionen nicht vorgreifen dürfen. Die Geschütze und die Waffentechnik, die Errungenschaften in der zivilen Produktion und die Wohlfahrtseinrichtungen, das waren dem Kaiser die markantesten Leistungen dieses Werks, das hatte seine Geschichte ausgemacht, und er würdigte überdies die Verbundenheit der Familie mit dem Königs- und Kaiserhaus über alle drei Generationen seit Alfred Krupp hinweg.

Dann: der »Kaisermarsch«, und nun kam Hugenberg als leitender Manager der Firma. Er dürfte für seine Hauptrede rund 30 Minuten benötigt haben. Es war dies die politischste aller Reden des Festes, und sie trug Züge dessen, für das Hugenberg gerade in den Kriegsjahren und danach berühmt und berüchtigt werden sollte.[44] Gerade dieser Programmteil war insbesondere zwischen Gustav Krupp und Hugenberg, aber auch mit Haux mehrfach abgestimmt worden:

Der Redner beschwor das junge, neue Deutschland, wie es, »kraftvoll und wuchtig«, in den hundert Jahren Kruppscher Existenz entstanden sei, und: »noch« sei man »ein jugendliches Volk«. Da schwang bereits jene Warnung der zeitgenössischen Demographen mit, die sich ein Jahrzehnt später rechts außen einnisten sollte: Das deutsche Volk drohte zu vergreisen. Goethe und Kant wurden beschworen: hier Faust und der »›dunkle Drang‹ faustischen Geistes«, dort »der ›kategorische Imperativ‹ des Philosophen – oder auf preußisch-deutsch: die verdammte Pflicht und Schuldigkeit«[45] – das war's, was »in dem Bewusstsein eines ganzen Volkes Gestalt gewann«. Und nun stehe man, nachdem es die Großbetriebe gab, vor einer ungeheuren Aufgabe, »eine an Zahl plötzlich riesenhaft gewordene Menschenklasse, die es bis dahin in der Welt nicht gab, den großindustriellen Arbeiter, einzugliedern in den langsam aufgewachsenen Bau unseres völkischen Lebens.« Der aber, »der das Schlagwort von dem Riesenbetriebe als Überleitung zur staatlichen oder gesellschaftlichen Gütererzeugung prägte«, habe eines nicht verstanden: den europäischen Menschen und dessen »Grundlage des Individualismus«. Hugenberg erinnerte an die alten »patriarchalischen Formen«, mit denen das Problem dereinst angegangen worden sei; sie bedürften indessen der »organischen Fortentwicklung«, um die »Seele« der Arbeiter in einer »Werksgemeinschaft« zu umfangen. Es war dies eine Stelle seiner Rede, zu deren Formulierung Gustav Krupp in der Vorbereitung interveniert hatte. Hugenberg hatte des »hoffnungslosen Zerschellens aller patriarchalischen Formen« gedenken wollen; Krupp mochte so weit nun doch nicht gehen und erbat: »… trotz des Vergehens alter patriarchalischer Formen«.[46] Deutlicher konnte nicht werden, dass auch der Firmenchef den alten Habitus der Belegschaftsführung längst

B.266.b.

nicht mehr teilte und zu neuen Ufern strebte.

Auch von den »Stämmen« und »Klassen«, vom »Volkskörper« war die Rede, und Hugenberg betonte das Kruppsche Zivilgeschäft gegenüber den Waffen, aber zu den »Tugenden unseres Volkes« gehöre eben immer auch »die alte germanische Wehrhaftigkeit und Waffenfreude.« Das waren teilweise ganz andere Töne. Offenkundig konnte gerade Gustav Krupp der Werksgemeinschaftsidee manches abgewinnen, und eine gewisse dahingehende Übereinstimmung dürfte überhaupt die Bestellung Hugenbergs zum Vorsitzenden des Direktoriums drei Jahre zuvor begleitet oder gefördert haben. Es gab jedoch jetzt schon Probleme mit Hugenberg, Probleme, die sich während des Krieges mehren sollten und die dann seit etwa 1917 bei Krupp offenbar nur mühsam verdeckt werden konnten – von solchen Problemen muss jetzt kurz die Rede sein.[47]

Der Vorsitzende der Chefetage, der daneben außerordentlich wichtige Führungsämter im Verbandswesen der deutschen Schwerindustrie wahrnahm, machte sich nämlich für den »Schutz der Arbeitswilligen« stark und hatte hierzu im Frühjahr 1912 eine seiner Denkschriften verfasst, die – freilich unter dem Namen Gustav Krupps – an den Kaiser auf dessen Wunsch gegangen war und volle, begeisterte allerhöchste Zustimmung gefunden hatte.[48] Es ging um die langjährige Forderung der Industriellen, im Streikfall über wirksame Instrumente gegen gewerkschaftliche Solidarisierung zu verfügen. In Regierungskreisen kochte das Begehren offenbar gerade während der Essener Feierzeiten hoch, denn Reichskanzler Bethmann Hollweg, der ja selbst nach Essen kommen würde, richtete am 5. August ein gänzlich persönlich gehaltenes Schreiben an Gustav Krupp.[49] Der Reichskanzler kannte seinen Kaiser und befürchtete, dieser werde sich, in öffentlicher Rede zur Stellungnahme veranlasst, während des Jubiläums ebenso öffentlich zu einem Verbot des Streikpostenstehens verstehen, aber genau dafür werde es im gegenwärtigen Reichstag keine Mehrheit geben, so dass man zu dessen Auflösung werde schreiten müssen. So glaubte Bethmann Hollweg, »bei der ernsten Bedeutung der Angelegenheit Euer Hochwohlgeboren meine Auffassung von der Si-

▼ Abb. 91: Arbeiter im Martinwerk I der Essener Gussstahlfabrik, 1906

▲ **Abb. 92:**
Arbeiter beim Putzen der Werkstücke im Martinwerk I, 1906

tuation darlegen zu sollen, noch bevor Ihre gütige Einladung mir die Gelegenheit eines persönlichen Zusammentreffens verschafft«. Man kannte sich gegenseitig, war miteinander gewissermaßen vertraut, und so antwortete Gustav Krupp postwendend, weder seinerseits »noch seitens der Firma wird die in dem Briefe berührte Frage in dem nicht gewünschten Sinne behandelt, was ich bei meiner Eurer Exzellenz bekannten Auffassung kaum zu betonen brauche. Ich halte es für ausgeschlossen, dass irgend einer der Herren, die etwa durch mich vorgestellt werden, die Frage von sich aus anschneidet.« Mit solcher Sicherheit ließ sich dies wohl nur ausschließen, wenn man seine Herren dahingehend instruierte, wissend um die Position Hugenbergs in dieser Angelegenheit. Dieser hatte übrigens »zum Teil in das politische Gebiet schlagende Bedenken gehabt«, eine Huldigung zugleich der katholischen und der evangelischen Arbeitervereine für Seine Majestät aus Anlass des Jubiläums zu ermöglichen, wie sie vom Lizenziaten Weber, dem westdeutschen Führer der evangelischen Arbeitervereine, mit regierungsamtlicher Unterstützung erbeten worden war:[50] Mit den katholischen Arbeitern zusammen, das ging für ihn nicht. Beim Werksfest hatte natürlich der nationale Arbeiterverein der Fa. Krupp, der inzwischen rund 6.000 Essener Krupp-Arbeiter organisierte, durch seine Gesangsabteilung mitwirken dürfen.

Hugenbergs Jubiläumsrede war eigenwillig, aber von Reaktionen ist nichts bekannt. Nach den üblichen Musikdarbietungen gab es einen Rundgang im Hauptverwaltungsgebäude, wo neben vielem anderen jene »gewaltige granitene weibliche Statue«, als Symbol der Arbeit geschaffen von Professor Lederer, zu bewundern war.[51] Im Beratungsraum des Aufsichtsrats, wo – sehr wahrscheinlich zum Leidwesen Gustav Krupps – das noch zu behandelnde Riesengemälde Sir Herkomers, das den Aufsichtsrat und das Direktorium zeigen würde, immer noch nicht hatte angebracht werden können, besichtigte der Kaiser die Fülle der eingegangenen Geschenksendungen zum Kruppschen Jubiläum; auf diese Gaben soll ebenfalls weiter

▲ **Abb. 93:**
Gustav Krupp von Bohlen und Halbach zeigt dem Kaiser und Prinz Heinrich vom Turm des Hauptverwaltungsgebäudes das Werksgelände der Gussstahlfabrik, Essen und das Ruhrgebiet

unten eingegangen werden. Es folgte, um 12.30 Uhr, ein Frühstück im kleinen Kreis im »Hungerturm«.

Hier, in diesem merkwürdig benannten Gebäudeteil, war man nun ganz unter sich: Krupp, der Kaiser und die wirklichen Spitzen des Reichs. Noch vor der Mahlzeit dürfte Krupp dem Kaiser und dem Prinzen Heinrich von da Oben, aus Kruppscher Sicht, einen Blick auf Essen und das Ruhrgebiet erläutert haben. Zum Essen fanden sich 46 Persönlichkeiten an sechs Tischen; am runden Tisch des Kaisers saßen, links und rechts von ihm, Bertha und Margarethe Krupp und, gegenüber der Majestät, Prinz Heinrich, der seinerseits von Barbara von Wilmowsky und »Frau Arthur Krupp« eingerahmt wurde; Arthur Krupp war hier nicht mehr zugelassen, aber man hatte sozusagen symmetrischen Damenbedarf. Rechts vom Kaiser dann, neben Margarethe Krupp, der Reichskanzler von Bethmann Hollweg, Gustav Krupp und August Graf Eulenburg, der kaiserliche Oberzeremonienmeister, links vom Kaiser, neben Bertha Krupp, die Spitzen-Militärs: von Plessen, Generaloberst und seit vielen Jahren Generaladjutant des Kaisers, Admiral Sack und Großadmiral von Tirpitz.

Hier war nun Gelegenheit für ganz andere Gespräche, aber es war, nach der Erinnerung von Haux, hier, oben im »Hungerturm«, dass die Nachricht von dem Bochumer Explosionsunglück erstmals den Kaiser erreichte.[52] Einstweilen nahm aber das Programm seinen Fortgang. Ab 13.35 Uhr begab man sich auf eine rund zweistündige Rundfahrt durch die Arbeiterkolonien der Firma.

Ausgestiegen wurde, jedenfalls dem – wiederum eigens gedruckten – Programm zufolge, zunächst in der großen Arbeitersiedlung Cronenberg, die noch Alfred Krupp in den Jahren 1872 bis 1874 zu errichten begonnen hatte und die, nahe der Gussstahlfabrik, inzwischen 1.450 Wohnungen umfasste. Es ging dann zum Alfredshof, dort gab es etwa 1.000 meist geräumigere Wohnungen und zahlreiche Einfamilienhäuser, die Friedrich Alfred Krupp in den Jahren 1894–1897 hatte bauen lassen. Auf der Margarethenhöhe, wo der Gartenstadt-Erbauer, Professor Metzendorf, Auskunft gab und u. a. die Heizungsanlage erklärte, dürfte man dem Kaiser die bereits errichteten Teile gezeigt haben; das waren für die Zeit außerordentlich großzügige Wohngebäude und Gemeinschaftseinrichtungen. Die neue, beispielhaft gedachte, große Siedlung im Südwesten der Stadt Essen war durch verdeckte Grundstückskäufe seit 1902 im Zusammenhang der lange Zeit umstrittenen Eingemeindung des Ortes Rüttenscheid nach Essen vorbereitet worden. Am Tag der Trauung ihrer Tochter Bertha, dem 15. Oktober 1906, hatte Margarethe Krupp in Anwesenheit des Kaisers die Gründung einer Stiftung zur Schaffung von Wohnraum für die, so hieß es anfangs intern, »mittelbemittelten« Klassen – gemeint waren Angestellte und Beamte der Stadt Essen und der Gussstahlfabrik – verkündet.[53] Nun, anlässlich des Jubiläums, war eine riesige Baustelle zu besichtigen. Rund 200 Wohngebäude und wichtige Gemeinschaftseinrichtungen waren bereits erstellt worden, und natürlich waren für den Kaiserbesuch auch hier Vorkehrungen ge-

◀ Abb. 94:
Der Hauptzugang zur Gartenvorstadt Margarethenhöhe (nach einer Zeichnung aus dem Jahre 1912)

▼ Abb. 95:
Der »Kaiserweg« durch die Margarethenhöhe

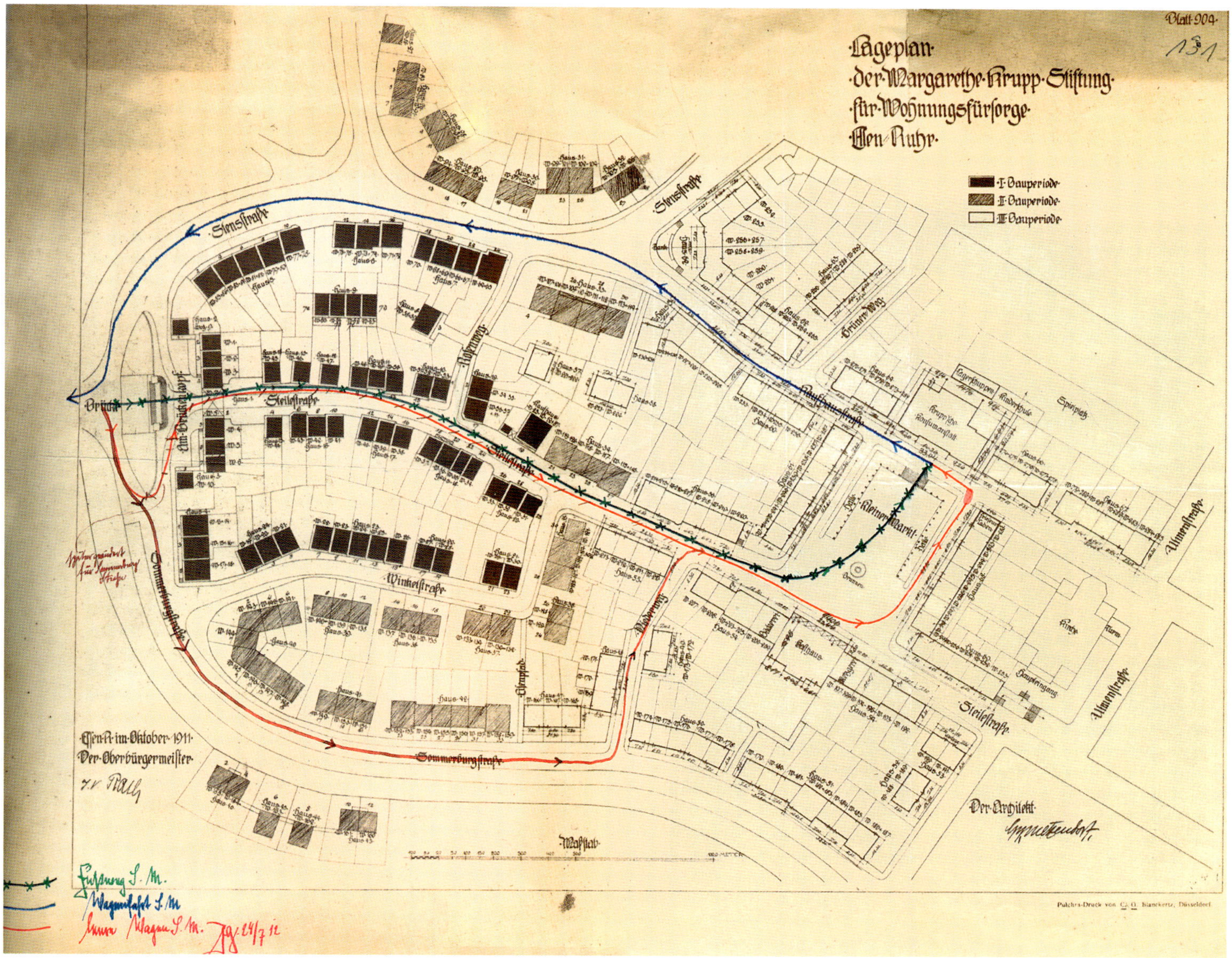

▲ Abb. 96:
Der Kaiser und Gustav Krupp von Bohlen und Halbach betreten zusammen mit dem Architekten Georg Metzendorf über die Steile Straße die Margarethenhöhe

▶ Abb. 97 und 98:
Ausschnitte: Junge Menschen im Spalier

▲ Abb. 99:
Auf dem Fußweg durch die Margarethenhöhe

◄ ◄ Abb. 100:
Ausschnitt I: Frauen winken mit weißen Tüchern

◄ Abb. 101:
Ausschnitt II: Männer heben ihren Hut oder Zylinder und Kinder sind schwer zu bändigen

▲ Abb. 102:
Die Einweihung des »Schatzgräberbrunnens« von Joseph Enseling auf dem Kleinen Markt der Margarethenhöhe am 20. Juli 1912 durch Oberbürgermeister Holle

▼ Abb. 103:
Ausschnitt I: Gedrängte Nähe

▼ Abb. 104:
Ausschnitt II: Es ist unmöglich etwas zu sehen

▲ Abb. 105: Der Kaiser auf dem Weg zum neuen »Schatzgräberbrunnen« von Joseph Enseling auf dem Kleinen Markt der Margarethenhöhe

◀ Abb. 106: Abfahrt von der Margarethenhöhe

▶ Abb. 107:
Der Kaiser kommt nach Essen-Rüttenscheid – da vergessen manche selbst bei Krupp ein deutsches Verbot, den Rasen zu betreten

troffen worden. So sollte vor allem auf dem »Kleinen Markt« der Siedlung der dort am 20. Juli 1912 eingeweihte „Schatzgräberbrunnen" von Joseph Enseling besichtigt werden.

Weiter ging es zum Altenhof, einer Kolonie mit rund 450 Wohnungen, die kostenfrei an pensionierte Arbeiter der Gussstahlfabrik vergeben wurden. Eigene Pfründner-Häuser gab es dort für Witwer und Witwen, außerdem das Arnoldhaus, ein Wöchnerinnenheim und die Kaiserin Auguste Viktoria-Erholungshäuser, das waren zwei Männerhäuser sowie ein Frauen- und ein Kinderheim mit zugehörigen Verwaltungs- und Küchengebäuden.

Um 15.45 Uhr war man zurück auf dem Hügel, und jetzt begann die Zeit, in der der Kaiser gern ruhte. Indessen, die Nachricht von dem schweren Bochumer Grubenunglück muss sich in diesen Stunden auch in Essen wie ein Lauffeuer verbreitet haben.[54] Auf Zeche Lothringen in Bochum-Gerthe waren am Morgen mindestens 112 Bergleute im Verlauf einer der schlimmsten Schlagwetter- und Kohlenstaubexplosionen, die sich je im Ruhrgebiet ereignet haben, erstickt oder verbrannt oder verschüttet worden. Es muss eilige Beratungen gegeben haben, wie jetzt zu verfahren sei. Günstig war, dass sich die maßgeblichen Persönlichkeiten in Essen befanden, und es erschien naheliegend, dass sich der Kaiser, wenn er denn schon im Ruhrgebiet war, einer näheren Befassung mit dem Unglück nicht entziehen konnte – das hätte man nirgends verstanden. Wilhelm entsandte den Handelsminister von Sydow und den Oberpräsidenten Prinz Ratibor nach Bochum, Oberberghauptmann von Velsen fand sich dort gleichfalls ein, und die Herren trafen offenbar am Abend zum Festmahl wieder in Essen ein und berichteten. Gerüchteweise verlautete bereits, dass der Kaiser dem Unglücksort einen teilnehmenden Besuch abstatten könnte. So geschah es am Nachmittag des 9. August – das für diese Zeit auf dem Hügel geplante Festspiel wurde »verschoben«, das abendliche Diner sollte entfallen.

Zum Festmahl auf dem Hügel an jenem ersten Essener Kaisertag versammelte man sich wie geplant in der Festhalle ab 17.45 Uhr. Das Programm nahm den vorgesehenen Verlauf. Fanfarenmärsche erklangen, und man nahm Platz an einer üppig bereiteten Tafel, insgesamt knapp 500 Gäste. Zur Stirnseite des Saals, am Kaisertisch, war für 62 Personen gedeckt; in der Mitte des Tisches saßen sich Wilhelm II. und Prinz Heinrich gegenüber, umgeben von dem innersten Kern der Familie Krupp: Gustav, Bertha und Barbara, Margarethe. Von dort nach links und rechts stuften sich die Exzellenzen, Präsidenten und Generäle nach Rängen. Es muss Stun-

▲ Abb. 108:
Der Kaiser bei den Pfründnerhäusern in der Pensionärssiedlung Altenhof

3. Jahrgang. Kruppsche Mitteilungen. Nummer 41.

Bilder von der Jahrhundertfeier.
Der Kaiser an den Pfründhäusern.

◀ Abb. 109:
Der Kaiser bei den Pfründnerhäusern in der Pensionärssiedlung Altenhof, Holzstich nach der Fotografie im Bericht in den Kruppschen Mitteilungen vom 19. Oktober 1912

▲ Abb. 110:
Programm- und Menükarte für das Kaiseressen auf dem Hügel am 8. August 1912, Deckblatt

den und Tage gekostet haben, darin zu einer befriedigenden Lösung zu kommen. Eine Ausnahme ist erwähnenswert, Fräulein Brandt: Die Gesellschafterin von Margarethe Krupp genoss Familienrang und saß ziemlich dicht beim Kaiser, neben dem Admiral von Tirpitz.

Nach dem ersten Gang ertönten die Tischreden, und Gustav Krupp wies dabei mitten in einem langen Satz über die »Werksgemeinschaft« nur in Parenthese auf das Bochumer Unglück hin. Der Kaiser begann seine Antwort mit dieser »Trauerkunde«. Wir wissen nicht, ob sich etwa niedergeschlagene Stimmung verbreitete, aber sicher war das Unglück Tischgespräch. Zum Ende der Speisen betrat man den Garten und lauschte einer »Serenade«, dargeboten von den acht Gesangvereinen der Kruppschen Werke, also von 750 Arbeitern und Angestellten, mit den folgenden Liedern: »Grüß Gott«, »Sturmbeschwörung«, »Der Jäger Abschied«, »Deutschlands Gebet«, »Die Wacht am Rhein« sowie mit einem Orchestervortrag, dem »Brandenburger Kriegsgebet vor der Schlacht von Fehrbellin«. Das Fest endete um 22 Uhr.

Das war nun »klassisch wilhelminisch«. Man hörte auch in den Tischreden das weithin Erwartete, freilich mit den Rücksichtnahmen auf das Unglück. Alles war irgendwie monumental, und alles war auf den Kaiser zugeschnitten, die Majestät stand im Zentrum allen Prunks, und die reine relative Entfernung von ihr spiegelte wirtschaftliche und politische Macht. Von irgendeinem Fehlverhalten auch nur irgendeines Dieners ist nichts bekannt geworden. Wie ein Uhrwerk lief die Kruppsche Planung ab, so war das schon den ganzen Tag gegangen, so sollte es sich anderntags fortsetzen, um mit Blick auf die Geschehnisse in Bochum mit einem allseits sichtbaren Einschnitt abzubrechen.

So begann der nächste Kaisertag mit einem Frühstück, und für die nun vorgesehene Werksbesichtigung standen, unter Einschluss der An- und Abfahrten, etwa vier Stunden zur Verfügung. Das große Fest endete mit dem für 13 Uhr angesetzten, aber anscheinend etwas verspätet eingenommenen »zweiten Frühstück« auf dem Hügel. Die Besichtigung der neuen Werkstätten und

▼ Abb. 111: Programm- und Menükarte für das Kaiseressen auf dem Hügel am 8. August 1912, Innenseiten

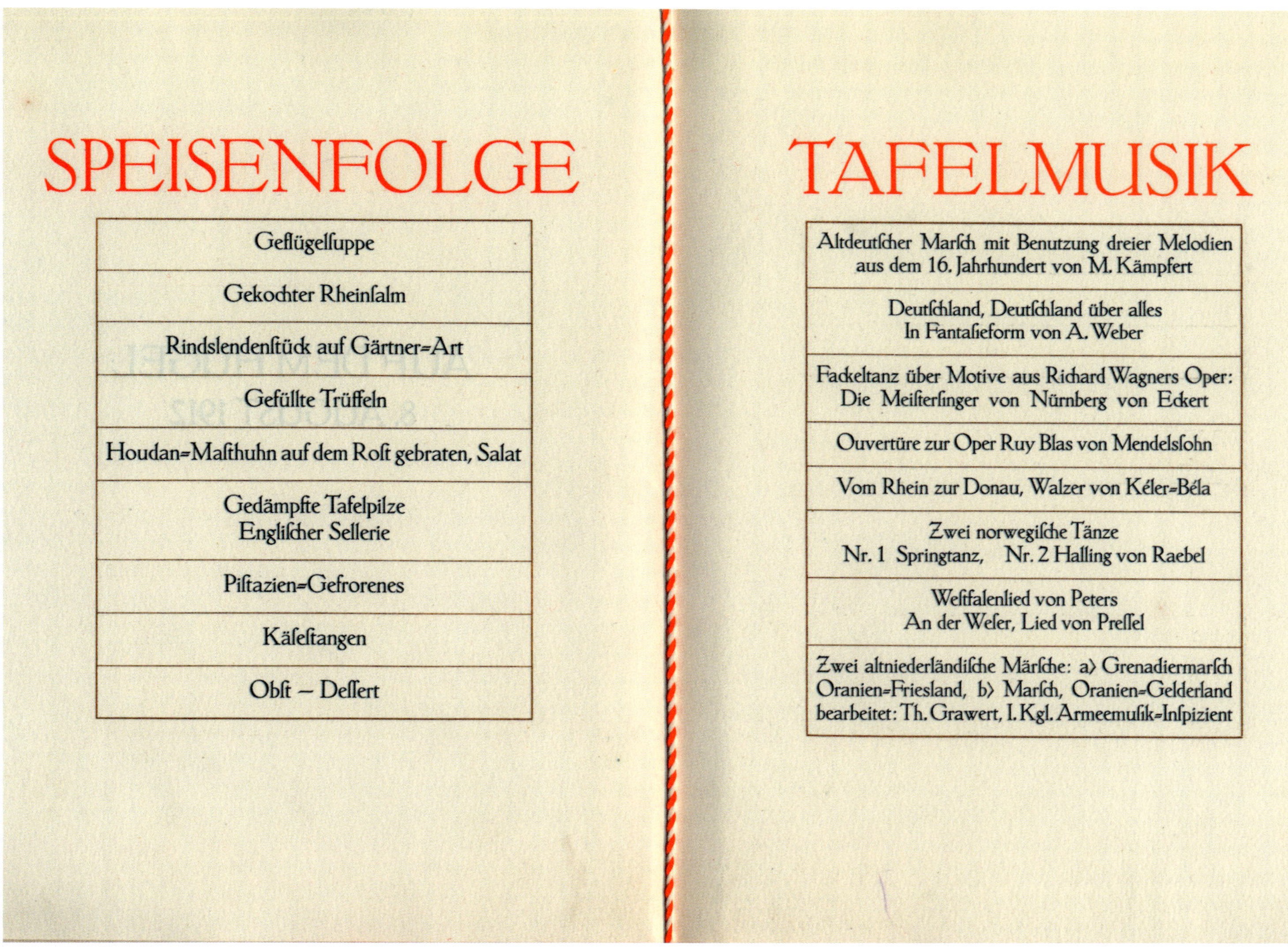
SPEISENFOLGE

Geflügelsuppe
Gekochter Rheinsalm
Rindslendenstück auf Gärtner-Art
Gefüllte Trüffeln
Houdan-Masthuhn auf dem Rost gebraten, Salat
Gedämpfte Tafelpilze Englischer Sellerie
Pistazien-Gefrorenes
Käsestangen
Obst – Dessert

TAFELMUSIK

Altdeutscher Marsch mit Benutzung dreier Melodien aus dem 16. Jahrhundert von M. Kämpfert
Deutschland, Deutschland über alles In Fantasieform von A. Weber
Fackeltanz über Motive aus Richard Wagners Oper: Die Meistersinger von Nürnberg von Eckert
Ouvertüre zur Oper Ruy Blas von Mendelssohn
Vom Rhein zur Donau, Walzer von Kéler-Béla
Zwei norwegische Tänze Nr. 1 Springtanz, Nr. 2 Halling von Raebel
Westfalenlied von Peters An der Weser, Lied von Pressel
Zwei altniederländische Märsche: a) Grenadiermarsch Oranien-Friesland, b) Marsch, Oranien-Gelderland bearbeitet: Th. Grawert, I. Kgl. Armeemusik-Inspizient

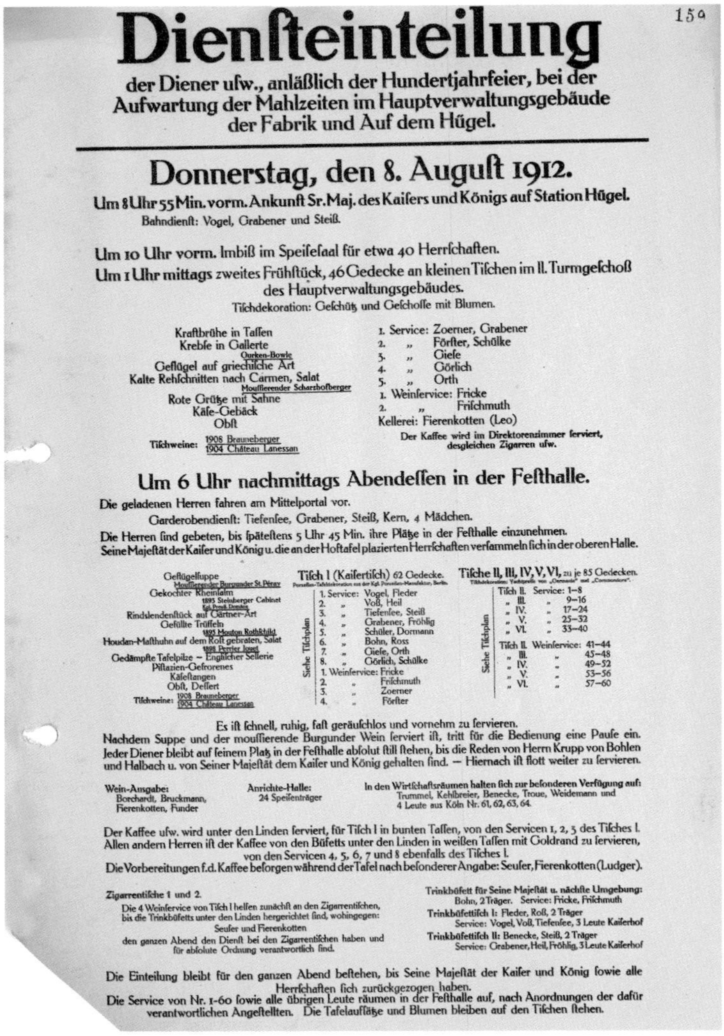

Dienſteinteilung

der Diener uſw., anläßlich der Hundertjahrfeier, bei der Aufwartung der Mahlzeiten im Hauptverwaltungsgebäude der Fabrik und Auf dem Hügel.

159

Donnerstag, den 8. Auguſt 1912.

Um 8 Uhr 55 Min. vorm. Ankunft Sr. Maj. des Kaiſers und Königs auf Station Hügel.
Bahndienſt: Vogel, Grabener und Steiß.

Um 10 Uhr vorm. Imbiß im Speiſeſaal für etwa 40 Herrſchaften.

Um 1 Uhr mittags zweites Frühſtück, 46 Gedecke an kleinen Tiſchen im II. Turmgeſchoß des Hauptverwaltungsgebäudes.
Tiſchdekoration: Geſchütz und Geſchoſſe mit Blumen.

Kraftbrühe in Taſſen
Krebſe in Gallerte
Gurken-Bowle
Geflügel auf griechiſche Art
Kalte Rehſchnitten nach Carmen, Salat
Mouſſierender Scharzhofberger
Rote Grütze mit Sahne
Käſe-Gebäck
Obſt
Tiſchweine: 1908 Brauneberger, 1904 Château Lanessan

1. Service: Zoerner, Grabener
2. „ Förſter, Schülke
3. „ Gieſe
4. „ Görlich
5. „ Orth

1. Weinſervice: Fricke
2. „ Friſchmuth

Kellerei: Fierenkotten (Leo)

Der Kaffee wird im Direktorenzimmer ſerviert, desgleichen Zigarren uſw.

Um 6 Uhr nachmittags Abendeſſen in der Feſthalle.

Die geladenen Herren fahren am Mittelportal vor.
Garderobendienſt: Tiefenſee, Grabener, Steiß, Kern, 4 Mädchen.
Die Herren ſind gebeten, bis ſpäteſtens 5 Uhr 45 Min. ihre Plätze in der Feſthalle einzunehmen.
Seine Majeſtät der Kaiſer und König u. die an der Hoftafel plazierten Herrſchaften verſammeln ſich in der oberen Halle.

Geflügelſuppe
Mouſſierender Burgunder St. Péray
Gekochter Rheinlachs
1893 Steinberger Cabinet, Kgl. Preuß. Domäne
Rindslendenſtück auf Gärtner-Art
Gefüllte Trüffeln
1893 Mouton Rothſchild
Houdan-Maſthuhn auf dem Roſt gebraten, Salat
1898 Perrier Jouet
Gedämpfte Tafelpilze – Engliſcher Sellerie
Piſtazien-Gefrorenes
Käſeſtangen
Obſt, Deſſert
Tiſchweine: 1908 Brauneberger, 1904 Château Lanessan

Tiſch I (Kaiſertiſch) 62 Gedecke. Porzellan-Tafeldekoration aus der Kgl. Porzellan-Manufaktur, Berlin.
Siehe Tiſchplan

1. Service: Vogel, Fleder
2. „ Voß, Heil
3. „ Tiefenſee, Steiß
4. „ Grabener, Fröhlig
5. „ Schüler, Dormann
6. „ Bohn, Ross
7. „ Gieſe, Orth
8. „ Görlich, Schülke

1. Weinſervice: Fricke
2. „ Friſchmuth
3. „ Zoerner
4. „ Förſter

Tiſche II, III, IV, V, VI, zu je 85 Gedecken. Tiſchdekoration: Yachtpreiſe von „Germania" und „Commodore".
Siehe Tiſchplan

Tiſch II. Service: 1–8
„ III. „ 9–16
„ IV. „ 17–24
„ V. „ 25–32
„ VI. „ 33–40

Tiſch II. Weinſervice: 41–44
„ III. „ 45–48
„ IV. „ 49–52
„ V. „ 53–56
„ VI. „ 57–60

Es iſt ſchnell, ruhig, faſt geräuſchlos und vornehm zu ſervieren.
Nachdem Suppe und der mouſſierende Burgunder Wein ſerviert iſt, tritt für die Bedienung eine Pauſe ein. Jeder Diener bleibt auf ſeinem Platz in der Feſthalle abſolut ſtill ſtehen, bis die Reden von Herrn Krupp von Bohlen und Halbach u. von Seiner Majeſtät dem Kaiſer und König gehalten ſind. – Hiernach iſt flott weiter zu ſervieren.

Wein-Ausgabe: Borchardt, Bruckmann, Fierenkotten, Funder
Anrichte-Halle: 24 Speiſenträger
In den Wirtſchaftsräumen halten ſich zur beſonderen Verfügung auf: Trummel, Kehlbreier, Benecke, Troue, Weidemann und 4 Leute aus Köln Nr. 61, 62, 63, 64.

Der Kaffee uſw. wird unter den Linden ſerviert, für Tiſch I in bunten Taſſen, von den Servicen 1, 2, 3 des Tiſches I. Allen andern Herren iſt der Kaffee von den Büfetts unter den Linden in weißen Taſſen mit Goldrand zu ſervieren, von den Servicen 4, 5, 6, 7 und 8 ebenfalls des Tiſches I.
Die Vorbereitungen f. d. Kaffee beſorgen während der Tafel nach beſonderer Angabe: Seuſer, Fierenkotten (Ludger).

Zigarrentiſche 1 und 2.
Die 4 Weinſervice von Tiſch I helfen zunächſt an den Zigarrentiſchen, bis die Trinkbüfetts unter den Linden hergerichtet ſind, wohingegen: Seuſer und Fierenkotten den ganzen Abend den Dienſt bei den Zigarrentiſchen haben und für abſolute Ordnung verantwortlich ſind.

Trinkbüfett für Seine Majeſtät u. nächſte Umgebung: Bohn, 2 Träger. Service: Fricke, Friſchmuth
Trinkbüfettiſch I: Fleder, Roß, 2 Träger. Service: Vogel, Voß, Tiefenſee, 3 Leute Kaiſerhof
Trinkbüfettiſch II: Benecke, Steiß, 2 Träger. Service: Grabener, Heil, Fröhlig, 3 Leute Kaiſerhof

Die Einteilung bleibt für den ganzen Abend beſtehen, bis Seine Majeſtät der Kaiſer und König ſowie alle Herrſchaften ſich zurückgezogen haben.
Die Service von Nr. 1–60 ſowie alle übrigen Leute räumen in der Feſthalle auf, nach Anordnungen der dafür verantwortlichen Angeſtellten. Die Tafelaufſätze und Blumen bleiben auf den Tiſchen ſtehen.

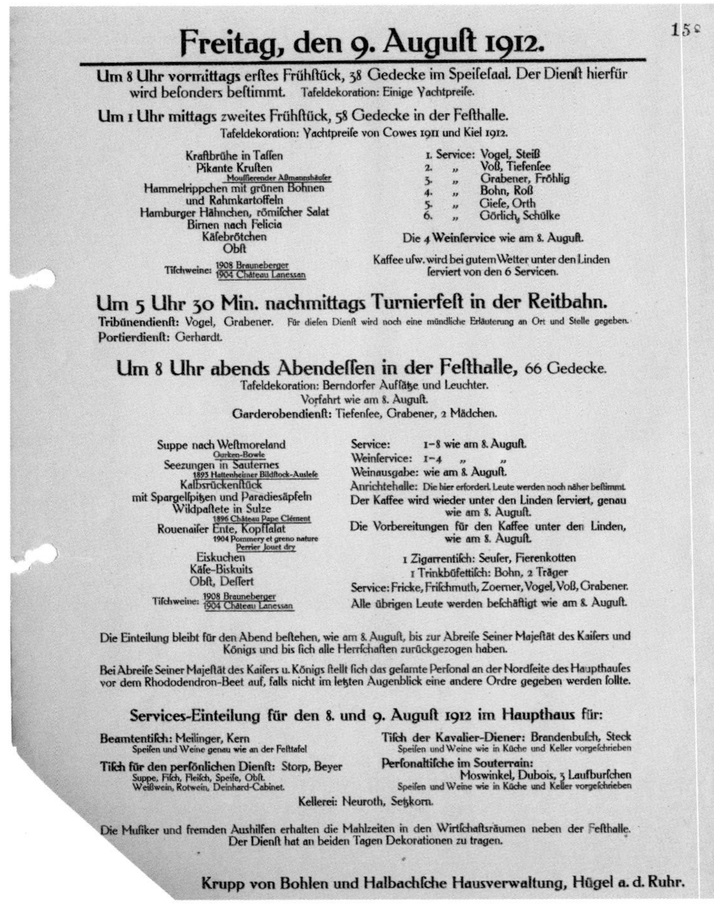

Freitag, den 9. Auguſt 1912.

159

Um 8 Uhr vormittags erſtes Frühſtück, 38 Gedecke im Speiſeſaal. Der Dienſt hierfür wird beſonders beſtimmt. Tafeldekoration: Einige Yachtpreiſe.

Um 1 Uhr mittags zweites Frühſtück, 58 Gedecke in der Feſthalle.
Tafeldekoration: Yachtpreiſe von Cowes 1911 und Kiel 1912.

Kraftbrühe in Taſſen
Pikante Kruſten
Mouſſierender Aßmannshäuſer
Hammelrippchen mit grünen Bohnen und Rahmkartoffeln
Hamburger Hähnchen, römiſcher Salat
Birnen nach Felicia
Käſebrötchen
Obſt
Tiſchweine: 1908 Brauneberger, 1904 Château Lanessan

1. Service: Vogel, Steiß
2. „ Voß, Tiefenſee
3. „ Grabener, Fröhlig
4. „ Bohn, Roß
5. „ Gieſe, Orth
6. „ Görlich, Schülke

Die 4 Weinſervice wie am 8. Auguſt.

Kaffee uſw. wird bei gutem Wetter unter den Linden ſerviert von den 6 Servicen.

Um 5 Uhr 30 Min. nachmittags Turnierfeſt in der Reitbahn.
Tribünendienſt: Vogel, Grabener. Für dieſen Dienſt wird noch eine mündliche Erläuterung an Ort und Stelle gegeben.
Portierdienſt: Gerhardt.

Um 8 Uhr abends Abendeſſen in der Feſthalle, 66 Gedecke.
Tafeldekoration: Berndorfer Aufſätze und Leuchter.
Vorfahrt wie am 8. Auguſt.
Garderobendienſt: Tiefenſee, Grabener, 2 Mädchen.

Suppe nach Weſtmoreland
Gurken-Bowle
Seezungen in Sauternes
1893 Hattenheimer Bildſtock-Ausleſe
Kalbsrückenſtück mit Spargelſpitzen und Paradiesäpfeln
Wildpaſtete in Sulze
1896 Château Pape Clément
Rouenaiſer Ente, Kopfſalat
1904 Pommery et greno nature
Perrier Jouet dry
Eiskuchen
Käſe-Biskuits
Obſt, Deſſert
Tiſchweine: 1908 Brauneberger, 1904 Château Lanessan

Service: 1–8 wie am 8. Auguſt.
Weinſervice: 1–4 „ „
Weinausgabe: wie am 8. Auguſt.
Anrichtehalle: Die hier erforderl. Leute werden noch näher beſtimmt.
Der Kaffee wird wieder unter den Linden ſerviert, genau wie am 8. Auguſt.
Die Vorbereitungen für den Kaffee unter den Linden, wie am 8. Auguſt.

1 Zigarrentiſch: Seuſer, Fierenkotten
1 Trinkbüfettiſch: Bohn, 2 Träger
Service: Fricke, Friſchmuth, Zoerner, Vogel, Voß, Grabener.
Alle übrigen Leute werden beſchäftigt wie am 8. Auguſt.

Die Einteilung bleibt für den Abend beſtehen, wie am 8. Auguſt, bis zur Abreiſe Seiner Majeſtät des Kaiſers und Königs und bis ſich alle Herrſchaften zurückgezogen haben.

Bei Abreiſe Seiner Majeſtät des Kaiſers u. Königs ſtellt ſich das geſamte Perſonal an der Nordſeite des Haupthauſes vor dem Rhododendron-Beet auf, falls nicht im letzten Augenblick eine andere Ordre gegeben werden ſollte.

Services-Einteilung für den 8. und 9. Auguſt 1912 im Haupthaus für:

Beamtentiſch: Meilinger, Kern
Speiſen und Weine genau wie an der Feſttafel

Tiſch für den perſönlichen Dienſt: Storp, Beyer
Suppe, Fiſch, Fleiſch, Speiſe, Obſt. Weißwein, Rotwein, Deinhard-Cabinet.

Tiſch der Kavalier-Diener: Brandenbuſch, Steck
Speiſen und Weine wie in Küche und Keller vorgeſchrieben

Perſonaltiſche im Souterrain: Moswinkel, Dubois, 3 Laufburſchen
Speiſen und Weine wie in Küche und Keller vorgeſchrieben

Kellerei: Neuroth, Setzkorn.

Die Muſiker und fremden Aushilfen erhalten die Mahlzeiten in den Wirtſchaftsräumen neben der Feſthalle. Der Dienſt hat an beiden Tagen Dekorationen zu tragen.

Krupp von Bohlen und Halbachſche Hausverwaltung, Hügel a. d. Ruhr.

▲ Abb. 112: Diensteinteilung für die Dienerschaft, 8./9. August 1912

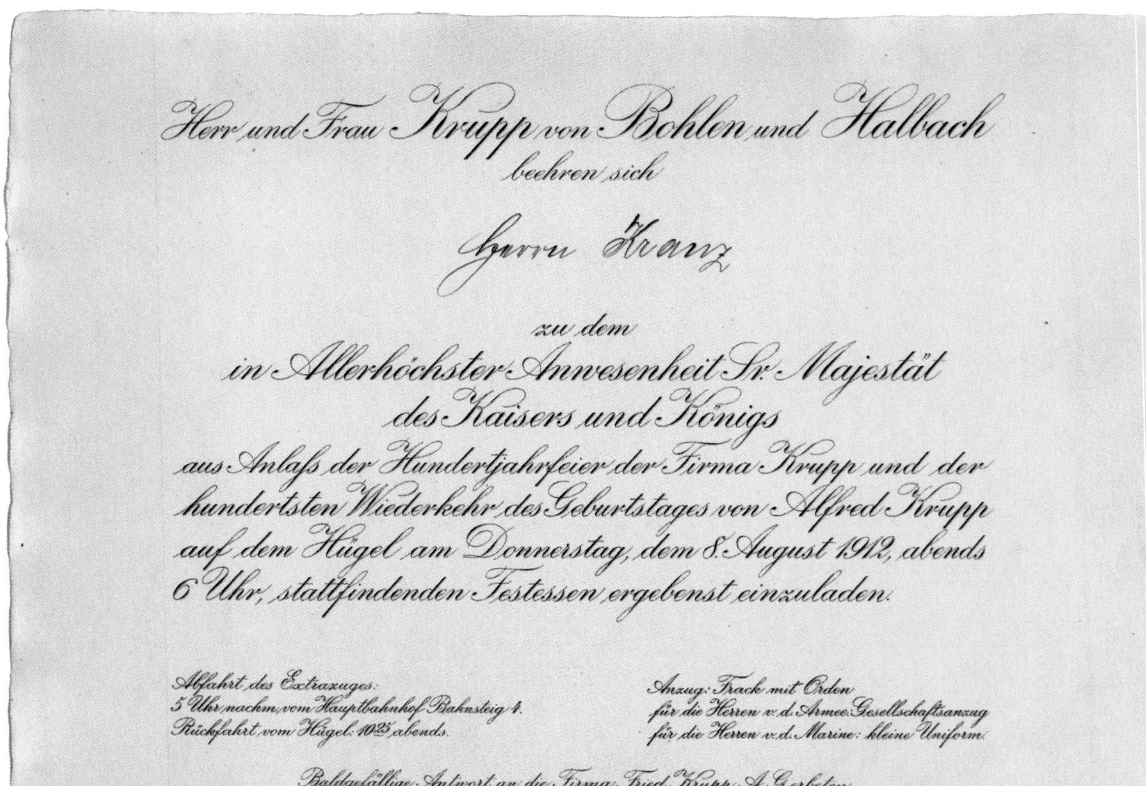

Herr und Frau Krupp von Bohlen und Halbach
beehren sich
Herrn Kranz
zu dem
in Allerhöchster Anwesenheit Sr. Majestät
des Kaisers und Königs
aus Anlaß der Hundertjahrfeier der Firma Krupp und der
hundertsten Wiederkehr des Geburtstages von Alfred Krupp
auf dem Hügel am Donnerstag, dem 8. August 1912, abends
6 Uhr, stattfindenden Festessen ergebenst einzuladen.

Abfahrt des Extrazuges:
5 Uhr nachm. vom Hauptbahnhof, Bahnsteig 4.
Rückfahrt vom Hügel: 10[25] abends.

Anzug: Frack mit Orden
für die Herren v. d. Armee: Gesellschaftsanzug
für die Herren v. d. Marine: kleine Uniform.

Baldgefällige Antwort an die Firma Fried. Krupp A. G. erbeten.

▶ Abb. 113: Einladung für Herrn Kranz zum Festmahl auf dem Hügel am 8. August 1912

▲ **Abb. 114:**
Der Festsaal auf dem Hügel vor dem Festmahl
An der Stirnseite sieht man drei Gobelins aus der Serie »Die sieben freien Künste«, die heute in der oberen Halle der Villa Hügel hängen

Anlagen der Gussstahlfabrik ist ganz programmgemäß durchgeführt worden. Zumal das Probeschießen auf dem Schießplatz im Werksgelände hätte sich der Kaiser wohl ungern nehmen lassen. Nachdem die Belegschaften am Vortag hatten feiern dürfen, standen die Werke nun wieder in vollem Betrieb.

Der Kaiser sah zunächst im Elektrostahlwerk das Abstechen eines Induktions-Schmelzofens, und im Pressbau II wurde ihm an den 2.000- bis 4.000-Tonnen-Pressen das Schmieden einer Turbinentrommel, eines Kanonenmantels vom Kaliber 30,5, eines Seelenrohres und eines Torpedoluftkessels vorgeführt. Im Martinwerk VI gab es Stahlformgussstücke zu besichtigen, im Panzerplattenwalzwerk walzte man für den hohen Gast die zehntausendste Panzerplatte als »Barbetturmplatte von 53 t Gewicht« und sah die neue hydraulische Presse, welche nunmehr diejenigen Werkstücke bearbeitete, die für zwei Generationen mit dem alten Riesenhammer »Fritz« geschmiedet worden waren. Im Laboratorium war ein kurzer Vortrag zu hören, es ging dort um chemische Analysen und metallographische Arbeiten, um Mikrofotographie und Messungen aller Art. Zurück in den Werkstätten, sahen die Herren in der Kanonenwerkstatt I die Herstellung von Rohren mittleren Kalibers, in der 9. mechanischen Werkstatt den Bau von Turmlafetten für Schiffe und Küstenbefestigungen, in der Kanonenwerkstatt IX das Schmieden und Drehen von Rohren leichten, in der Kanonenwerkstatt XI schweren Kalibers. Beim Museumsbesuch waren die Fortschritte der Kruppschen Kanonentechnik zu besichtigen, und man reichte Erfrischungen; dann erst ging es zum Schießplatz.

Hier nun, es handelte sich um das Dezernat des Artillerieexperten und Direktors Professor Fritz Rausenberger (1868–1926), war jede öffentliche Kenntnisnahme unerwünscht. Dem Kaiser sollten allerneueste Entwicklungen vorgeführt werden. Was in den Werkstätten, im ganzen Programm ging es ja vor allem um die Kanonen, als regelhafter Produktionsprozess vorgeführt worden war, stand nun in Aktion: Es muss mächtig gekracht haben, das war ein glanzvoller Abschluss der Besichtigungstour.

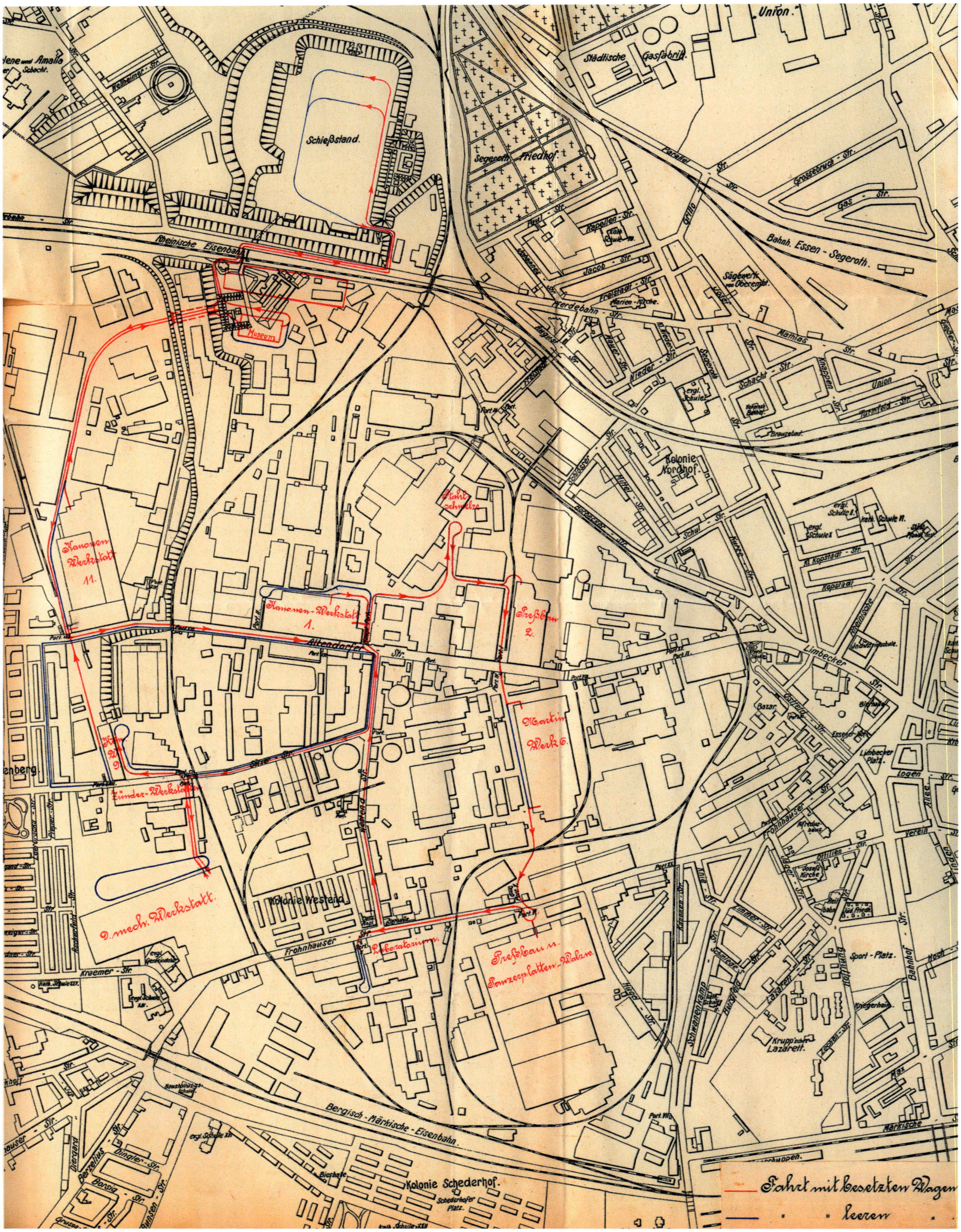

▲ Abb. 115: Werksbesichtigung: der »Kaiserweg« durch die Gussstahlfabrik am 9. August 1912

◀ Abb. 116:
Die Gäste während der Besichtigungstour im Elektrostahlwerk

▼ Abb. 117:
Ein Koloss in Bewegung: Besichtigung der hydraulischen Schmiedepressen im Preßbau II

10000

▲ Abb. 120:
Bei den schwersten Geschützen

◀ Abb. 121:
Auf dem Schießplatz der Essener Kruppwerke, 9. August 1912

◀ ▲ Abb. 118:
Zuschauen beim Schmieden der 10.000. Panzerplatte

◀ ▼ Abb. 119:
Im Artilleriemuseum der Krupp-Werke

▲ Abb. 122:
Gustav Krupp von Bohlen und Halbach und der Kaiser besichtigen die neuesten Geschütze

▼ Abb. 123:
Auf dem Schießplatz der Essener Kruppwerke, der Kaiser vor einer schweren Haubitze

▲ Abb. 124:
Prinz Heinrich von Preußen (l.) und sein Bruder, der Kaiser, begutachten ein Beobachtungsgerät

▼ Abb. 125:
Der Kaiser zeigt sich sehr interessiert

Beim »zweiten Frühstück«, zurück auf dem Hügel, war dann die Gästeschar unter sich, zusammen mit den Krupp-Direktoren, denen man ja, wenn nicht schon zuvor, während der Besichtigung als Sachkenner begegnet war. Anschließend reiste der Kaiser nach Bochum, zum Abschied trat nun die gesamte Dienerschaft des Hügels an. Man wird, vor allem in den Gesichtern der Familie Krupp, die Enttäuschung über diese Entwicklung gekonnt verborgen haben. Denn gerade die Familie, vor allem Gustav Krupp selbst, hatte – im Vertrauen auf das Faible des Kaisers für solcherart Inszenierungen – über viele Monate Zeit und Kraft in den letzten Akt des Kaiserbesuchs, das Ritterspiel in der Reithalle der Villa Hügel, investiert. Das hatte ein merkwürdiger Höhepunkt werden sollen, eine Geschichtsdeutung der besonderen Art, aber nun fuhr der Kaiser weg, und das Schauspiel entfiel.

Dieses Festspiel,[55] in dem Gustav und Bertha Krupp selbst in Gestalt des Grafen Ludwig von Helfenstein und seiner Gattin mitspielen wollten, hatte ein Riesenereignis mit 314 Mitwirkenden werden sollen, darunter leitende Angestellte und insbesondere die Gattinnen und Kinder des Leitungspersonals. Dabei war das Spektakel zu allererst für Seine Majestät bestimmt gewesen, dem man auch lange zuvor Andeutungen gemacht hatte, nicht dagegen für die Presse, nicht für eine sicher schaulustige Öffentlichkeit. Es hatte ein seltsam privates Ereignis nur für die Mitspielenden, für den Kaiser und dessen Gefolge und für die ganz auserwählten Sonstigen werden sollen, und schon deshalb enthielt, wie schon die Inszenierung an sich, um so mehr dann die Art der aller-internsten Zurschaustellung, Züge der Selbstbespiegelung einer politisch verquickten, wilhelminischen Elite. Die Reitbahn, eine große Halle auf dem nordöstlichen Vorplatz der Villa Hügel,[56] war mit großem Aufwand zum Festspielort, einem mittelalterlichen Burgplatz, umgestaltet worden, aber auch dann fasste sie neben den ausschließlich Laien-Schauspielern nur ungefähr dieselbe Zahl an Zuschauern.

Das Kunst-Werk war 1911 in Düsseldorf gewiss mit Bedacht nicht etwa bei einem Schriftsteller oder doch literaturkundigen und sprachvirtuosen Journalisten, sondern bei einem in der Zeit bekannten Porträtisten, Ludwig Keller (1865–1928), der auch zu dem beliebten Genre der Historienmalerei beigetragen hatte, geordert worden.[57] Es war auf dem Hügel vorgelegt und geprüft worden. Nachdem eine grundsätzliche Entscheidung über die Aufführung getroffen worden war, kaufte Krupp eilends originale Gewänder, Rüstungen und sonstige Requisiten oder ließ sie aufwendig verfertigen. Der Aufwand, mit dem vorbereitet wurde, ist unglaublich und reichte, wie immer bei Krupp, mit Akzent auf der Planung bis zum kleinsten Detail. Etwa ließ man von dem Düsseldorfer Maler Gustav Marx eigens Aquarell-Skizzen vom Schmuck der »mitspielenden« Pferde anfertigen.[58] Es hat bis in die frühen 1950er Jahre gedauert, bis die meisten Ausstattungsstücke zurück- oder abgegeben worden waren: nach Düsseldorf an die dortige Künstlergruppe »Malkasten« (von wo man dafür eine kongeniale Schenkungsurkunde erhielt[59]) oder an den Schlossbauverein Burg an der Wupper, der 1954 die letzten beiden Ritterrüstungen und eine Pferderüstung erhielt; Anfang 1941 hatten Rüstungen des Festspiels noch Verwendung in dem nationalsozialistischen Filmwerk »Der Westfälische Friede« gefunden, das war eine »vom Reichspropaganda-Ministerium gestellte staatspolitisch wichtige Sonderaufgabe«, für welche die Bestände des Berliner Zeughauses nicht ausreichten.[60] Einige Reststücke vom Festspiel lagern noch heute in der Villa Hügel. Lange Monate erhielt man die Umbauten und üppigen Dekorationen der Reitbahn, die übrigens, trotz aller Maßnahmen, vielleicht immer noch ein wenig nach Pferden roch: Neben vielen anderen Kleinigkeiten verlangte der Verfasser des Festspiels, Prof. Keller, den Spielort »mit Kiefernadelduft oder einer ähnlich erfrischenden Substanz« zu sprengen.[61] Die Familie Krupp hoffte mindestens bis zum Herbst 1913, vielleicht bis zum Frühjahr 1914, der Kaiser werde sich allein wegen des Festspiels, das hatte er anscheinend geäußert, noch einmal nach Essen bemühen.[62] Das geschah indessen nicht – zunächst vermutlich aus Termingründen, seit Ende 1912 jedoch eher wegen der dunklen Wolken, die sich nun über dem Haus Krupp zusammen zogen: Die berüchtigte »Kornwalzeraffäre« bahnte sich an. Sie sollte das Kruppsche Image in der Öffentlichkeit schwer beeinträchtigen. Es handelte sich um einen Fall von Industriespionage, um geheimste Verbindungen zwischen der Berliner Vertretung Krupps und maßgeblichen Stellen der Heeresbürokratie, womit die Firma sehr frühzeitig über Beschaffungspläne und anscheinend auch über strategische Überlegungen informiert wurde.[63] Im Frühjahr 1913 kam die Sache in das Licht der Öffentlichkeit, und da in deren Wahrnehmung spätestens jetzt auch die Beziehungen der Familie und der Firma zum Kaiserhaus prekär werden mussten,

◀ Abb. 126: Aufführungsort für das Festspiel: Reithalle und Reitbahn auf dem Hügel, um 1900

verbot sich ein erneuter Kaiserbesuch in Essen jedenfalls für die nahe Zukunft ganz von selbst.

Der Kaiser würde also so bald nicht wieder auf den Hügel kommen, und so ließ Krupp im Sommer 1913 die Mitschauspieler im Festspiel zu repräsentativen Fotographien, gefertigt von der Lithographischen Anstalt, in voller Ausstattung antreten. Viele der Fotographien wurden eigens durch einen Düsseldorfer Künstler koloriert. Es sind diese zu einem Album verbundenen Bilder, die der Nachwelt – neben einer Gruppe von eigens gefertigten Skulpturen der wichtigsten Mitwirkenden im historischen Ornat zu Pferde – von dem Nicht-Ereignis heute noch künden.[64]

Die Bilder zeigen die Spieler überwiegend in Pose, und mit der Kolorierung sollte die Pracht der Ausstattung um so deutlicher hervorgehoben werden. Doch ist unverkennbar, dass es auch um das »pralle Leben« an der Zeitenwende ging – so, wie man es sich eben zu Beginn des 20. Jahrhunderts vorstellen konnte. Es mag viel Spaß und auch stolz gemacht haben, darin mit zu spielen, zumal für den hohen Gast und hehren Zweck. Dass komplizierte Spiel machte zahlreiche Proben erforderlich, die bei Krupp wiederum von Anfang bis Ende sorgfältig durchgeplant wurden, bis hin zu den bei den letzten Proben ganz ausgewählt zugelassenen Zuschauern: den Angehörigen der Spieler, den Mitarbeitern der Hügelverwaltung zur letzten Probe, da waren auch einige ganz erwählte Journalisten zugelassen. Je geheimnisvoller das abgeschirmt wurde, desto neugieriger wurden die Menschen. Es würden »fremde Zuschauer hierselbst überhaupt nicht zugelassen«, hieß es in der Ablehnung eines entsprechenden, vom Oberbürgermeister Holle ganz persönlich weiter geleiteten Gesuchs des verdienten Polizei-Sekretärs Guthardt, bei einer Probe zuschauen zu dürfen.[65]

Was, welche Geschichte wurde gespielt? Wenigstens in literarischer Hinsicht bleibt es dabei: Das Stück war trivial. Es handelte sich im Wesentlichen um eine Allegorie auf den Fortschritt, symbolisiert durch die Kruppsche Waffentechnik und zum Ausdruck gebracht aus einem Widerstreit historischer Persönlichkeiten aus der Zeit des Kaisers Maximilian I., dem an der Wende zur Neuzeit erhebliche Bedeutung für die Entwicklung der Artillerie zukommt. Die Vossische Zeitung schrieb nach Teilnahme eines Redakteurs an einer Generalprobe, das Stück gipfele »in einer Apotheose der Kruppschen Waffenschmiedekunst und in einer huldigenden Prophezeiung künftiger deutscher Größe und Kaiserherrlichkeit«, es handele sich jedoch um »nichts Literarisches«, und dass die Öffentlichkeit ausge-

▶ **Abb. 127:**
»Gesamtbild« aus dem Festspielalbum
Das Schlussbild der Aufführung zeigt die Huldigung für den Kaiser: alle Teilnehmer stehen der gegenüberliegenden Loge zugewandt, von der aus Kaiser Wilhelm II. der Aufführung beiwohnen sollte. Diese Aufnahme wurde im Gegensatz zu den anderen Fotographien im Album bereits am Abend der Generalprobe aufgenommen.

Mailand

◀ Abb. 128:
Das Textbuch zum Festspiel, eine von drei gedruckten Fassungen

▼ Abb. 129:
Zwei Seiten aus dem Textbuch

dem schlachtschiff, zusammengefügt werden. Den kreis der geschehnisse schließt das gefechtsbild einer modernen feldbatterie im feuer und zeigt, was im laufe der jahrhunderte aus der schlichten, unbeholfenen kartaune dank dem gußstahl geworden ist.

Aus dem gebotenen aber möge der beschauer ein wenig den reiz herausfühlen, der darin liegt, die epoche Maximilians, die vergoldet ist von dem untergehenden glanze des mittelalterlichen rittertums und zugleich umwittert von der morgenluft einer neuen zeit, welche die heute lebenden noch atmen, in beziehung zu setzen zu den bestrebungen der gegenwart, die heute ein jahrhundert der größten deutschen eisenwerkstatt feiert, und die in bisher unerhörter weise die naturkräfte beherrschen und neue waffen schmieden lernte zum schutze des vaterlandes.

10

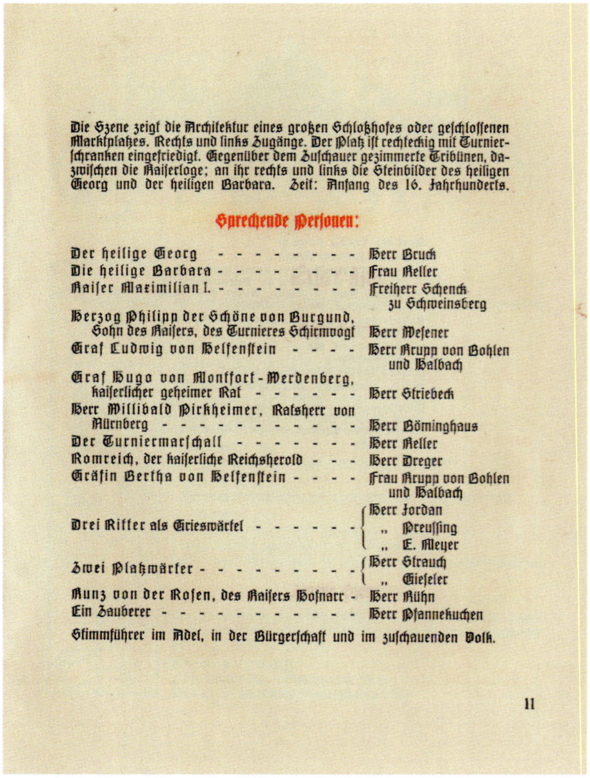
Die Szene zeigt die Architektur eines großen Schloßhofes oder geschlossenen Marktplatzes. Rechts und links Zugänge. Der Platz ist rechteckig mit Turnierschranken eingefriedigt. Gegenüber dem Zuschauer gezimmerte Tribünen, dazwischen die Kaiserloge; an ihr rechts und links die Steinbilder des heiligen Georg und der heiligen Barbara. Zeit: Anfang des 16. Jahrhunderts.

Sprechende Personen:

Der heilige Georg	Herr Bruck
Die heilige Barbara	Frau Keller
Kaiser Maximilian I.	Freiherr Schenck zu Schweinsberg
Herzog Philipp der Schöne von Burgund, Sohn des Kaisers, des Turnieres Schirmvogt	Herr Wesener
Graf Ludwig von Helfenstein	Herr Krupp von Bohlen und Halbach
Graf Hugo von Montfort-Werdenberg, kaiserlicher geheimer Rat	Herr Striebeck
Herr Willibald Pirkheimer, Ratsherr von Nürnberg	HerrBöminghaus
Der Turniermarschall	Herr Keller
Romreich, der kaiserliche Reichsherold	Herr Dreger
Gräfin Bertha von Helfenstein	Frau Krupp von Bohlen und Halbach
Drei Ritter als Grieswärtel	Herr Jordan, „ Preussing, „ E. Meyer
Zwei Platzwärter	Herr Strauch, „ Gieseler
Kunz von der Rosen, des Kaisers Hofnarr	Herr Kühn
Ein Zauberer	Herr Pfannekuchen

Stimmführer im Adel, in der Bürgerschaft und im zuschauenden Volk.

11

▲ Abb. 130:
Graf und Gräfin von Helfenstein mit Sohn (Gustav, Bertha und Alfried Krupp von Bohlen und Halbach)

▶ Abb. 131:
Der Sohn des Grafen von Helfenstein (Alfried Krupp von Bohlen und Halbach)

▶ Abb. 132:
Kaiser Maximilian I. (Freiherr Schenk zu Schweinsberg), Graf Montfort-Werdenberg (Professor Striebeck) und der Hofnarr

▶ Abb. 133:
Margareta von Burgund (Darstellerin unbekannt), Karl V. (Gerhard Hugenberg) und die Kaiserin (Frau Ahlers) mit Gefolge

▲ Abb. 134:
Graf von Helfenstein (Gustav Krupp von Bohlen und Halbach) in voller Rüstung zu Pferde

▲ Abb. 135:
Bereit zum Turnier: Markgraf Bernhard von Baden-Baden (Herr Graßmann) und Herzog Ulrich von Württemberg (Herr Schnorrenpfeil)

▲ ◀ Abb. 136:
Die Heilige Barbara
(Frau Keller)

▲ Abb. 137:
Die Äbtissin
(Frau Kirchner)

schlossen wurde, sei »im Hinblick auf den im Grunde künstlerisch belanglosen, ganz auf die Entfaltung eines unerhörten Ausstattungsprunks gestellten Charakter des Festspiels kaum zu bedauern.«[66]

Trotz solchen Urteils verdient das Festspiel, wie sprachgewaltig seine Texte auch daherkamen, in mehrerlei Hinsicht eine genauere Betrachtung. Mit Alfred beginnend, hatte sich die Familie Krupp bis dahin immer etwas schwer getan mit der älteren und zeitgenössischen Kunst – vielleicht mit Ausnahme Friedrich Alfred Krupps.[67] Gleichwohl, teuer durfte es schon sein. Sicher, das Festspiel ergoss sich, oberflächlich besehen, in einem altertümelnden Hurra-Germanismus und in der Vision waffenstarker deutscher Kaiserherrlichkeit, deutscher Größe, im zweiten Deutschen Kaiserreich.[68] Der künstlerische Anspruch könnte sich etwa in der Verknüpfung mit »lebenden« filmischen Bildern manifestiert haben, doch leider ist, wenn auch einige Szenen später weiter verwendet worden sein sollen, davon nichts Authentisches überkommen.[69] Manches spricht dafür, dass es Krupp auch darin eher um eine Demonstration werksinterner Fortschritte ging: Eben nämlich hatte die Firma begonnen, sich der Fotographie – über die inzwischen traditionellen Gebrauchsweisen hinaus – als eines technischen Hilfsmittels etwa in der Ballistik und bei Laborversuchen zu vergewissern, sehr bald sollte eine eigene Kruppsche »Kinemathographische Abteilung« entstehen.

Gustav Krupp hatte sich über einen ersten Textentwurf der Meinung ihm vertrauter Persönlichkeiten vergewissert. So hatte auch Tilo von Wilmowsky den Text geprüft und seinen Schwager wissen lassen, das Festspiel gefalle ihm »ganz außerordentlich«, nur das an den Kaiser zu richtende Schlusswort scheine ihm »einen kleinen Stich ins Byzanti-

▲ **Abb. 138:**
Eine Adelsgruppe

nische zu haben«.[70] Wir wissen nicht, welche Passage gemeint war. Es könnte sich um die Bilder am Ende des zweiten Aktes gehandelt haben, wo »der Triumph der Waffe«, nämlich »das große Schießen in Meppen 1879«, gefolgt vom »Stapellauf eines Panzerschiffes«, nachgebildet wurde: »Genug, genug der ungeheuren Bilder, die mir das Menschenherz erdrücken! Haltet ein!«, sollte bei diesen Filmsequenzen der alte deutsche Kaiser sprechen – oder um jene Passagen, in denen der heilige Georg höchstpersönlich appellierte: »Steig auf und zeig dein Werk dem Deutschen Kaiser! Steig auf, du Diener eines spätern Herrn, dein Sohn und du, des Sohnes Unterweiser, Friedrich und Alfred Krupp, steigt auf von fern!« So steht es freilich in der Endfassung; dies soll die Stelle gewesen sein, an der sich die Reithalle verdunkelte und, unter dem Sphärenklang der Musik, Filmsequenzen eingeblendet wurden. Wahrscheinlicher ist, dass v. Wilmowsky die Schlusspassage einer – bisher nicht aufgefundenen – Erstfassung meinte, wonach, so wird überliefert, Alfried, damals fünfjähriger Sohn der Krupps, »auf einer Kanonenkugel gewissermaßen als Sieger durch das Weltall fliegen« sollte. Das war schon eine »tolle Geschmacklosigkeit«, wie der ebenfalls um Begutachtung gebetene und der ganzen Sache kritisch gegenüberstehende Haux vermerkte. Überhaupt, das Stück wies auch für ihn »eine ganze Menge grober Byzantinismen« auf[71] – so lautete der zeitgenössische Terminus für die verbreitete pseudokünstlerische Prunksucht in Kaisernähe während der letzten Jahre vor Kriegsausbruch.

Das Festspiel bietet, trotz der ausgebliebenen Aufführung und der auf den Text beschränkten Überlieferung, breiten Raum für Interpretationen. Man hat es bisher als Ausdruck sozialimperialistischer Ansprüche, aber auch als eine »bemerkenswerte Synthese der meisten Elemente der herrschenden Kultur und Ideologie« jener Zeit[72] gedeutet; beides muss einander nicht widersprechen. Offenbar ließ sich Gustav Krupp für diese Idee begeistern, weil sich mit dem Renaissance-Kaiser Maximilian und dessen Bedeutung für die Geschichte der Artillerie eine von ihm und seiner Gattin deutlich rezipierte Zeitströmung verband, eine Art deutschtümelnder Mittelalter- und Renaissance-Begeisterung in Kunst und Literatur. Man kaufte in jenen Jahren teure flämische Gobelins für die Innenausstattung der Villa Hügel und gab deren Räumen auch sonst ein anderes Gesicht, etwa durch den Einbau von Kassettendecken in den Hallen und in weiteren Räumen. Weiter ließen sich die Kruppsche Waffen- und Erfindungsgeschichte, vieles von den Mythen der Unternehmensgeschichte und schließlich sowohl die Apotheose des Monarchen als auch die Vision von der Weltmacht Deutschland unter dessen Führung wirksam in das Stück verweben und allegorisch verkleiden, eben über die Grenze zum Trivialen hinaus. Mag diese Begegnung von Wirtschaft, Macht und Kunst aus Sicht der Kunstästhetik auch misslungen sein, so ist sie für sich, als Höhepunkt einer Firmen- und Jahrhundertfeier betrachtet, ein überaus einschlägiges Dokument der Zeit. Hier wurde, Widerstrebendes vereinend, eine künstlerisch eigene, aber kaum eigenständige Vision von »Vaterland« versucht, eine Vision des Ineinanders von Fortschritt und Macht, eine Deutung deutschen Aufstiegs hin zum Glanz der kaiserlichen Gegenwart. In Krupps Begleitschreiben zu dem erwähnten, erst 1914 erstellten Erinnerungsalbum hieß es, der Betrachter möge aus den Bildern »ein wenig den Reiz herausfühlen, der darin liegt, die Epoche Maximilians, die vergoldet ist von dem untergehenden Glanz des mittelalterlichen Rittertums und zugleich umwittert von der Morgenluft einer neuen Zeit, welche die heute Lebenden noch atmen, in Beziehung zu setzen zu den Bestrebungen der Gegenwart, die heute ein Jahrhundert der größten deutschen Eisenwerkstatt feiert und die in bisher unerhörter Weise die Naturkräfte beherrschen und neue Waffen schmieden lernte zum Schutze des Vaterlandes.«[73]

▲ **Abb. 139: Eine Bürgergruppe**

◀ **Abb. 140: Mitglieder der Zünfte**

▶ Abb. 141:
Gaukler

▼ Abb. 142:
Zigeunergruppe

IV. Von den Kosten

▲ **Abb. 143:**
Skizze von Sir Hubert Herkomer zu seinem Gemälde des Aufsichtsrates und des Direktoriums der Firma Fried. Krupp, 1911

Schon gar nicht beim Festspiel, aber auch nirgendwo sonst erlauben die überlieferten Akten den Rückschluss, dass man mit Blick auf die Kosten bei bestimmten Ausschmückungen, besonders personalintensiven Veranstaltungsteilen oder sonstigen Vorbereitungen und Programmbestandteilen auch einen Verzicht erwogen hätte – ganz im Gegenteil, Ideen, die erst in der Vorbereitung aufkamen, sind offenbar unbeschadet der Kosten gern aufgegriffen worden. In den Akten lassen sich nur für die gleichsam materiellen Ausstattungen: Geschirr, Blumengebinde, Diener, Chauffeure und Friseure und sehr viel mehr, Rechnungen oder Zahlungsbelege finden[74] – nicht hingegen für die künstlerischen Beiträge; da war man sicher: Krupp würde angemessen vergüten, und in der Tat: Für die Honorierung Kellers und G. Hackers, der anscheinend die Dekorationen der Reitbahn gemalt hat, sind jeweils Summen bereitgestellt worden, die etwa das Zehnfache eines zeitgenössischen Jahres-Metallarbeiterlohns ausmachten.

Es ist auch keineswegs bei den hier bisher geschilderten, im Wesentlichen organisatorischen Maßnahmen geblieben. Krupp umkränzte die Hundertjahrfeier zur Jahrhundertfeier, sowohl in den Vor- als auch in den Nachbereitungen. So ließ er den deutsch-englischen Maler Sir Hubert Herkomer, einen der in Europa bekanntesten Porträtisten der Zeit, herbeibitten für ein riesiges Ölgemälde einer gemeinsamen Sitzung des Direktoriums und des Aufsichtsrats, das im neuen Hauptverwaltungsgebäude hängen sollte. Herkomer

▲ Abb. 144:
Aufsichtsrat und Direktorium der Fried. Krupp A.G. im Jahre 1912, Gemälde von Sir Hubert Herkomer

Von links: Ludwig Klüpfel, Kurt Sorge, Heinrich Vielhaber, Hans Sack, Max Dreger, Emil Ehrensberger, Otto Eccius, Alfred Hugenberg (vor dem Gemälde Alfred Krupps), Gustav Krupp von Bohlen und Halbach, Rudolf Hartwig, Ernst Haux, unbekannt (vermutlich ein Schreiber), Ludwig Delbrück (sitzend), Fritz Rausenberger, Tilo Freiherr von Wilmowsky, Eberhard Freiherr von Bodenhausen-Degener, Gisbert Gillhausen, August von Simson, Georg Frielinghaus

▲ **Abb. 145:**
»Die Kruppschen Teufel«, Gemälde von Heinrich Kley, 1914
Das Gemälde paraphrasiert Otto Bollhagens Gemälde vom Tiefelstahlguss (oben Abb. 8)

▶ ▶ **Abb. 146:**
»Betriebsstörung«, Skizze von Heinrich Kley,1909

kam, um des Lichtes, der Umgebung und einer Skizze willen, aber er brauchte lange und wollte jedes Konterfei präzisieren, was den hohen Herren vom Herbst 1911 bis weit in den Sommer 1912 das Vergnügen einer jeweils einzeln unternommenen London-Reise verschaffte.[75] Trotzdem wurde das Riesenbild einstweilen nicht fertig, aber Krupp freundete sich sogar mit dem Maler an.[76]

Die ikonographischen Anklänge des Bildes, in dessen Mitte Alfred Krupp über allem schwebt, an bestimmte Sehgewohnheiten der christlichen Heilslehre sind nicht zu verkennen.

Otto Bollhagen, ein ebenfalls zeitgenössisch sehr bekannter Maler »industrieller« Genres, fertigte anlässlich des Jubiläums zahlreiche Skizzen und einen umfangreichen Krupp-Zyklus, der vielfach, für Alben oder Postkarten und auch in der unten zu erläuternden Festschrift, Verwendung fand, um das Geschehene beim Jubiläum wie auch den Zustand der Werke im Jahre 1912 künstlerisch zu vergegenwärtigen. Sein Zyklus hatte ein Nachspiel der besonderen Art: Im September 1914, nach Kriegsausbruch, druckte die Londoner Zeitung »The Illustrated News« »in polemischer Absicht« Bollhagens Arbeiten unter dem Titel »The Devil's Foundry: For Germany's Great Guns: The Krupp Works at Essen«, worauf Heinrich Kley (1863–1945), ein Münchner Zeichner, Maler und Karikaturist, mit einem recht spannenden Ölbild antwortete: »Die Kruppschen Teufel, um 1914«.[77] In gewisser Weise enthält diese Komposition ein Gegenbild zu dem Opus von Herkomer. – Schließlich hat Theodor Rocholl, der auch die Kaiserszene beim Besuch an der Trauerstätte – dem Schachtgebäude der Zeche Lothringen – malte,[78] anscheinend auf der Grundlage der angefertigten repräsentativen Fotografien den Festakt im Lichthof des Hauptverwaltungsgebäudes koloriert. Von diesem Bild ließ der Firmenchef einen aufwändigen Vierfarbendruck anfertigen (vgl. oben Abb. 87), den er im November 1913 den Teilnehmern des Festaktes, zusammen mit einem – frei-

Betriebsstörung

17

lich vervielfältigten – Handschreiben, zukommen ließ.[79]

Das alles gehörte zu den Nachbereitungen, die an Aufwand in mancherlei Hinsicht den Vorbereitungen nicht nachstanden. Die Erinnerung an das Kruppsche Jahrhundertereignis sollte mit den damals verfügbaren Mitteln nicht nur erhalten, sondern eingeprägt werden. Auch das vorzubereiten, begann man früh. Noch 1911 erhielten deutsche Redaktionen Vorverweise auf das Jubiläum zugesandt, die auch prompt gedruckt wurden; man stellte in der Folgezeit der Presse reichlich Informationsmaterial, Aufsätze etwa über Alfred Krupp und Verwandtes, zur Verfügung und dokumentierte selbstverständlich die Resonanz.[80] Dass von der Festwoche dann die Essener Zeitungen in großer Aufmachung berichteten, war zu erwarten, auch wurde ja Margarethe Krupp aus Anlass des Jubiläums zur Ehrenbürgerin ernannt. Der Essener Generalanzeiger druckte eine zeitungsformatige »Kruppnummer«.[81] Darin gab es einen sehr ausführlichen historischen Abriss, Berichte über die Feiern und über die Ausschmückung der Stadt, und auch die Reden des 8. August wurden abgedruckt. Die Kölnische Zeitung des Verlages M. DuMont Schauberg druckte in einer großformatigen Sonder-Edition die in der Zeitung erschienenen, ebenso detaillierten Jubiläumsberichte.[82] »Stahl und Eisen«, das führende, stark technisch orientierte Informationsblatt der Metall-Ingenieure, brachte einen Sonderdruck heraus, in dem besonders Alfred Krupps konstruktive Talente unter Abdruck zahlreicher Skizzen von seiner Hand gewürdigt wurden.[83] Andere Zeitschriften, etwa »Die Wochenschau« und »Engineering«, veröffentlichten ebenfalls ausführliche Artikelserien.[84] Presseresonanz ist also reichlich dokumentiert, und die Firma zielte mit ihrer eigenen Pressestrategie auf Wirkungen nicht nur nach außen, sondern auch nach innen; davon soll abschließend die Rede sein.

Die Familie (und die Firma) nahmen das Fest zum Anlass für sehr großzügige Geschenke. Es ist an sich wegen der ganz anderen historischen Preisrelationen fragwürdig, Vergleiche zur Gegenwart anzustellen, aber als Anhaltspunkt kann, um eine gewisse Vorstellung zu erreichen, von einer ungefähren Verzehnfachung der zeitgenössischen Angaben in Mark, in Relation zum Euro, ausgegangen werden. Der 8. August war in Essen arbeitsfrei und wurde bezahlt.[85] Insgesamt beliefen sich die Geschenke der Firma und der Familie auf von der Firma errechnete, gewiss vertrauenswürdige 14 Mio. Mark, und das waren, um es anders auszudrücken, die Jahreslöhne für insgesamt rund 10.000 Metallarbeiter in jener Zeit. Dabei erhielten alle Angestellten, auch die so genannten »fixierten Löhner«, ein Monatsgehalt und alle Arbeiter ein nach der Dienstzeit gestaffeltes Geldgeschenk zwischen fünf Mark für Jugendliche, zehn Mark für Erwachsene bei einer Dienstzeit von bis zu fünf Jahren und danach gestaffelt bis hin zu 100 Mark für vierzigjährige Werkszugehörigkeit. Aus der Veröffentlichung dieser Bestimmungen zu schließen, galten diese Gelder, die sich auf insgesamt mindestens 3 Mio. Mark belaufen haben dürften, als Firmengeschenk. Man war da ganz großzügig; noch im Jahr 1913 erhielten die Beschäftigten, die jetzt erst ein Jahr in Lohn und Brot standen, nachträglich die an sich jedem Arbeiter mit mindestens einjähriger Dienstzeit überreichte »kleine Jubiläumsmedaille« (vgl. unten Abb. 161).[86] Das war ein nicht ganz wertloses Geschenk, und einige Antiquare, denen Arbeiter später das Stück andienten, wandten sich denn auch an die Firma und fragten, ob diese die Medaillen nicht zurückerwerben wolle: Der Silbergehalt dürfte einem Zeitwert von zwei bis drei Mark entsprochen haben. Auch erhielten alle Beschäftigten eine große bandartig gebundene Sondernummer der seit 1910 bestehenden Kruppschen Mitteilungen.[87]

Das Eigentümer-Paar stiftete eine Million Mark zum Beamten-Unterstützungsfonds und fünf Millionen Mark für einen neuen Arbeiter-Urlaubsfonds. Dieser galt dann als »Kruppsche Jubiläumsstiftung«, aus deren Zinsen künftig langjährig Beschäftigte einen bezahlten Urlaub beanspruchen konnten – eine für Krupp typische soziale Innovation. Weiter stiftete Margarethe Krupp 500.000 Mark für die Wohlfahrt der Kruppschen Frauen und Kinder und noch einmal 500.000 Mark für die bestehende Arbeiterstiftung. Zwei Mio. Mark erhielten die Marine und das Heer für die Errichtung von Sportstätten und Soldatenheimen; ebenfalls zwei Millionen Mark gingen an die Stadt Essen, und zwar zur Hälfte für Kunst und Kultur, zu einem Viertel für allgemeine Wohlfahrtszwecke, das letzte Viertel für Freibetten von Frauen und Kindern in städtischen Krankenanstalten. Zu den Beschenkten gehörte auch die Evangelische Kirchengemeinde Essen-Werden, der 100.000 Mark zur Verfügung gestellt wurden. Eine früher schon getätigte Zusage Margarethe Krupps über 500.000 Mark für die Errichtung eines Hallenbades in Essen-West fand bei dem Jubiläum Erwähnung.

Das waren nicht nur Riesensummen, das war gewiss auch bestes bürgerliches Mäzenatentum. Es blieb nicht aus, dass manche sich übergangen fühlten, andere sich benachteiligt sahen, wieder andere an diesem großen Kuchen irgendwie auch teilhaben wollten. Lange vor den Feierlichkeiten hatte sich herumgesprochen, dass die Firma sich nicht lumpen lassen werde. Mehrere Arbeiter baten rechtzeitig, aber anonym darum, man möge ihnen »gnädig sein« und ihnen auch diejenigen Jahre, die ihnen wegen zwischenzeitlichen Austritts aus Kruppschen Diensten verloren gegangen waren, aus Anlass des Jubiläums »zur Pension anrechnen«; andere erbaten einen Extra-Monatslohn oder einen zusätzlichen Monat an Pensionszahlungen. Viele dienten sich an, andere baten um Hilfen, und wieder andere bettelten schlicht.[88] Manche, darunter ein Regierungs-Baumeister, wollten nur an den Jubiläumsfeierlichkeiten teilnehmen und wurden abschlägig beschieden; ein anonymer »Rechtdenkender« fand die Auswahlprozedur für die Teilnahme von langbeschäftigten Arbeitern an der Belegschaftsfeier ganz falsch. Es kamen aber auch ganz einfache Glückwunschschreiben ein, ohne dass um Geschenke gebeten wurde. Ein anonymer Postkartenschreiber klebte die Zeitungsnotiz über die Zuwendungen für die Belegschaft auf die Karte, verzierte diese und fügte gar ein Dankgedicht hinzu.[89]

Es war zu erwarten gewesen, dass sich vielerlei Hoffnungen der ärmeren, irgendwie mit der Firma verbundenen Menschen auf kleine oder größere Geschenke mit dem Fest verbinden würden. Bei Krupp steckte dahinter aber mehr als übliche Bettelei. Die Firma war schließlich für ihren sozialpatriarchalischen Ruf bekannt und pflegte ihn. Zum Gestus der gleichzeitigen Disziplinierung und Privilegierung der Belegschaft und ihrer Familien gehörte eben auch das Gehör für Notlagen vor allem dann, wenn sie unverschuldet erlitten wurden. Schon Alfred Krupp hatte dieses Gehör bewiesen, darin folgten ihm sein Sohn und insbesondere dessen Gattin. Margarethe ersuchte in der Zeit ihrer Verantwortung für das Erbe ihrer Tochter das Direktorium – zweifellos in der Absicht der Kontrolle des »Gnadengebarens« der Firma –, ihr eine Liste derjenigen Beschwerden und Unterstützungsgesuche anzufertigen, die ihr *nicht* zur persönlichen Kenntnis und Bearbeitung vorgelegt worden waren.[90]

Übertriebenen und manchmal merkwürdigen Vorstellungen ist nicht entsprochen worden, aber für die leitenden Werksbeamten gab es Sondergeschenke, ebenso für die hochgestellten Ehrengäste und schließlich für die Mitglieder der Familie Krupp. Seine Majestät erhielt alles:[91] die Bücher, die große und die kleine Medaille für die kaiserliche Medaillensammlung, die Festschrift in einer weißledernen Prachtausgabe. Auch die Stiftung für Armee und Marine rechnete Gustav Krupp ihm zu, und hinzu kam eine weitere, ganz intern gehandhabte Stiftung, denn ein solcher Kaiserbesuch war nicht gratis zu haben. Gustav und Bertha Krupp hatten in Vorgesprächen eine Summe von 250.000 Mark in Aussicht gestellt, und der Firmenleiter ließ dann eine Woche nach der Feier »in möglichst unauffälliger Weise« 300.000 Mark an die Scha-

▲ Abb. 147:
Margarethe Krupp, 1911, Stifterin und Ehrenbürgerin von Essen seit 1912

▲ **Abb. 148:**
Das Friedrichsbad in Essen-West, eine Stiftung von Margarethe Krupp

tulle des Kaisers überweisen und diese Summe aus dem Konto »Unkosten Jahrhundertfeier« abbuchen.[92] Das also war der Preis des Kaisers, dieser war schon im Februar 1912 verabredet worden,[93] der Kaiser wollte daraus einen langgehegten Wunsch, den Bau von Ferienkolonien für Berliner Schulkinder an der Ostsee, finanzieren. Auch der Chef des Zivilkabinetts des Kaisers sollte für seine Vermittlungsdienste belohnt werden, aber der preußische Beamte von Valentini bat, »von einer Überweisung an mich […] Abstand zu nehmen«, denn er könne den Betrag sowieso nur an die Schatulle des Kaisers weitergeben.[94] Übrigens ließ der Kaiser nach seinem Besuch an die Bediensteten auf dem Hügel ein Trinkgeld von 1.500 Mark verteilen; die Hinterbliebenen der Bochumer Katastrophe erhielten ein kaiserliches Geschenk von 15.000 Mark.

Für die Mitglieder des Aufsichtsrats, soweit diese nicht der Familie angehörten, und für die Mitglieder des Direktoriums gab es, neben dem Geldgeschenk (in das auch Zusagen über sonstige Einkünfte eingerechnet wurden), einen silbernen Pokal mit Begleitbrief, für die weiteren Direktoren ein Bildnis des Eigentümer-Ehepaars mit Widmung und Begleitkarte, für den ehemaligen Vorsitzenden des Vorstands, Landrat Max Rötger (1860–1923), eine Schale. Fräulein Brandt erhielt ein Armband, »Mütterchen« – so durfte Krupp die Schwiegermutter schon wenige Wochen nach dem Kennenlernen nennen – ebenfalls Schmuck und einen Tafel-Aufsatz.[95] Solche Geschenke trugen also eine

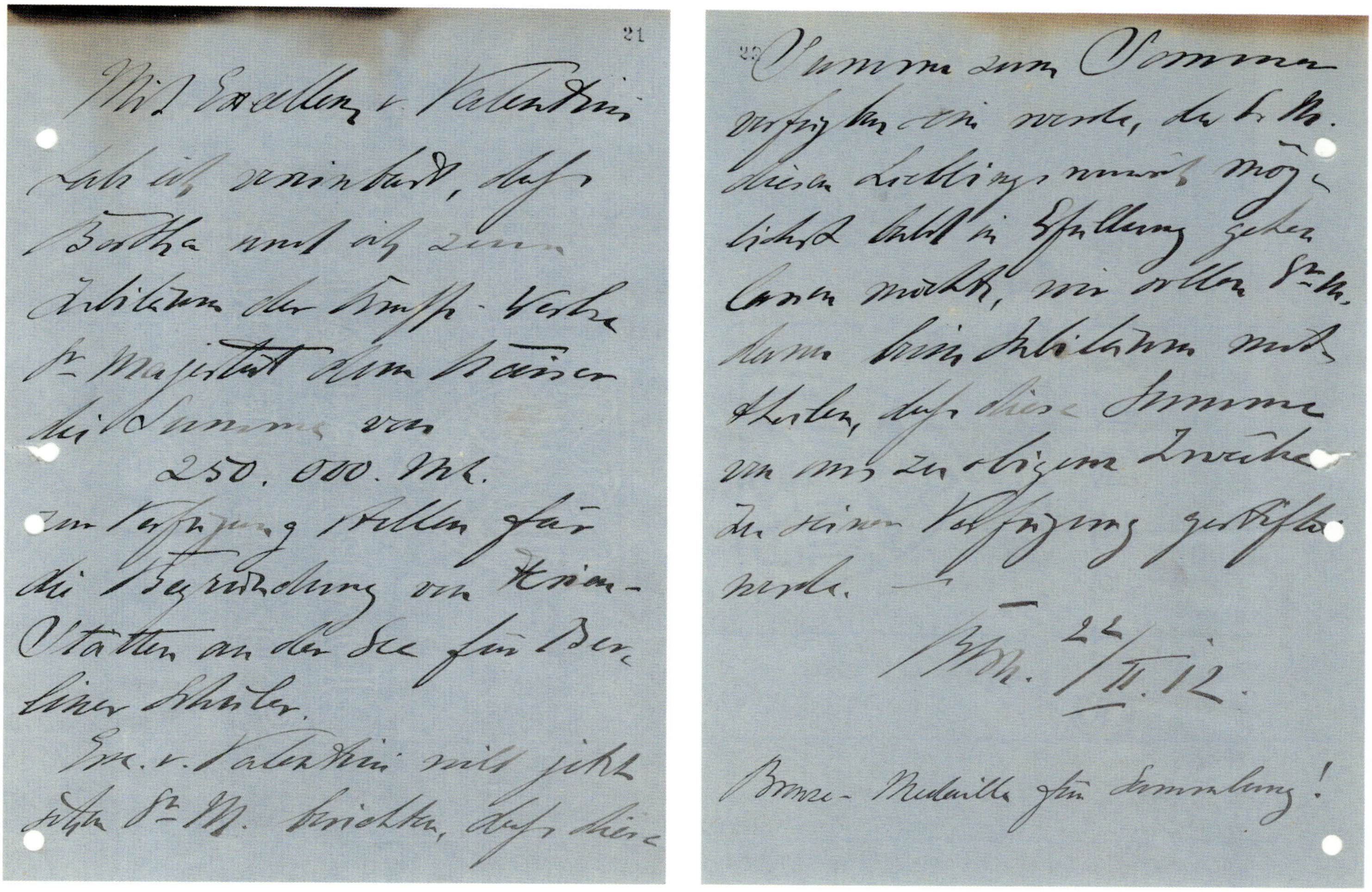

persönliche Note, während die Festschrift, von der gleich die Rede sein wird, wohl als Büttenausgabe in einer aufwendigen Versandtasche an die Ehrengäste beim Festakt im Lichthof des Hauptverwaltungsgebäudes vergeben wurde, aber teilweise auch bereits zuvor versandt worden war.

All dies kostete sehr erhebliche Summen. Will man die Frage nach den Gesamtkosten beantworten, so türmen sich die Schwierigkeiten auf. Zum einen verteilten sich die Kosten auf mehrere Jahre, und Teile der Vorbereitungen dürften, denkt man an Straßen-Ausbesserungen und ähnliches, aus ganz anderen budgetierten Positionen beglichen worden sein. Sehr viel schwieriger schlägt im Wortsinn zu Buche, dass bei Krupp zwischen dem Privatvermögen der Familie und dem Werksvermögen bestenfalls unscharf unterschieden worden ist – die Familie und das Werk, sie galten eben als ein und dasselbe, und einstweilen bestanden die Finanzämter noch nicht auf einer klaren Unterscheidung. Diese wurde seit der Gründung der Aktiengesellschaft 1903 zwar buchmäßig vorgenommen, aber es gab sie faktisch nicht. Zwar wurde in den Bilanzen regelmäßig der Unternehmensgewinn ermittelt und der Familie gutgeschrieben, aber offenkundig nur zum Teil ausgezahlt; erhebliche

▲ **Abb. 149:**
Aktennotiz von Gustav Krupp von Bohlen und Halbach über ein Geldgeschenk an Kaiser Wilhelm II., 22. Februar 1912

»Mit Excellenz v. Valentini habe ich vereinbart, daß Bertha und ich zum Jubiläum der Krupp-Werke S[eine]r Majestät dem Kaiser die Summe von

250.000 M[ar]k

zur Verfügung stellen für die Begründung von Ferien-Stätten an der See für Berliner Schüler. Exc[ellenz] v. Valentini will jetzt schon S[einer] M[ajestät] berichten, daß diese Summe zum Sommer verfügbar sein werde, da S[eine] M[ajestät] diesen Lieblingswunsch möglichst bald in Erfüllung gehen lassen möchte, wir sollen S[einer] M[ajestät] dann beim Jubiläum mittheilen, daß diese Summe von uns zu obigem Zwecke zu seiner Verfügung gestellt werde.

K[rupp]v[on]B[ohlen]u[nd]
H[albach] 22.2.12.

Bronze-Medaille für Sammlung!«

Beträge blieben, als Darlehen oder mit dem Ziel einer Kapitalerhöhung, im Unternehmen. So hatte immer schon munter disponiert werden können, jedenfalls durch das Direktorium, dessen Beschlüsse nur in sehr knappen Stichworten protokolliert wurden; da fanden sich manchmal hohe Positionen, die mit einem Federstrich auf General-Unkosten genommen wurden, was sicher jeweils mit dem Unternehmenschef abgesprochen wurde. Es gab stille und bilanztechnisch ausgewiesene Reserven, und vor allem gab es einen riesigen, in der Forschung noch keineswegs bekannten Besitz an Wertpapieren, sowohl der Firma als auch des Privatvermögens, weshalb sich in einer Zeit guter Aktienkurse und hoher Geldwertstabilität – nur ein Teil des Wertpapierbesitzes lässt unternehmensstrategische Bedeutung erkennen – manches rasch und mit Gewinn verflüssigen ließ, wenn es dessen denn bedurfte.

Für die Bezahlung der Feierlichkeiten hat es dessen mit Sicherheit nicht bedurft. Die Bilanzen der Firma waren in der Vorkriegszeit mehr als kerngesund, und das Geschäft warf sehr, sehr erhebliche Gewinne ab, die sorgsam zu verbergen waren, weil eine hohe Dividende politisch bereits nicht mehr als opportun galt. Das eben gehörte zu den Vorzügen der anonymisierten Aktiengesellschaften, dass sie hohe Gewinne ausweisen konnten, die sich schwerlich auf wenige »Couponschneider« zuschreiben ließen – anders aber bei Krupp, von dem jeder wusste, dass das Werk ausschließlich in Familienbesitz war. So blieb die Dividende äußerlich, im Vergleich etwa zu anderen Unternehmen der Schwerindustrie, ganz moderat. Seit Gründung der Aktiengesellschaft, deren Kapital von 160 Mio. Mark bis auf aktienrechtlich erforderliche, ganze 4.000 Mark in Händen der Erbin Bertha Krupp lag und zudem als Fideikommiss festgeschrieben war, waren Dividenden von anfangs sechs, dann siebeneinhalb und ab 1906 durchgängig acht bis zehn Prozent gezahlt worden; das machte etwa im Jubiläumsjahr 1912, in dem der Bilanzgewinn für das Geschäftsjahr 1910/11 zur Verfügung stand, 18 Mio. Mark allein für Bertha Krupp aus, denn inzwischen war das Kapital ausschließlich aus den Mitteln der Familie um 20 Mio. Mark erhöht worden. Überaus bescheiden fiel die Dividende im Blick auf den ausgewiesenen Bilanzgewinn aus. Es entsprach durchaus dem Willen der Familie, mit jeder Bilanz das Fabrikvermögen zu stärken – vom Familienvermögen ist hierbei überhaupt nicht die Rede.

Die Protokolle des Aufsichtsrats[96] dürften am ehesten, und über die veröffentlichten Bilanzen hinaus, einen Eindruck von dem ungeheuer fetten Speck vermitteln, den die Firma, wiederum unbeschadet aller selbstverständlichen Bestrebungen zur Mehrung des Familienvermögens, in den beiden Vorkriegsjahrzehnten ansetzte. Noch war Gustav Krupp nicht Vorsitzender dieses Gremiums, als er Anfang 1908 vorschlug, die Kosten für die neue Hauptverwaltung durch das Familienvermögen übernehmen zu lassen – Haux dürfte ihn davon abgebracht haben, denn es erfolgten sogleich entsprechende Rückstellungen aus dem Reingewinn. Für das Geschäftsjahr 1907/08 verzeichnete man einen Rohgewinn von 33,9 Mio. Mark, von dem 15,3 Mio. für Werksausbauten reinvestiert wurden; außer der Dividende bediente man die gesetzliche Rücklage und nahm einiges in eine Sonderrücklage, anderes auf Gewinnvortrag für 1908/09. Das Protokoll der Sitzung des Aufsichtsrats am 24. September 1909 verzeichnete beim Panzerplattengeschäft eine Lage, »die nie so günstig gewesen [sei] wie jetzt«; überhaupt brachte dieses Jahr beim Kriegsmaterial eine deutliche Steigerung der Auslandsaufträge. Dabei gilt insgesamt, dass noch die wenigsten Gewinne mit Friedensmaterial (zwischen 15 und 21 Prozent vom Umsatz im Jahrzehnt vor Kriegsausbruch), deutlich mehr hingegen mit Kriegsmaterial (ohne Panzerplatten: 27 bis 35 Prozent) und geradezu exorbitante Gewinne von 54 bis 73 Prozent vom Umsatz mit Panzerplatten erzielt wurden. Zwar machte das Kriegsmaterial zumeist deutlich weniger als die Hälfte des Gesamtumsatzes aus, aber die Gewinnsituation lässt eine andere Einschätzung erkennen.

Gustav Krupp übernahm nun den Vorsitz des Aufsichtsrats, und das veränderte den Ton unter den Mitgliedern: Hatte man in früheren Zeiten beispielsweise noch über die Begebung einer Firmenanleihe diskutiert, so genehmigte man jetzt nur noch. Für das Geschäftsjahr 1909/10 lag der Rohgewinn, wir folgen den Angaben in den Aufsichtsratsprotokollen, bei 44,2 Mio. Mark und 1910/11 bei 69,36 Mio. Mark. Von dieser riesigen Summe musste nun viel Geld irgendwie verteilt werden, denn die Dividende sollte wieder 10 Prozent betragen – also gingen 7,15 Mio. auf »außerordentliche Abschreibungen beim Immobil-Konto« und weitere 4 Mio. in eine »weitere Inventarreserve«, was immer das bedeutete; 3 Mio. verwendete man auf den Erwerb von Wertpapieren (also im Eigentum der Gussstahlfabrik!) und eine weitere

Mio. für andere Beteiligungen. Das war noch nicht alles: 3,8 Mio. Mark wurden auf ein ebenfalls undurchsichtiges »Konto für unproduktive Neuanlagen« überwiesen, 2 Mio. gingen in eine Rückstellung offenbar für die Entwicklung mechanischer Zünder, und noch einmal 2 Mio. wurden dem »Kriegsmaterial-Versuchskonto« zugewiesen. Es verblieb dann ein Reingewinn von 28,87 Mio. Mark, davon wurden die bereits erwähnten 18 Mio. als Dividende gezahlt, und noch einmal 10 Mio. gingen in die verschiedensten Polster: die gesetzliche Rücklage, eine Sonderrücklage, den Pensionsfonds. An Steuern waren gut 3 Mio. Mark zu entrichten, mehr nicht. Übrigens hatte man allein aus Lizenzen für die Produktion von Panzerplatten durch andere in diesem Geschäftsjahr 1,161 Mio. Mark eingenommen; in die veröffentlichte Bilanz gingen aber, so stellte der sozialdemokratische »Vorwärts« fest, ganze zwei Mark an Werten für Patente und Lizenzen ein![97] Der Rohgewinn im Jubiläumsjahr 1912 (für das Geschäftsjahr 1911/12) betrug dann sogar 78,84 Mio. Mark, und jetzt bewilligte der Aufsichtsrat dann doch eine Dividende von 12 Prozent.

Die Firma schwamm in Gewinnen. Im Jahrfünft vor Kriegsausbruch ist die bilanzmäßige Rücklage jährlich um Millionenbeträge aufgestockt worden – außer 1912.[98] Dagegen wurden in den Bilanzjahren 1910/11 und 1911/12 insgesamt 10,5 Mio. Mark für die »Jahrhundertfeier« zurückgestellt; in den folgenden beiden Jahren sind hiervon noch Restbeträge verbraucht worden. Für das Hauptverwaltungsgebäude weisen die Bilanzen Rückstellungen von 6 Mio. Mark auf; die Kosten dürften einschließlich der Innenausstattungen mindestens 8 Mio. Mark betragen haben, von denen man einen erheblichen Teil den Jubiläumskosten zuordnen muss. Die Badeanstalt war als Zuführung aus dem Privatkonto Margarethe Krupps gebucht. Die Familienangehörigen unterhielten bei der Firma teilweise mehrere Konten, von ihren Konten bei anderen Bankinstituten wissen wir einstweilen nichts, und auch die Jahresend-

▼ Abb. 150:
Aktie der Fried. Krupp AG, Probedruck von 1909

Fried. Krupp Aktiengesellschaft

1000 Mark AKTIE № 000000

ÜBER

EIN TAUSEND MARK

Der Inhaber dieser Aktie ist für den Betrag von EIN TAUSEND MARK bei der Fried. Krupp Aktiengesellschaft in Essen (Ruhr) mit allen im Gesellschaftsvertrage festgesetzten Rechten und Pflichten beteiligt.

Essen (Ruhr), den 1. Juli 1909.

Fried. Krupp Aktiengesellschaft.

Der Aufsichtsrat: Das Direktorium:

MARK 1000 MARK

Probedruck von Giesecke & Devrient, Leipzig u. Berlin.

Abgesandt: 6. 7. 1909. — Empfangen: Zurückgesandt: Empfangen:

stände bei der Firma erlauben keine zuverlässigen Rückschlüsse auf Jubiläumskosten. Der Umstand, dass die Kosten für den Aufsichtsrat 1912/13 fast auf das Fünffache, 2,4 Mio. Mark, explodierten und dass die Mehrkosten allein Gustav Krupp zuzuweisen waren, wird eindeutig auf das Jubiläum zurückzuführen sein. Der jährliche Repräsentations-Zuschuss des Werks an die Hügelverwaltung ist im Jubiläumsjahr nicht erhöht worden. Andere Kosten, die sich nach der Gewinn- und Verlustrechnung viel eindeutiger dem Jubiläum zuweisen lassen, erscheinen vergleichsweise als »peanuts«.

Eine abschließende Kostenrechnung über das Jubiläum fand sich bisher nicht. Man hätte spätestens mit den Kosten für die Begründung des Archivs zur Vorbereitung der Festschrift zu beginnen, und da wird so manches in anderen Etats verborgen oder auf die bei Krupp berüchtigten »Gemeinkosten« genommen worden sein. Von der Firma wurden nach internen Angaben die oben erwähnten 14 Mio. Mark an Kosten für Stiftungen und Sonderzahlungen angegeben.[99] Addiert man aus den Errichtungs- und Ausstattungskosten für das Hauptverwaltungsgebäude geschätzte 3 Mio. Mark sowie – unter der Voraussetzung, dass die Kosten für Stiftungen und Sonderzahlungen nicht teilweise hieraus entrichtet wurden – die verbrauchte Rücklage für das Jubiläum laut Bilanz in Höhe von 10,5 Mio. Mark, ferner die rund 2 Mio. Mark, die Gustav Krupp nach der Bilanz im Jubiläumsjahr als Ausgaben des Aufsichtsrats über die Normalausgaben in dieser Position hinaus tätigte und rechnet 1 Mio. Mark an sehr langfristigen Vorbereitungskosten hinzu, dann beliefen sich die Gesamtkosten auf mindestens 30, eher 35 Mio. Mark. Darin sind die Sonderspenden von »Frau Exzellenz F. A. Krupp« nicht berücksichtigt, und es wird angenommen, dass die als persönliche Stiftungen gekennzeichneten Beträge von Bertha und Gustav Krupp in den von der Firma angegebenen Beträgen enthalten sind. Insgesamt kostete das Jubiläum mindestens neun, eher zehn Prozent des Umsatzes im Geschäftsjahr 1911/12 (363 Mio. Mark). Wie gezeigt, konnte die Dividende im Jubiläumsjahr um zwei Prozent hinaufgesetzt werden.

V. Jubiläum – Gedächtnis und Geschichte

Die Familie und die Firma waren energisch bemüht, das im Jubiläum entworfene »Image« für die Zukunft zu bewahren. Intern ließ die Firma die Tischordnung des »Kaiseressens« vom 8. August Ende 1912 erneut drucken und versandte sie an alle nachgeordneten Dienststellen: »Es ist erwünscht, dass in den Akten der verschiedenen in Betracht kommenden Stellen je ein Exemplar für spätere Zeiten erhalten bleibt.« Da fühlt sich der Historiker gut bedient und gerät ins Nachdenken darüber, wie man durch Bereitstellung der »richtigen« Quellen das historische Gedächtnis zu formen vermag.

Die Wahrung des Gedächtnisses an Glanz und Größe dieser Firma hat nicht erst 1912 begonnen, aber die Intensivierung dieser Bestrebungen stand in engstem Zusammenhang mit der Hundertjahrfeier. Alfred Krupp hatte sich selbst zuerst und dann auch die Firma durch zahlreiche Maßnahmen zu feiern gewusst, und vieles davon trug früher schon den Stempel der gezielten Formung historischen Gedächtnisses. Man könnte an die Feierlichkeiten anlässlich des 25. Jubiläums des Übergangs der Firma in vollständiges Eigentum des Firmenherrn im Jahre 1873 erinnern. Aus diesem Anlass hatte »die Belegschaft«, sicher die damals noch so genannte Prokura, Alfred Krupp mit fotographischen Porträts jedes Einzelnen der inzwischen auf rund 12.000 angewachsenen Gesamtbelegschaft zu überraschen verstanden und die Konterfeis in prächtigen Alben überreicht. Ob tatsächlich die Absicht bestanden hatte, die Gesamtbelegschaft zu porträtieren, bleibe dahingestellt; insgesamt enthielten die Alben die Bilder von 716 Angestellten und 738 Arbeitern.[100] Das war auch für die Zukunft gemeint und dokumentierte eine gedachte Beziehung von Belegschaft und Eigentümer auf merkwürdige Weise.

Der alte Krupp neigte, je älter er wurde, zu sentenziösen Auslassungen. Er selber hat seine unzähligen Notizzettel, die meistens an die Prokura gingen, mit sehr grundsätzlichen Überlegungen zu zieren gewusst, und diese sind gesammelt und katalogisiert worden. Sein Tod war eine überaus öffentliche Angelegenheit und veranlasste zu historischen Würdigungen des Lebenswerks.[101] Er selbst hatte erstaunlicherweise schon 1874 seine damalige Prokura (das später so genannte Direktorium) angewiesen, es sei »notwendig, dass im Zentrum der Verwaltung eine Geschichte geschrieben wird. [...] Ohne geschichtliche, persönliche und tabellarische Berichte stirbt mit der Änderung des Personals die Kenntnis [...] aus. [...] *Was ich erstreben will, ist,* dass nichts abhängig sein soll von dem Leben oder Dasein einer Person, dass mit derselben kein Wissen und keine Funktion entweiche, [...] dass man die Vergangenheit der Fabrik, sowie die wahrscheinliche Zukunft derselben im Büro der Hauptverwaltung studieren und übersehen kann, ohne einen Sterblichen zu fragen.«[102] Es steht auf einem anderen Blatt, dass hiernach zunächst einmal nicht verfahren wurde: Berichtet wird von einer anscheinend umfänglichen Aktenvernichtung, einer »bittere[n] Erfahrung« im Jahre 1895,[103] als das in den Registraturen der Firma angesammelte Material aus Platzgründen zu verschwinden hatte. Mit diesem Material vernichtete die Firma wesentliche Kenntnisse über ihre Entwicklung in den 1850er Jahren.

Eine Art internen Firmengedächtnisses gab es also längst, zumal beim alternden Alfred Krupp, aber gegen gedankenlose Entscheidungen ist man nicht gefeit geblieben. Friedrich Alfred Krupp hatte ein zwiespältiges Verhältnis zu seinem Vater gehabt, und dessen Andenken mochte ihm weniger wichtig erscheinen als schon der Verwalterin seines Erbes, seiner Gattin Margarethe Krupp. Vor allem der einheiratende Gustav Krupp sollte zeigen, wie sehr die Erinnerung an den großen Firmenpatriarchen, dessen Sichtweise auf die Dinge und dessen Vorbild, orientierend und – bei oft schwierigen Entscheidungen wie Kapitalerhöhungen – geradezu handlungsleitend bis weit in die Zwischenkriegszeit fortgewirkt hat.[104]

So gab es auf dem Hügel – neben den naturkundlichen und mineralogischen Samm-

▲ Abb. 151:
Eine Seite aus dem Belegschafts-Album von 1873
Die Abbildung zeigt Porträts von Beamten der Gussstahlfabrik, unten rechts Hugo van Werden, Betriebsführer der Lithographischen und Photographischen Anstalt Fried. Krupp von 1861 bis 1902

lungen, für die sich Friedrich Alfred Krupp sehr engagiert hatte – bereits eine sicher ziemlich umfangreiche, aber verstreute familiengeschichtliche Sammlung, als im Jahre 1905 erste Maßnahmen zur Vorbereitung der Hundertjahrfeier getroffen wurden. Die ursprünglichen Hügel-Bestände sind im Zuge der Archivbildung zum »Familienarchiv Hügel« zusammengefasst worden. Wir wissen nicht genau, wann und wie das begann. Das Archiv selbst geht davon aus, dass im Jahre 1905 der Auftrag an Adolf Lauter, den Leiter des Nachrichtenbüros, ergangen ist, Material für das anstehende Jubiläum zu sammeln.[105] Innerhalb des Nachrichtenbüros wurde nun eine »Geschichtliche Abteilung« eingerichtet, die nach Lauters Tod (Ende 1908) verselbstständigt wurde.

Mit den Vorbereitungen für die große Festschrift begann man schon im Juni 1905. Ab Ende 1909 unterstand die Geschichtliche Abteilung, deren Leitung nun Julius von Schütz (1853–1910)[106] übertragen wurde, dem Dezernat Haux. Das Firmenarchiv formte sich auf der Grundlage der bestehenden Registraturen im Werk heraus, und hierzu wurden erhebliche Mittel bereitgestellt. Um die Arbeiten in Vorbereitung der Firmenfestschrift nicht in Verzug zu bringen, hatte noch Lauter im Frühjahr 1908 Kontakt zu dem ihm von einer früheren Zufallsbegegnung her bekannten, nunmehr von anderer Stelle benannten Technik- und Wirtschaftsjournalisten Wilhelm Berdrow (1867–1954)[107] aufgenommen. Dieser Autor hatte sich vermutlich durch eine Reihe von Aufsätzen zur Entwicklung des Eisenbahnwesens und vielleicht mit einem 1907 erschienenen Band mit dem Titel »Seines Glückes Schmied« empfohlen; mit diesem Buch wurde dafür geworben, Biographien wichtiger Unternehmer zu veröffentlichen.[108] Berdrow erledigte zunächst auf Honorarbasis einige Teilarbeiten zur Zufriedenheit der Auftraggeber und übersandte entsprechende Texte.[109] Dabei ging es um die Auswertung der Skizzenbücher Alfred Krupps mit dem Ziel, die Entwicklung der Gussstahlwalze für Münzwerke darzulegen.

Berdrow wurde bald für zunächst zwei Jahre angestellt und siedelte nach Essen über. Mit dem 1. Januar 1913, nach der erfolgreichen Bewältigung der Forschungsarbeiten für die Festschrift, datierte seine Festanstellung, und offenbar wurde ihm bald danach die Leitung der Geschichtlichen Abteilung, des späteren Archivs, übertragen. In den folgenden Jahrzehnten sollte er wichtige Kruppsche Quellen herausgeben und eine ganze Serie

◄ **Abb. 152:**
Adolf Lauter (1857–1908), der Gründer des Historischen Archivs Krupp

▼ **Abb. 153:**
Wilhelm Berdrow (1867–1954), Krupp-Archivar und Krupp-Historiograph

Das Stammhaus inmitten der heutigen Gußſtahlfabrik

Die Gründung der Firma Krupp als Gußſtahlfabrik zu Eſſen an der Ruhr fällt in die denkwürdige Zeit von 1811/12. Die vorbereitenden Schritte erfolgten gegen Ende 1811: im November dieſes Jahres begründete der Kaufmann Friedrich Krupp in der Abſicht, «eine Fabrik zur Verfertigung des engliſchen Gußſtahls und aller daraus reſultierenden Fabrikate anzulegen», die Firma Friederich Krupp in Eſſen. Gleichzeitig erwarb er im Norden der Stadt auf Alteneſſener Gebiet eine kleine Waſſerkraft an der Berne, die Walk- oder Halbachsmühle, wo er die neue Fabrik zu erbauen gedachte. Die Arbeiten ſelbſt zur Verwirklichung des Planes begannen mit dem Jahre 1812: im Januar dieſes Jahres ſind die erſten praktiſchen Verſuche zur Herſtellung von Gußſtahl in dem heute noch vorhandenen, damals der Familie vom Ende gehörigen Hauſe Nr. 17 der II. Weberſtraße in der Altſtadt Eſſen angeſtellt worden. Im Frühjahr 1812 wurde der Bau der Fabrik ſelbſt, beſtehend aus Schmelzbau und Hammerwerk, auf der Walkmühle in Angriff genommen, während die erſten Bauten der heutigen, weſtlich von Eſſen gelegenen Gußſtahlfabrik mit dem «Stammhaus» erſt einige Jahre ſpäter entſtanden ſind. Wenige Monate nach der Begründung der Firma, am 26. April 1812, wurde dem jungen Fabrikanten der erſte Sohn, Alfred, geboren, dem es beſchieden ſein ſollte, das Werk des Vaters nach deſſen frühem Tod aus der Enge und Erfolgloſigkeit herauszuheben und es emporzuführen zu der Stellung des

1

▲ Abb. 154:
Die erste Seite der Krupp-Festschrift mit einem Holzschnitt von der Haupt-Ikone, dem Stammhaus

von familien- und firmengeschichtlichen Monographien vorlegen, denen zum Teil auch heute noch hoher Rang zukommt. Seine objektivierende Leistung ist um so höher zu schätzen, als sich der Aufbau eines Firmen-Archivwesens in Deutschland erst in den frühesten Anfängen befand, was Krupp zu einem von ganz wenigen Vorreitern machte.[110] Hiervon abgesehen, dürfte es nicht immer ganz einfach gewesen sein, in Diensten Krupps alle Grundsätze wissenschaftlichen Arbeitens und vor allem die Freiheit des historischen Urteils zu wahren. Als im Jahre 1909 Richard Ehrenberg, vielleicht der früheste deutsche Unternehmenshistoriker und Anreger der Unternehmensgeschichtsschreibung wie auch des Firmen-Archivwesens, sein Manuskript über die Geschichte der Kruppschen Arbeiterschaft, eine zu Recht heute noch herangezogene Untersuchung, an die Firma zur Prüfung übersandte, glaubte Justizrat Wandel, der die Firma in juristischen Angelegenheiten vertrat, »Änderungen [...] erbitten zu müssen« und übersandte eine höchst detaillierte, ganz überwiegend auf Sachbehauptungen konzentrierte, aber auch wohl einige Wertungen einschließende Korrekturliste.[111] Berdrow selbst steuerte intern zu den Feierlichkeiten von 1912 eine denkschriftartige Ausarbeitung mit dem Titel »Das Kausalitätsprinzip in der Entwicklung der Gußstahlfabrik« bei, die allerdings bei der Vorbereitung der einschlägigen Reden nicht erkennbar in Betracht gezogen wurde. Denn Berdrow hatte daran erinnert, »dass die Entwicklung eines solchen Unternehmens – mag die Persönlichkeit des Schöpfers und Leiters eine noch so geniale sein – doch in ungeahntem Maße getragen und gedrängt wird von Faktoren, die der Bestimmung durch die leitenden Kräfte entzogen sind.«[112]

Die Festschrift zum Jubiläum war ein bemerkenswertes Werk.[113] Anders als die damals bereits gehäuft erscheinenden Jubiläumsschriften größerer Unternehmen, ruhte das Werk erkennbar in langjährigen wissenschaftlichen Vorbereitungen. Es erschien in einer großen Ausgabe im Folioformat sowie, vermutlich zur weiteren Verbreitung, in einer erkennbar preisgünstigeren, text-, nicht seitenidentischen Ausgabe, und Berdrow dürfte mindestens große Teile davon verfasst haben.[114] Man ließ 50 Exemplare als Prachtausgabe, 500 Exemplare in Bütten, 10.000 in einer »Volksausgabe A« und 6.000 in einer »Volksausgabe B« drucken.[115] Das Werk wurde im Kern entlang der Kruppschen Dynastie gegliedert. Sein großer

◀ **Abb. 155: Hauptmann a. D. Julius Castner (1837–1915), Mitverfasser der Krupp-Festschrift**

Vorzug besteht noch heute in der allgemeinverständlichen Darstellung technikgeschichtlicher Prozesse, gerade auch im Kanonenbau. Man hat erkennbar großen Wert auf genaueste Information gelegt, auf ornamentalen Schnickschnack weitgehend verzichtet und einen ehrwürdigen, deutschtümelnden Stil der Bebilderung gewählt: Prominente Künstler aus dem Umkreis des bereits erwähnten Hugo Lederer wurden verpflichtet, um mit Hilfe der seitens der Lithographischen Anstalt sicher reichlich bereitgestellten und teilweise noch heute vorhandenen Fotografien Holzschnitte und Radierungen zu erstellen.

Die Darstellungsteile über den Geschützbau wurden von Julius Castner verfasst, der bereits die Verbindung zwischen Lauter und Berdrow angebahnt hatte. Letzterer zeichnete für die hauptsächlichen firmengeschichtlichen Kapitel verantwortlich. Darin rangierte die Technikgeschichte hoch, aber es gab wenig Informationen zur Finanzgeschichte. Von Haux stammen einige weitere Kapitel, darunter vor allem die Lebensbilder der Unternehmerpersönlichkeiten. Dass Alfred Krupp hart, unnachgiebig, manchmal gefühllos sein konnte, wird in den Texten nicht verschwiegen, aber das biographische Programm grenzt doch bei seiner Person an Verherrlichung: »Unverkennbar« sei »der innere

▲ Abb. 156:
Aus der so genannten Querfestschrift »Fried. Krupp A.G. Essen-Ruhr 1812–1912«: eine weitere Ikone Kruppschen Fleißes, der Hammer Fritz

▶ Abb. 157:
Einband der »Querfestschrift«

Drang einer im höchsten Grade selbständigen Natur, aus kleinen Anfängen heraus durch fortgesetzte Arbeit und Beharrlichkeit eine begonnene Sache zur vollen Entfaltung zu bringen.« Hier waren sie wieder, die kleinen Anfänge als Topos des Mythos Krupp. Deutlich abgewogener das Urteil über Friedrich Alfred, dessen »Schüchternheit und […] übergroße Empfindlichkeit« auch »gegen die Beurteilung und Kritik seiner Person und Geschäftsführung in der Öffentlichkeit« ebenso Erwähnung finden wie seine mangelnde Begabung zur »öffentlichen Rede« – wohl zu Recht hochgelobt wird sein intimes Verständnis und Interesse für technische Belange.[116]

Auch in der Festschrift ist von der »Werksgemeinschaft« die Rede.[117] Hugenberg und Krupp selbst beschworen in ihren Reden während des Fests dieses merkwürdige Konstrukt einer Übergangszeit, das in den Nachkriegsjahren den »Kampf um die Seelen der Arbeiter« beflügeln und eine germanisierend rassistische Überspitzung in der nationalsozialistischen »Gefolgschaft« erfahren sollte. Darin lag ein neuer Akzent gegenüber dem bisher bei Krupp gepflegten Muster eines sozialen Patriarchalismus. Dieser hatte primär dem persönlichen, im Begriff der »Werksfamilie« gedachten Wohlergehen eines jeden Beschäftigten auf Lebenszeit um den Preis seiner Selbsteinbindung in den altpreußisch-ständischen Wechselbezug von Privilegierung und Disziplinierung gegolten. Die Werksgemeinschaft setzte, ohne die bisherigen Instrumente der betrieblichen Sozialpolitik zu vernachlässigen, auf Gemeinschaftsbildung, Zusammengehörigkeitsgefühl und werksbezogene Loyalität mit einer deutlichen Spitze gegen klassenkämpferische

NACH DER SCHICHT

ZEITSCHRIFT DES KRUPP'SCHEN BILDUNGSVEREINS.

1. Jahrgang. Juli 1901. № 1.

Die Zeitschrift erscheint am 15. jeden Monats und ist für die Mitglieder des Krupp'schen Bildungsvereins bei den Vorstandsmitgliedern und im Vereinsbureau gegen Vorzeigen der Mitgliedskarte erhältlich. An Nichtmitglieder wird sie zum Preise von 5 Pfg. für die Nummer oder 60 Pfg. im Jahr (ausschließlich etwaiger Zustellungsgebühren) vom Vereinsbureau abgegeben.

Zur Einführung.

Der Titel dieser Zeitschrift entspricht der Rolle, welche der Krupp'sche Bildungsverein im Leben seiner Mitglieder spielen will. Inter arma silent artes, wenn Krieg ist, schweigen die Künste, sagt ein lateinisches Sprichwort; wenn die Hämmer dröhnen, die Feuer sprühen und die Räder schwingen, dann fordert die Arbeit Herz, Hand und Auge des Mannes, dann haben wir zu schweigen. Aber nach der Schicht laßt uns zu Worte kommen.

Die Schicht macht müde nicht nur die Glieder, auch den Geist, sie macht hungrig, nicht nur den Leib, auch die Seele. Zur Stärkung der Glieder und zur Erquickung des Leibes dienen Speise und Trank, der müde Geist und die hungrige Seele sollen unsere Gäste sein.

Zwischen einem guten Wirth und seinen getreuen Gästen pflegt sich ein Freundschaftsband zu spinnen. Hier ist aber die Schaar der Gäste zu groß, um die Freundschaft von Mund zu Mund zu pflegen. An die Stelle des persönlichen Verkehrs soll daher diese Zeitschrift treten, sie soll uns in steter Beziehung zu unseren Mitgliedern halten und ein Ausdruck unseres Bundes sein.

Der Schriftleiter.

◀ Abb. 158: »Nach der Schicht«, die erste Ausgabe der »Zeitschrift des Krupp'schen Bildungsvereins« vom Juli 1901

Krupp'sche Mitteilungen

mit der Beilage « Nach der Schicht »

- erscheinen nach Bedarf - - in der Regel wöchentlich -

1. Jahrgang. Essen, Gußstahlfabrik, den 8. Januar 1910. Nummer 1.

Die ersten „Kruppschen Mitteilungen" begleiten wir mit dem Wunsche, daß sie bei unseren Werksangehörigen Beifall finden mögen.

Wie in dem Anschlag vom 30. Dezember bereits gesagt worden ist, sollen die „Mitteilungen" in erster Linie diejenigen Bekanntmachungen des Direktoriums und der sonstigen in Betracht kommenden Dienststellen enthalten, die bisher angeschlagen wurden.

Darüber hinaus aber wird es auch Aufgabe der „Kruppschen Mitteilungen" sein, das Gefühl der Zusammengehörigkeit unter den Werksangehörigen zu wecken, zu erhalten und zu stärken und ihnen allen, — ob sie nun an leitender oder nachgeordneter Stelle, ob sie als Arbeiter oder Beamte tätig sind, — immer von Neuem ins Bewußtsein zu rufen, daß nur durch das einträchtige Zusammenarbeiten aller Werksangehörigen etwas Ersprießliches geleistet werden kann.

Das Wort Alfred Krupps: „Der Zweck der Arbeit soll das Gemeinwohl sein" sei auch das Losungswort der „Kruppschen Mitteilungen"!

Gußstahlfabrik, Essen, den 8. Januar 1910.

Fried. Krupp
Aktiengesellschaft.

Zirkulare des Direktoriums.

1909. Dezember 30. Nr. 11.

Herr Ingenieur Gustav Schwier und Herr Diplom-Ingenieur Fritz Himmelreich sind zu Betriebsassistenten bestellt worden. Herr Schwier ist der I. Mechanischen Werkstatt und Herr Himmelreich der VIII. Mechanischen Werkstatt zugeteilt.

1909. Dezember 30. Nr. 12.

Vom 1. Januar 1910 ab werden die Geschoßdreherei und die Zünderwerkstätten dem Ressort A. W. I zugeteilt. Gleichzeitig wird Herr Ritter zum Ressortchef neben Herrn Jung bestellt.

1910. Januar 4. Nr. 13.

Das Bureau für allgemeine Information und Fremdenführung und die Geschichtliche Abteilung werden unter der Bezeichnung Statistisches Bureau vereinigt und der Leitung des Herrn Homann unterstellt.

1910. Januar 4. Nr. 14.

Herr Felix Schumm ist als Leiter der Bücherhalle in unsere Dienste getreten.

Kaisersgeburtstagsfeier.

Zur Feier des Geburtstages Sr. Majestät des Kaisers und Königs findet Donnerstag, den 27. d. Mts., nachmittags 6 Uhr, im Saale des Turn- und Fechtklubs ein Fest-Essen für unsere Beamten statt. Der Preis des Gedecks ohne Getränke beträgt 2,50 Mk. Listen zum Einzeichnen liegen im Essener Hof und im Beamtenkasino aus; dieselben müssen abgeschlossen werden, sobald sich 200 Teilnehmer gemeldet haben.

— 1 —

Parolen. Stärker und anders als der soziale Patriarchalismus der früheren Zeit, zielte die Ideologie der Werksgemeinschaft sehr nachdrücklich auf die Ausprägung eines natürlich firmenloyalen, aber, darüber hinaus gehend, in bestimmter Weise gesellschaftsbezogenen Selbst- und Gruppenbewusstseins.[118] Sie wurde als eine strategische Gegenmaßnahme geformt und barg in sich fatale Anklänge an das Zerrbild einer rassengeprägten Volksgemeinschaft.

Schon die Berufung Hugenbergs in das wichtigste Amt, das im Unternehmen zu vergeben war, dürfte von Gustav Krupp im Jahre 1909 mit der Absicht einer Akzentuierung der betrieblichen Sozialpolitik im bezeichneten Sinn, jedoch durchaus in den Fußstapfen Alfred Krupps, verbunden worden sein. Schon seit 1901 war, als – so der Untertitel – »Zeitschrift des Kruppschen Bildungsvereins«, ein Erbauungsblatt »Nach der Schicht« erschienen. 1910 wurden die »Kruppschen Mitteilungen«, das nun auf Jahrzehnte Werksgeist verkörpernde Informationsblatt für die Belegschaft, begründet; erst in den 1920er Jahren und vor allem im Nationalsozialismus sollten Werkszeitschriften auch in anderen großen Betrieben zu verbreiteten Instrumenten der Belegschaftsführung werden. Wenn Alfred Krupp noch unmittelbar Anweisungen zum außerbetrieblichen politischen Verhalten seiner Arbeiter erteilt hatte, so pflegten die Kruppschen Mitteilungen nunmehr mit dem als Beilage weiter geführten Blatt »Nach der Schicht« eine betriebsbezogene Weltdeutung durch Unterhaltung und Belehrung, und auch darin spielte Geschichte eine wichtige Rolle. Zugleich bemühte man sich intensiv um die Förderung der ganz eigenen, »wirtschaftsfriedlichen« Arbeiterbewegung, des nationalen Werkvereins, der bei Kriegsausbruch beim Essener Stammwerk ein Viertel der Belegschaft organisieren sollte.[119] Im Jahr vor dem Jubiläum waren 80 katholische Arbeiter aus diesem Verein ausgeschlossen worden, weil sie bei den Stadtverordnetenwahlen für Zentrumskandidaten gestimmt hatten[120] – so akzentuierte sich also »Werksgemeinschaft« bei Krupp. Die Feierlichkeiten verdichteten diese Bestrebungen in denjenigen Teilen, die, innengerichtet, die Besonderheit der »Kruppianer« gegenüber anderen herausheben und dafür das historische Gedächtnis dienstbar machen sollten. Das betraf die Jubilarehrung

◄◄ Abb. 159:
»Kruppsche Mitteilungen«, die erste Ausgabe vom 8. Januar 1910

▼ Abb. 160:
Erfrischungen beim Rundgang des Kaisers mit Gefolge durch das Artilleriemuseum der Gussstahlfabrik

und das große, gänzlich selbstreferentielle Werksfest am 6. August, es betraf die Festschrift, die im Arbeiterhaushalt spürbaren Gaben aus Anlass des Festes, die Stiftungen, die weiteren Wohltaten und die Symbole des Fests: Drei Ringe allüberall. Auch ein Museum hatte es vorher schon im Werk gegeben; es wurde, das war ein später Einfall gewesen, in den Monaten vor dem Fest in aller Eile zu einem Artilleriemuseum ausgestaltet, weil gerade solche Exponate des Kaisers Wohlgefallen finden würden.[121]

Das Konstrukt der Werksgemeinschaft entstand deshalb in konzertierter Aktion. Es gipfelte in der wenn nicht erstmals überhaupt, so doch im Festverlauf ganz gezielt propagierten Selbstdeutung als »Kruppianer«. Die Werksgemeinschaft, so hatte Hugenberg in seiner Festrede betont, sei »stärker als alle Mächte, die horizontal teilen wollen, was von der Wurzel bis zur Krone ein einheitliches Gebilde ist«.[122] Was also die Werksgemeinschaft war, vom geringsten Arbeiter bis zum Firmenchef und zur Eigentümerin im Kleinen, das galt ebenso für das Volk und seinen Kaiser im Großen. Das war etwas anderes als modernere Versuche, mit Begriffen wie »Unternehmenskultur«, »corporate identity«, Motivationen und Leistungen von Mitarbeiterinnen und Mitarbeitern zu steuern. Ein neues Weltbild zeichnete sich ab, aus dem ein wichtiger Deutungsstrang in die nationalsozialistische »Gefolgschaft« und »Volksgemeinschaft« führen sollte – in Begriffe, mit denen ja gleichfalls das »Klassendenken« überwunden werden sollte. Mit Haux' Wort von der Belegschaft als einem »Verband mit sittlichen Zwecken« ließ sich alles Deutsche, das Faustische und das Kantische, hineindenken und zudem Alfred Krupp als Urvater beschwören. So lassen sich auch Richard Ehrenbergs Krupp-Studien,[123] mit denen erstmals die frühen Jahrzehnte der Kruppschen Entwicklung in sozialgeschichtlicher Absicht untersucht wurden, deuten – auch dies Teil der konzertierten Aktion »Werksgemeinschaft«. Verordnen ließ sich diese längst nicht mehr, wohl aber ließ sie sich formen durch ein Gefüge wohlerwogener, teils autoritärer, teils subtiler Ordnungsmaßnahmen.

Auch wenn also die ersten Maßnahmen zur Vorbereitung des großen Krupp-Jubiläums, frühzeitig genug, noch vor dem Eintritt Gustav Krupps in die Firma getroffen worden waren, so hat der binnen weniger Jahre ganz in die Führungsaufgabe hineinwachsende Firmenchef das Jubiläum und die Geschichte des Werks sehr zielbewusst in dessen Dienst gestellt. Viele Facetten im Umfeld des großen Fests lassen dies erkennen. Richard Ehrenberg etwa exemplifizierte nicht nur seine wissenschaftlichen Arbeiten zur Unternehmensgeschichte an Krupp, er stützte sich, in der Herausgabe seines »Archivs für exakte Wirtschaftsforschung«, auch weitgehend auf Kruppsche Gelder.[124] Seine Krupp-Studien und das wohl überwiegend von einem Mitarbeiter, Hugo Racine, verfasste Werk über die

▶ **Abb. 161: Die silberne »kleine Medaille« von Hahn – Vorder- und Rückseite**

Kruppschen Arbeiterfamilien[125] nahmen ein in der historischen Forschung erst sehr viel später erwachtes Interesse an den Lebensgeschichten von Fabrikarbeitern vorweg, akzentuierten es aber hin zur »Werksgemeinschaft«: Es ging um drei Kruppsche Arbeiter-Generationen, deren Familiengeschichte mit neuen Methoden untersucht wurde, also um das Wachsen und die innere Stabilität einer durch langjährige Zugehörigkeit nachgerade »verschworenen Gemeinschaft«, um den darin gemehrten Stolz über vollbrachte Leistungen und das Bewusstsein, einer Firma zuzugehören, welche ihrerseits erhebliche Anstrengungen auf sich nahm, um diese Gemeinschaft zu pflegen.

Keine Kosten wurden gescheut, um diese Überzeugungen nach außen zu tragen. Bis Anfang 1913 ist die Festschrift mit gedrucktem Begleitschreiben versandt worden. Die Zugehörigkeit zur Kruppschen Werksfamilie symbolisierten insbesondere die »kleine« und die »große« Gedenkmedaille, erstere für die Arbeiter, um sie mindestens bei den Kruppschen Veranstaltungen offen zu tragen – und so kamen denn auch »mehrere Kruppianer« als Mitglieder von Kriegervereinen schon vier Wochen nach dem Fest mit einem freilich anonymen Schreiben ein, in dem sie Gustav Krupp ersuchten, den Kaiser um Erlaubnis dafür zu bitten, dass die Medaille künftig neben den Orden zur Uniform getragen werden dürfe.[126] Die »große Medaille«, eine Gabe an die Festgäste, verschwand hingegen wohl eher in den zahllosen Medaillensammlungen, welche sich geschichtsbewusste und sammlungsfreudige Bürger schon damals zuzulegen neigten.

Die Idee mit dem Artilleriemuseum, zündend, wie sie in der Vorbereitung der Festlichkeiten gewirkt hatte, führte beim Kaiserbesuch nur zu einem Provisorium. Über lange Jahre ist sie vom Firmenleiter fortgetragen worden, doch die Kriegsjahre, später dann die zeitweise sehr schwierigen Umstände der Zwischenkriegszeit, verhinderten eine angemessene Realisierung. Um 1937 soll es dann ein Artilleriemuseum, das „Waffenhaus", auf dem Werksgelände gegeben haben. Das große Festspiel-Album mit den nachträglich angefertigten Fotographien ging im März 1914 an die Mitwirkenden des Festspiels, und 25 Jahre danach, am 20. Dezember 1937, versandte Krupp es noch einmal, soweit davon noch Exemplare vorhanden waren, gleichsam als Weihnachtsgeschenk an ausgewählte Persönlichkeiten, »in Erinnerung an jene Zeit«. Die Resonanz war groß, und deshalb entschloss er sich, auch das Festspiel nachzudrucken und zu versenden, versehen mit einem Anhang, in dem die Mitspielenden benannt wurden, »soweit sie noch zu ermitteln waren«.[127] Mit dieser Hilfe lassen sich heute die Darsteller identifizieren (oben Abb. 130–137). Wieder ist der Historiker dankbar für die ihm mit festem Blick auf die Zukunft ganz bewusst gewährte Rekonstruktionshilfe.

▼ Abb. 162: Die »große Medaille« aus Bronze von Gerstel – Vorder- und Rückseite

VI. Im Zenit industriepolitischer Macht

Letztlich ging es bei der Werksgemeinschaft um die Konstruktion eines Gegenbildes vom Arbeiter als Werks- und Volksgenossen. Darin lag – nach innen, auf die Belegschaft bezogen, wie auch nach außen, zur Legitimation der kapitalistischen Wirtschaftsform und des unternehmerischen Handelns – das Eingeständnis, dass in der bisherigen Praxis der Lohnarbeit die Zuschreibung des Arbeiters und der Arbeiterin auf ihre Funktion als Arbeitskraft vereinseitigt und ihr Anspruch auf Eigenwirkung vernachlässigt worden war. In den Jahrzehnten seit dem Auslaufen des Sozialistengesetzes (1878–1890), mit dem sich der Bismarckstaat gegen die Arbeiterbewegungen aufgebäumt hatte, waren diese unaufhörlich angewachsen, und zwar keineswegs nur diejenigen sozialdemokratischer Zugehörigkeit.

Auch in Essen, wo schon seit der Zeit der Reichsgründung die christlich-soziale Variante der Arbeiterbewegung fest verwurzelt war, ließ sich dieser Aufstieg, unter kennzeichnender Dominanz der Zentrumspartei, nicht übersehen. Bei Krupp war man schon anlässlich der Reichstagswahl von 1903 in helle Aufregung geraten, denn es ließ sich jetzt nicht verheimlichen, dass der erhebliche Anstieg der sozialdemokratischen Stimmen ohne die örtliche Belegschaft des Konzerns gar nicht zu erklären war.[128] Bei der Reichstagswahl Anfang 1912 hatten die Sozialdemokraten reichsweit so viele Stimmen erhalten, dass sie die mit Abstand stärkste Fraktion im Reichstag bilden konnten. In Essen obsiegte zwar weiterhin knapp der Zentrumskandidat in der Stichwahl, aber in den Kruppschen Siedlungen Schederhof und Nordhof wurden bereits mehr als 40 Prozent der Stimmen für den sozialdemokratischen Kandidaten abgegeben. Es muss hierüber, ohne dass davon Näheres bekannt wäre, erregte Auseinandersetzungen in der Belegschaft gegeben haben, denn das Auseinanderdriften der politischen Meinungen zwischen dem gleichfalls erstarkenden nationalen Werkverein und jenen, die – vielleicht eher heimlich – sozialdemokratische oder christlich-katholische Kandidaten wählten, wird verspürt und debattiert worden sein. Dabei hatte die Stadtführung in den Vorjahren durchaus eine reformorientierte Politik auch in Gewerkschaftsfragen bewiesen; Otto Wiedfeldt, der seit 1919 im Kruppschen Direktorium eine wichtige Rolle spielen sollte, hatte als Beigeordneter der Stadt maßgeblich zur Schlichtung schwerwiegender Tarifauseinandersetzungen beigetragen.

Die Außenwirkungen des Kruppschen Jahrhundertfests, denen wir uns nun kurz zuwenden wollen, waren immens, aber die neuen Akkorde einer in eine schwierige Zukunft weisenden Werksgemeinschaft und Volksgenossenschaft wurden darin noch nicht recht wahrgenommen. Die Firma hat die Pressereaktionen mindestens zu steuern versucht, und es ist schwer festzustellen, inwieweit das gelang. Jedenfalls schlug ein wohl im Herbst 1911 verfasster »Bericht […] über die Presse«[129] insgesamt sechs Gruppen von Presseorganen vor, die mit Nachrichten bedient werden sollten. Genannt wurde zunächst die Lokalpresse, »soweit die zwischen ihr und der Fried. Krupp AG bestehenden Beziehungen eine Einladung« rechtfertigten; diese Formulierung schloss nach Kruppschem Selbstverständnis natürlich die sozialdemokratische, aber wohl auch die Zentrumspresse aus. Die Blätter sollten außerdem »industriefreundlich« sein. Dieselben Vorbehalte galten explizit für »die große hauptstädtische Presse« und die »übrige große deutsche Presse« und sicher implizit für »die große rheinisch-westfälische Presse« und »die bedeutendere Presse in Magdeburg wegen des Gruson-Werks und in Kiel wegen der Germaniawerft«; schließlich sollten das Wolff'sche Telegraphenbüro und das Westdeutsche Nachrichtenbüro mit Informationen versorgt werden. Bei den erwähnten fünf Zeitungsgruppen wurden dann einzelne Blätter benannt und intern offenkundig intensiv diskutiert. Gewisse Erfahrungen auch mit »bürgerlichen« Organen aus jenen Jahren, in denen Krupp Pressefehden etwa im Zusammenhang der Flottenpropaganda, des Panzerplatten-Monopols und des Todes Friedrich Alfred Krupps zu bestehen hatte, dürften in der internen Debatte berücksichtigt worden sein.

Man kann nun verstehen, dass die oben bereits erwähnten, einschlägigen, von der Firma vorzugsweise mit Vorweg-Informationen bedienten Fachblätter eher den technischen Fortschritt feierten, den die Entwicklung der Gussstahlfabrik und der Kruppschen Werke insgesamt über nunmehr ein Jahrhundert allein angestoßen oder im Verein mit stark gewordenen Branchen ermöglicht hatte. Hier sprachen Fachleute, Ingenieure des Stahls, die ihrerseits ein hohes Interesse daran hatten, ihr noch ganz frisches gesellschaftliches Ansehen – erst seit einigen Jahren gab es Technische Hochschulen mit Promotionsrecht – zu stärken. Es war dies aber auch der Grundton, der in den überaus zahlreichen Presseverlautbarungen anlässlich der Feierlichkeiten in Essen überwog – neben jenem anderen, dem deutschnationalen, imperialen Grundton.

Auch diese Verlautbarungen, gleich welcher Herkunft (und das schloss das Ausland, das Zentrum und die Sozialdemokraten ein), sind von der Geschichtlichen Abteilung in Essen sorgfältig dokumentiert worden. Sie sind uns in sechs dicken Aktenbündeln des Historischen Archivs erhalten geblieben, leider in einem weniger guten Erhaltungszustand, der nahelegt, dass die Akten seit ihrer Entstehung nicht berührt worden sind.[130] Eine umfassende, systematische Auswertung kann hier nicht vorgenommen werden und würde vermutlich nur geringe weitere Erkenntnisse vermitteln. Einige Eindrücke sollen aber bezeichnet werden.

Die sozialdemokratische Presse notierte und kommentierte das Essener Großereignis in der Spannbreite zwischen genereller Kommentierung aus der Sicht des Sozialismus, so im Berliner »Vorwärts«, intensiver Befassung auf der Grundlage genauer und eben nicht unmittelbar von der Firma Krupp herrührender Kenntnis, das bewies die Essener »Arbeiterzeitung«, sowie nichtssagender, klischeehafter Verzeichnung im Rahmen dessen, was man vom Kapitalismus sowieso längst wusste, und hierfür stand die immerhin reviernahe »Dortmunder Arbeiter-Zeitung«, die sich ja vielleicht am Essener Schwester-Blatt ein Beispiel hätte nehmen können.[131] Schon am 4. August verwies der Vorwärts, das zentrale Parteiorgan der Sozialdemokraten, auf die Feierlichkeiten und ließ diejenigen Saiten erklingen, die für Krupp längst schon gespannt worden waren: Die augenblickliche Leitung vertrete »ein noch krasseres Herrenmenschentum«, als frühere Chefs und Direktoren. Indessen wurde vor der unternehmerischen und organisatorischen Leistung der Firma deutlicher Respekt bekundet.

Die Essener »Arbeiterzeitung«, das Lokalblatt der sozialistischen Arbeiterbewegung, kam denjenigen Ansprüchen, die man vermutlich als überzeugter Sozialdemokrat gegenüber »seiner« Presse hegte, mit gewisser Verve nach. Da war mehr als beobachtende Kritik im Spiel. Man hatte sich sorgfältig vorbereitet und präsentierte seit Anfang Juli 1912 eine – im Zeitungsformat – jeweils mehrseitige Artikelserie, die sich ausschließlich mit der Firma Krupp, ihren Erfolgen und natürlich ihren Skandalen, vor allem aber mit ihrer Rolle als einer Symbolfirma des verhassten Kapitalismus auseinander setzte. Nach einleitendem Überblick behandelten die vier weiteren Kapitel, die jeweils im Abstand einiger Tage erschienen, »Die Herkunft der Millionengewinne«, »Die Wahrheit über die Kruppsche ›Wohlfahrt‹«, »Krupp als Zentralpunkt des Industrieprotzentums« und »Politische Nebenbeschäftigung des Großkapitals«, und diese Aufsätze erschienen knapp zwei Wochen vor dem Fest in einer rund 40-seitigen Broschüre offenbar in hoher Auflage zu einem üblicherweise arbeiterfreundlichen Preis von 20 Pfennigen.[132] Man bekundete durchaus hohen Respekt vor der unternehmerischen Leistung eines Alfred Krupp, ließ allerdings kaum ein gutes Haar an den entsprechenden Qualitäten seines Sohns, und im übrigen ging es um den Schweiß der Arbeit, der all dies möglich gemacht hatte. Plakativ wurden Gewinne und Lohnentwicklungen gegenüber gestellt. Der Hinweis, dass Alfred Krupp schon in den 1860er Jahren modernere Konzernentwicklungen, »Vertrustung« in der Sprache der Sozialdemokraten, vorweggenommen hatte, traf eine in späterer Forschung zeitweise wieder verloren gegangene Erkenntnis – verständlich wird dies, wenn man weiß, dass Sozialdemokraten glaubten, gerade darin verrichte der moderne Kapitalismus ihr ureigenstes Werk, denn Kartelle und Syndikate würden den Übergang zum Sozialismus sehr erleichtern. Im Mittelpunkt sozialdemokratischer Kritik standen jedoch der »Wohlfahrtsrummel« und der »patriarchalische Despotismus«, mit dem ersterer betrieben werde. Da war man empfindlich, denn mit dem Ruhm der Kruppschen Sozialleistungen hatten sich Sozialdemokraten allüberall herum zu schlagen. Man wusste wohl, dass die sozialen Einrichtungen der Firma, die anlässlich des Jubelfestes zu erwartenden Geschenke und überhaupt, das ganze Spektakel, nicht nur den seit einiger Zeit scharf bekämpften wirtschaftsfriedlichen Arbeitern, den »Gelben«, organisiert im Kruppschen Werkverein, Rückenwind verschafften, sondern auch für so manchen Zweifler die Sozialdemokraten Lügen straften. Genau beobachtet wurde auch die Unterstützung der Firma für bestimmte wissenschaftliche Richtungen etwa in der Nationalökonomie. Auch dafür gab es die probate marxistische Interpretation bereits: »Wissenschaft als Ware«! Man könne indessen gewiss sein, »dass der Sozialismus einstmals auch diese Mächte spielend besiegen« werde.

Unter dem Titel »Jahrhundertfeier und Arbeiterschaft« bündelte die »Arbeiterzeitung« am Vortag des Kaiserbesuchs dann in einem langen Leitartikel die Kritik ihrer Klienten. Wieder ging es »um Tatsachen, die kein Jubiläumsrausch aus der Welt schaffen« könne, aber auch um Hintergründe, so etwa um den Kruppschen Mythos, die »Krupplegende«, die in der »Dreifaltigkeit« von Friedrich, Alfred und Friedrich Alfred gipfele. Man werde sie alle in den nächsten Tagen hören, »die bürgerlichen Lobsprecher der Essener Magnatenfamilie, ihre gedungenen Söldlinge und vielleicht auch etliche prähistorische Idealisten«. Es werde keine Chance dafür geben, »dass eine Feier, die zur Verherrlichung des Bestehenden, als Beitrag zur Verewigung des Kapitalismus gedacht ist, die mit allerhand Plunder und harmonieseligem Kinderkram die Proletarier vom Denken, Erkenntnisstreben und Kämpfen abbringen soll, neben dem Dienst für den Veranstalter und seine Klasse einen solchen für die Arbeiter und ihre Klasse verrichten kann.« Was heiße »da Tradition, was alte Kruppsche Überlieferung?« Sehr grundsätzlich nahm die Zeitung also das Kruppsche Geschichtsbild in die Kritik, vermerkte etwa, dass in der Firmensozialpolitik »einem Quantum Peitsche stets ein Körnchen Zuckerbrot« beigemischt worden war.

Was die so genannte bürgerliche Presse, jene »Kruppweihräucherer«, nun anlässlich des Jubiläums zelebrierten, dass reichte für standfeste Sozialdemokraten »ans Ekelerregende«. Deshalb erinnerte die Zeitung am selben Tag in zwei eigenen Beilagen an frühere Reden des Kaisers am selben Ort, so vor allem an die berüchtigte Tischtuchrede damals im November 1902, anlässlich der Beerdigung von Friedrich Alfred Krupp, in der Sozialdemokraten zu Mördern gestempelt worden waren. Und aus den »Gefilden der Wohlfahrt« gab es manches Kritische zu berichten: über die längst schon umstrittenen Pensionsberechtigungen bei Krupp und Ungereimtheiten bei der Pensionskasse des Rheinhausener Hüttenwerks, den in den Werken, ganz im Gegensatz zum Jubiläumsgehabe, allzeit üblichen »Sparteufel« und den »Geist der Kruppschen Konsumanstalt«. Solche, etwa die zuletzt erwähnte Kritik war nicht ganz einfach, denn die Konsumanstalt dämpfte, das war auch Sozialdemokraten klar, das Preisniveau für die Lebenshaltungskosten in Essen ganz erheblich. Wenn dann ein Arbeiter, der bei der Firma nur 630 Mark im Jahre verdient hatte, auf seinem Warenkontobuch Einkäufe für 2.200 Mark verzeichnete und dafür den Rabatt beanspruchte, dann fiel es schwer zu monieren, dass die Firma Rabattansprüche nur in Höhe des Jahreslohns anerkannte. Sie hatte jenen Arbeiter, der das günstige Einkaufsrecht auch für seine Eltern wahrgenommen hatte, gerügt. In solchen Maßnahmen lag sicher Kontrolle, aber eben auch Gerechtigkeit. Im übrigen aber: »Gebt uns Rechte und behaltet Eure Bettelgroschen!« Das machte den Kern sozialdemokratischer Wohlfahrtskritik aus.

Schließlich das Bochumer Massenunglück. »Weg mit dem Jubiläumströdel!«, forderte die »Arbeiterzeitung« am Morgen des 9. August, aber sie widerstand nicht der Versuchung, »Tod und Grauen im Ruhrrevier«, so die Schlagzeile, für die Agitation zu nutzen: So zeige sich eben »die grinsende Fratze des Kapitalismus in ihrer abschreckendsten Form«. Und eine gehörige Portion an Publikumsbeschimpfung schloss sich an: Wie könne es, in Essen beim Jubiläum, »Arbeiter geben, die ihr eigenes Unheil feiern, wie Proletarier, die sich dem Taumel für ihren gehässigsten Feind hingeben?« Und so verkündete man, in der Ausgabe vom selben Tag, auch einen Abgesang auf den »Krupprummel«, auf das »sogenannte Volk« nämlich, »die Masse der Vielzuvielen, die heute Hosianna und morgen Kreuziget ruft«. Schade übrigens, dass der Kaiser beim Fest öffentlich nur einmal geredet und sich dabei sogar an sein Manuskript gehalten habe; Wilhelm II. war, das wusste man wohl, »in seinen freien Reden einer der stärksten Förderer der Sozialdemokratie«.

Es fehlte also in Essen nicht an pointierter Kritik an den Festereignissen, an Kritik mithin, die auch Hintergründe, freilich getragen von der eigenen, ganz anderen Heilsgewissheit, gebührend ausleuchtete. Es handelte sich übrigens um eine auch in sprachlicher Hinsicht durchaus geschliffene Kritik, um geübte Polemik, mit der, in der Absicht der Agitation für eigene Zwecke, auch manche Wahrheit entschlüsselt und vor allem der Kruppsche

Geschichtsmythos aufs Korn genommen wurde. Übrigens wurde auch die – längst ja gedruckt verfügbare – Hugenberg-Rede anlässlich der Hauptveranstaltung im Nachgang zu den Feierlichkeiten gewürdigt, aber der neue Akzent, den diese Rede mit der Beschwörung der »Werksgemeinschaft« gebracht hatte, entging den Sozialdemokraten. Sie steuerten, mit den Versen eines W. Hackenberg aus Kettwig, am Tag nach dem Fest ein eigenes »Requiescat!« bei:

Das jauchzt und braust: Hurra! und Hoch!
Und Wimpel, Flaggen wehn,
Viel Tausend sind passiert und noch
Viel Hunderttausend stehn.

Wie ist mir denn, narrt mich ein Traum?
Wie war's jüngst bei der Wahl?
Wuchs nicht gewaltig an im Raum
Der Unzufriedenen Zahl?

Gottlob, vorbei! Es ebbt zurück.
Das Volk hat sich bekehrt.
Man sieht, wie es am Wohlfahrtsglück
Sich mästet, trefflich nährt.

Und doch! Ein dumpfer Unterton
klingt murrend, doch bestimmt.
Und jenes Hurra schmeckt nach Hohn.
Ei Teufel, das verstimmt.

Fort damit heut! Wann sah die Welt
Ein Werk, so hehr wie dies?
Steht dieser Mann nicht da als Held,
Der dies erstehen ließ?

In mühevollem Kampfe schuf
Ein Werk, wie keins ihm gleich?
In ferne Zonen drang sein Ruf,
Drum feiert ihn das Reich.

Drum eilt sein Kaiser selbst hierher,
Um dieses Fest zu weih'n,
Wenn – wenn nur der Ton nicht wär',
Der wieder stellt sich ein.

Und jetzt! – Was ist's? –Nun ist's heraus,
Dicht unterm Festgewühl
Ein Wettern, feurig Sturmgebraus,
Da setzt der Tod ein Ziel

'ner braven, fleiß'gen Knappenschar –
Und just am Jubeltag. –
Das Schicksal spielt oft wunderbar;
Mit Blitz und Wetterschlag

Grub es ein »Requiescat« ein,
»Hierher senkt euren Blick!
Wo würde wohl das Werk heut' sein,
Wo eures Reichtums Glück?

Wenn nicht dies große Leichenfeld,
Der Krüppel Riesenheer,
Die Witwen, Waisen, ungezählt,
Wenn nicht dies Elend wär'?«

Und leuchtend loht zum Himmelsdom
dies Zeichen hoch hinauf;
Des Elends großen Tränenstrom
Hält keine Wohlfahrt auf.

Sicher musste man vom Essener sozialdemokratischen Parteiblatt besonderes Engagement in der Kritik von Hintergründen und Festverläufen erwarten. Wie es scheint, ist dies ein Einzelfall im sozialdemokratischen Blätterwald geblieben. Schon in Dortmund, immerhin einer eng benachbarten Revierstadt mit einer ganz ähnlichen Wirtschaftsstruktur, freilich ohne einen Krupp, verflachte die sozialdemokratische Kritik. Am 6. August, vor dem Kaiserbesuch, berichtete die »Dortmunder Arbeiter-Zeitung« von der »Fürstenfeier«,[133] indem sie die Eigentümerin der Krupp-Werke mit einem falschen Vornamen zierte. Sachlich war nichts über Krupp zu erfahren, außer, dass die Firma »eine richtige Monarchie« sei, und so werde »das Fest der Kanonendynastie als richtige Fürstenfeier begangen mit gleichem königlichen Prunk und mit gleichem Aufwand byzantinischer Legenden.« Am Tag des Kaiserbesuchs schrieb kein geringerer als Kurt Eisner in diesem Blatt »Zur Kruppfeier« unter der Überschrift: »Ein Friedhof der Lebenden«, und er behandelte in diesem Aufsatz nichts als seine Eindrücke von einem Spaziergang im »Altenhof«: »Demütige Geschöpfe« glaubte er, gesehen zu haben, die »noch dankbar« seien, »dass sie für ihren Herrn Millionen erarbeiten durften«. Damit war der Grundton angeschlagen, der immer schon die sozialdemokratische Kritik an betrieblicher und manches Mal auch an der staatlichen Sozialpolitik bestimmte: »Wohlfahrtsschwindel«, »Wohlfahrtsgebimmel« sei das ganze, gerade auch die großen Jubiläumsstiftungen (»reklamehafte Stifterei«), und die Zeitung erinnerte an Schwarze Listen mit den Namen von Streikteilnehmern und Rausschmissen aus Werkswohnungen infolge von Streiks. »Die Rotscheu ist nirgends stärker vertreten als bei der Weltfirma Krupp, und die Verfolgungswut kennt keine Grenzen«. »Die Tage von Essen« könnten »daher die Arbeiter nur mahnen, den Kampf gegen Kapitalismus und Militarismus energisch fortzusetzen.« Ein »Professor Ahrenberg [!]« wurde zwar in diesem »ausgemachten Humbug« identifiziert, aber mehr nicht. Wenn die lesenden Arbeiter, ob sozialdemokratisch gesinnt oder nicht, ein neugieriges Interesse am schieren Ablauf der Feierlichkeiten gehabt haben sollten, so wurden sie durch solche Klischees jedenfalls nicht bedient.

Es fällt dem gegenüber auf, dass in der sonstigen dokumentierten Auslands-, Regional- und Generalanzeigerpresse die Kruppschen Ikonen, wie sie von der Nachrichtenabteilung im Vor- und Umfeld der Festlichkeiten bereitgestellt worden waren, zum Teil durch Abbildungen und vor allem in der Rede ganz im Vordergrund standen: das Stammhaus und auch bereits das Bollhagen-Bild vom Tiegelguss (oben Abb. 8). Die Würdigungen der Krupp-Geschichte bewegten sich in der dynastiegeprägten Darstellungsweise; Alfred Krupp voran – und dann die Topoi von den kleinen, opfervollen Anfängen und dem Kruppschen Aufstieg, der ja mit dem Aufstieg der Nation zusammen fiel. Von den Feierlichkeiten fanden namentlich die Millionen-Stiftungen gerade auch im Ausland, im Inland daneben noch die Ordensverleihungen, große Aufmerksamkeit; über das Festspiel ließ sich erklärlicherweise kaum berichten. Teilweise wurden identische Texte durch die Presseagenturen zumal den Regionalzeitungen, die viele allgemeinere Nachrichten auf diese Weise verbreiteten, verfügbar gemacht. Das gilt offenbar auch für das folgende, in mehreren Zeitungen verbreitete Jubiläumswerk eines deutschen »Geistesritters«:[134]

Krupp zum Jubiläum
7. August

Du gabst der deutschen Erde
Den donnernden Eisenmund,
In Stahl und Panzer den Völkern
Des Reiches Willen kund –

Was Schiller schrieb und Goethe,
Beschirmt Deine eiserne Hand,
Still spinnen die Gottesgedanken
Wir weiter im Vaterland…

Sind Denker und Dichter geblieben
Und lieben Musik und Gesang
Und sind in Stahl gepanzert
Vor keinem Feind mehr bang –

Es blitzen die Geschütze
Von jedem Wall und Strand,
Das Land der Geistesritter
Ward Eisenritterland!

Wo immer Deutsche wohnen,
Löst einen Donnerschlag
Aus blanken Kruppkanonen
An seinem Ehrentag!

Max Bewer, Laubegast-Dresden

Das war nun ein Lied des populären Zeitgeistes. Es mag aus heutiger Sicht ein gewisses bitteres Schmunzeln auslösen, aber die einfachen Gleichsetzungen und das Hohelied

◀ **Abb. 163: Historisierende Postkarte »Gruss aus Essen« mit Abbildung der Gussstahlfabrik von 1830, um 1900**

▶ Abb. 164:
Der Altenhof, eine »Villenkolonie« für Krupp-Pensionäre in Essen Rüttenscheid, Postkarte um 1900

der Kanonenwelt bündelten sich zu einem Gesang deutscher Größe, der von vielen Menschen auch in ganz anderen Zusammenhängen gern angestimmt wurde. Der kleinste Bürger, der sich diese Qualität noch zusprach, las seine Tageszeitung, auch der Arbeiter, und wer bei Krupp beschäftigt war, der fühlte sich geehrt. Auch Sozialdemokraten waren von der Macht und Größe Deutschlands überzeugt und ließen sich, wenn sich denn diese Gelegenheit bot, von der Wirkung moderner Waffen überzeugen.[135] Wir sollten die pharisäerhaften Urteile meiden. In den Köpfen der einfacheren Menschen war durchaus vereinbar oder musste vereint werden, was rückblickend unvereinbar scheint: das Mitfeiern der Kruppschen Größe und derjenigen Deutschlands – und die Erkenntnis der Abhängigkeit, gerade in der Arbeit, der Chancenlosigkeit, der sich zuspitzenden Gegensätze der Klassen. In der populären Kultur verwob sich deshalb leicht-

▶ Abb. 165:
Die Villa Hügel von Südosten gesehen, Postkarte um 1910

◀ Abb. 166:
Mittags am Eingang zur »Kruppstadt« am alten Limbecker Platz, Postkarte 1907

hin die Kruppsche Größe zum Ruhm der Vaterstadt Essen mit Deutschlands Größe als junge Nation, und es sind vor allem die Postkartenbilder, welche, unter reichem Bezug auf die Kruppschen Ikonen, diese Wahrnehmung prägnant bündeln (vgl. auch oben Abb. 1, 14, 16–18, 21).

Hier, in der Emblematik der alltäglichsten Grüße, gingen Krupp und seine Ikonen, die Stadt Essen mit dem, was sie berühmt machte, aber auch der Alltag einer Industriestadt eine variantenreiche Symbiose ein. Nicht zufällig sind es die Werkstore als Grenzen und Schnittpunkte, aber auch Orte der Kontrolle, als Passagen zur Mühsal und zur Freizeit, welche die Arbeit aus der Sicht eines Jeden zeitgenössisch markierten. Jene Symbiose der Elemente der populären Krupp-Kultur findet sich noch einmal, seltsam überzogen, in einer Kruppschen Kreation zum Jahrhundertfest: den Jubiläms-Tischdecken. Krupp ließ sie eigens herstellen und, vermutlich in den Ver-

◀ Abb. 167:
Feierabend bei Krupp – Einfahrt zur Altendorfer Straße, Postkarte 1907

▶ Abb. 168:
Schichtwechsel am Haupttor der Essener Gussstahlfabrik, Postkarte um 1910

kaufsstellen der Konsumanstalt, zum Kauf anbieten. Sie zeigen in der Mitte das Denkmal des großen Alfred, in den Ecken – hinter gekreuzten Kanonenrohren – die Köpfe der Dynastie und an Breitseiten die Glanzstücke der Firmenarchitektur, natürlich beginnend mit dem Stammhaus. Es spricht alles dafür, dass diese Tischdecken auch die Gedecke der verschiedenen Festessen zierten.

Auf diese Weise wäre dann die Postkartenkultur auch auf den Kaisertisch gelangt. Solche Übergänge zeigen, dass in der Alltagskultur längst altständische, an den Klassen oder an der Bildung orientierte Scheidungen verblassten: Wir haben es mit einer Populärkultur zu tun, die jedenfalls bei Krupp jedermann verstand – und zunehmend auch ein Jeder in Deutschland, darum vor allem ging es ja. Eine Konditorei am Essener Burgplatz ließ, das spießte die »Arbeiterzeitung« wiederholt auf, die Konterfeis von drei Krupp-Chefs in Zucker gießen und im Schaufenster

▶ Abb. 169:
Liebesgruß aus Essen, Postkarte 1908

◄ Abb. 170:
»Liebe Eltern u. Geschwister! Sende Ihnen hiermit die besten Gr. aus Essen. ...«, Postkarte um 1912

ausstellen. Hinzu kam der Kaiser in Zucker, doch dessen Bildnis verschwand rasch wieder, weil das ja als »Majestätsbeleidigung« aufgefasst werden konnte.

Auf einer gleichsam »kostbaren« Ebene spiegelte sich Populärkultur auch in den Geschenken, die der Familie und darin der Firma anlässlich des Jubiläums überreicht wurden. Eine Auflistung ließ sich nicht finden, und leider sind auch die äußerst aufwändig gestalteten Grußadressen von Städten, Großunternehmen, Verbänden oder Körperschaften nicht erhalten – es ist aber wiederum kennzeichnend, dass Krupp, wie erwähnt, diese Geschenke und Adressen dem Kaiser präsentierte und sie fotographieren ließ, so dass eine Mappe erhalten blieb.[136] Unter denjenigen, die höchst aufwändig von Hand erstellte, mit Ornamenten und den Emblemen der Wirtschaft übersäte Kunstmappen über-

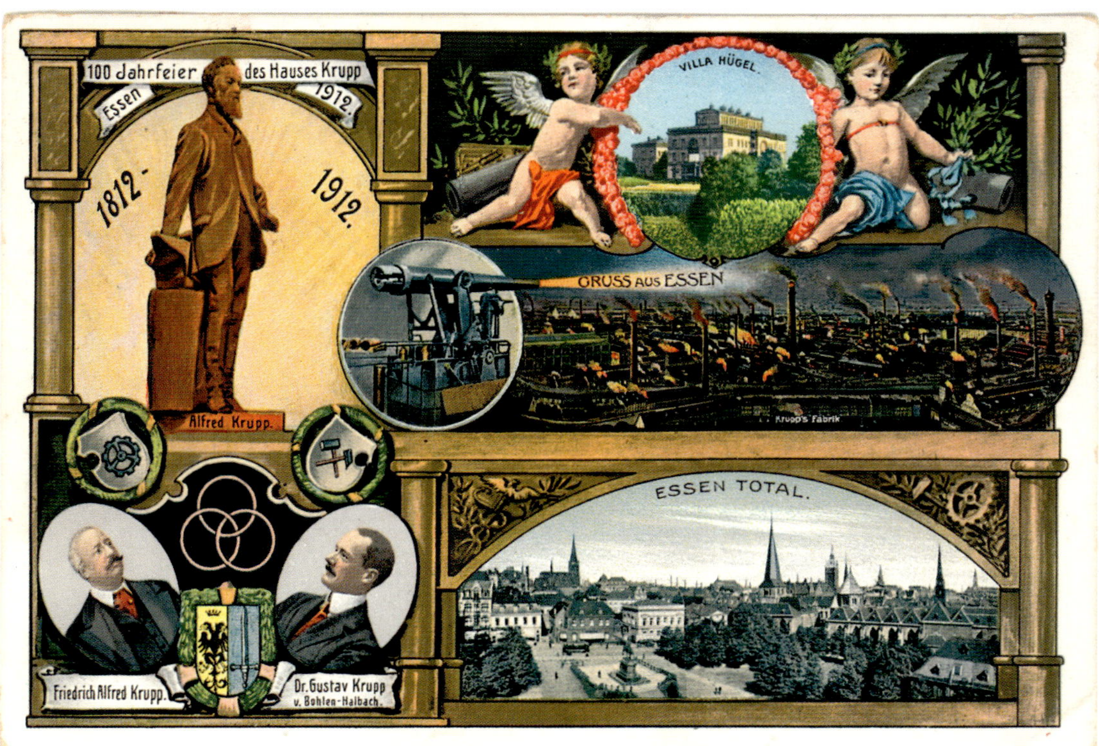

◄ Abb. 171:
Krupp und »Essen total« – Offizielle Festpostkarte zur Hundertjahrfeier, 1912

▲ Abb. 172:
Souvenir zum Fest:
eine »Krupp-Tischdecke«

reichten, waren etwa die AEG in Berlin, der Verein für die bergbaulichen Interessen im Oberbergamtsbezirk Dortmund, der Deutsche Werkmeister-Verband, der Verein deutscher Ingenieure, die Handelskammer für den Bezirk Essen-Mülheim-Oberhausen sowie der Landkreis Essen, die Bürgermeisterei Essen-Altendorf und selbstverständlich die Stadt Essen, deren Verkehrsverein zugleich eine Krupp gewidmete Schrift zur Essener Geschichte veröffentlichte.[137] Gerade die Adresse der Stadt Essen ließ sich, in einem handgemalten, historisierenden Text, über Deutschlands, Krupps und Essens Größe aus: »Sieghaft in wiedererstandener Größe und Einigkeit, politisch und wirtschaftlich erstarkt zu nie geahnter Machtstellung, Achtung gebietend im Rate der Völker und den Frieden schirmend, so schaute Alfred Krupp das geliebte Vaterland am Feierabend seiner mühevollen und reich gesegneten Lebensarbeit. Unauflöslich verknüpft mit dieser beispiellosen Machtentfaltung des Reiches, mit der Mehrung und Befestigung seines Ansehens bei Freund und Feind ist der Name Krupp, als Wahrzeichen der kraftvollen, zielbewußten Energie, welche dem durch schwere Prüfungen gegangenen Volke die

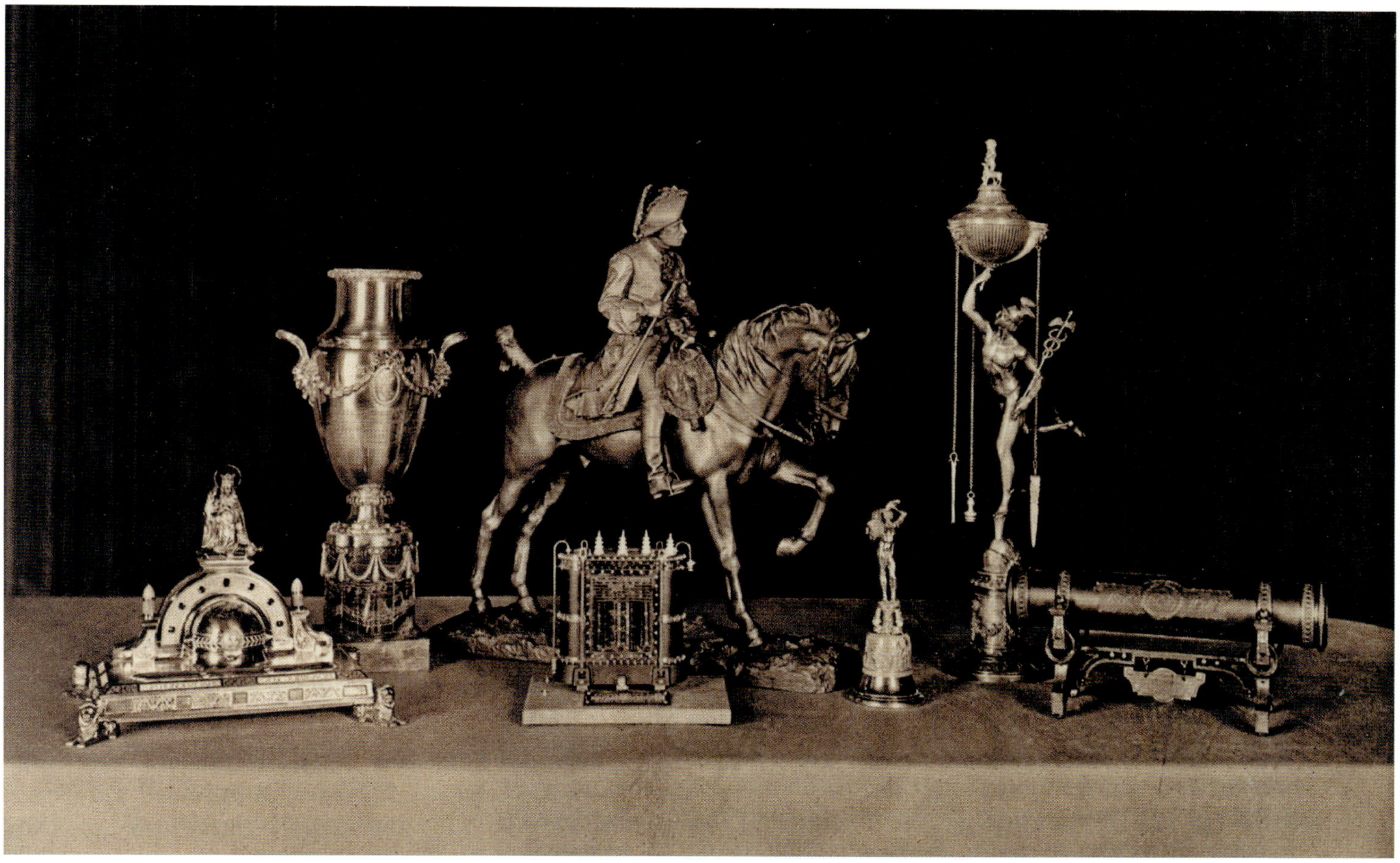

Wege gewiesen hat zur Wiedererlangung [sic] seiner führenden Stelle im Wirtschaftsleben der Nationen.«

Dabei hatte sich gerade die Stadt Essen durchaus auch um politischen Ausgleich im städtischen Raum bemüht. Die Stadt gab in Manchem ein Beispiel für Maßnahmen, mit denen langfristig angemessenere Antworten auf die innenpolitische Krise hätten gefunden werden können, welche der Aufstieg der gewerkschaftlichen und politischen Arbeiterbewegungen auslösen musste. Die Schwerindustrie verweigerte sich dem, beharrte auf ihrem Herr-im-Hause-Standpunkt, und Hugenberg war in den Vorkriegsjahren zu ihrem wohl wichtigsten Wortführer aufgestiegen. Auch in der Reichspolitik steuerten, nach der Reichstagswahl von 1912, die partei- und verbändepolitischen Konstellationen auf eine Art »stabiler Krise« (Thomas Nipperdey) hin, in der sich die Reichsleitung und das Parlament gegenseitig blockierten, während in der Sozialpolitik eine Pause eintrat. Mit aller Kraft wehrten sich die etablierten politischen Mächte weiterhin gegen das drohende Gespenst der proletarischen Gleichmacherei. Der Kaiser schien, wie die interne Intervention Bethmann Hollwegs bei Krupp vor den Jubeltagen in Essen beweist, in der bei ihm zu erwartenden Weise bereit, die Dinge auf die

▲ ▼ Abb. 173 a und b:
a: Jubiläumsgeschenke – ein Blick auf den Gabentisch, b: Das Geschenk des Deutschen Museums in München: ein Modell der ersten bei Krupp 1835 aufgestellten Dampfmaschine (das Original befindet sich immer noch in München im Museum)

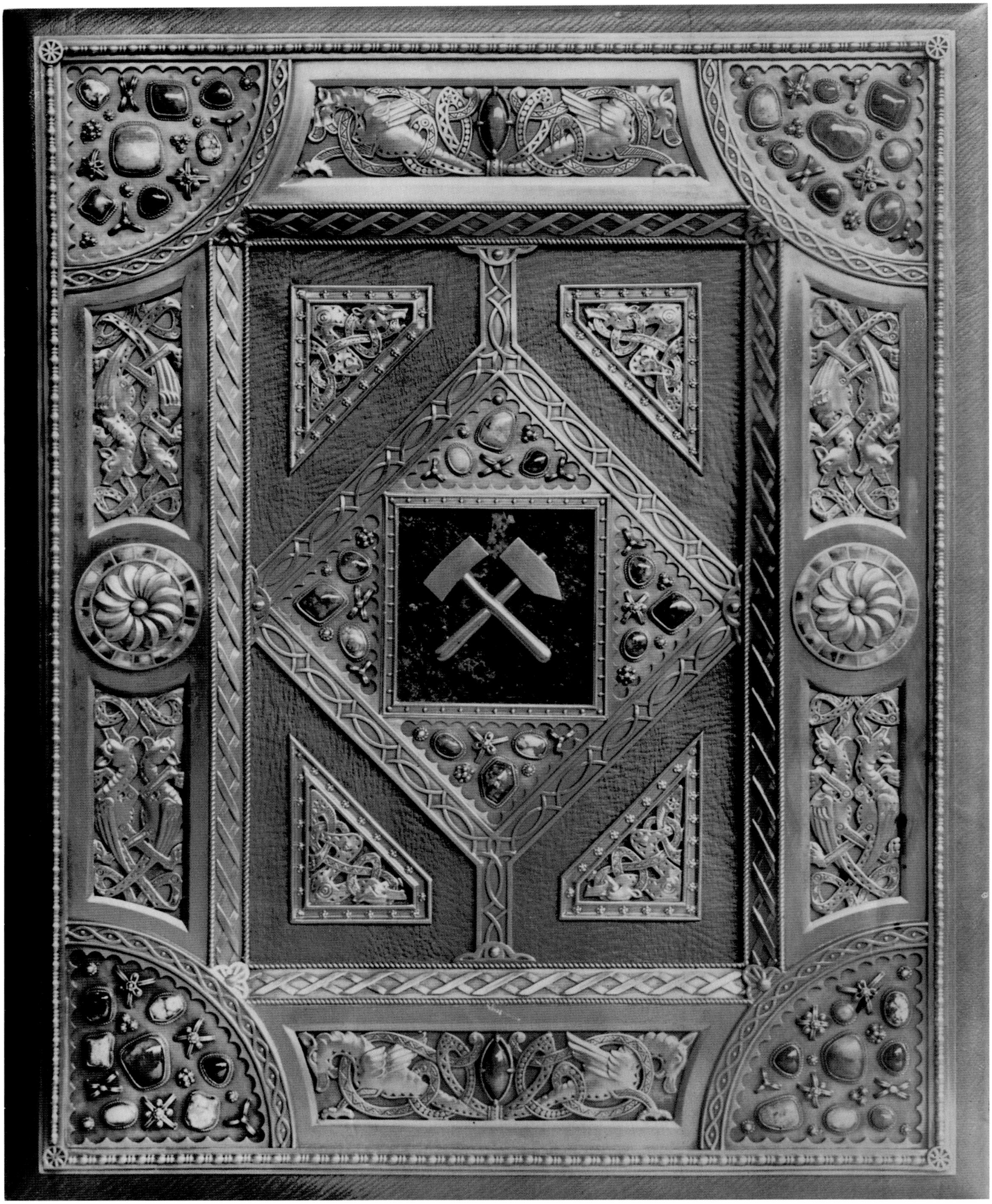

PER ASPERA AD ASTRA! Unter diesem zu der heutigen Feier so beziehungsreichen Sinnspruche nahen sich die Vertreter des rheinisch-westfälischen Bergbaus ehrfurchtsvoll, um den Manen ALFRED KRUPP'S ihre tiefempfundene Huldigung darzubringen, gehoben von dem Gefühle, das Andenken des Tages mitfeiern zu dürfen, an dem vor nunmehr 100 Jahren Frau Therese, die willensstarke, würdige Stammmutter des Hauses, ihrem Gatten Friedrich und der Welt den ruhmreichen Sohn schenkte.

Rauh und dornenvoll war der Pfad, auf dem ALFRED KRUPP, den WILHELM I. der vielgeliebte Gründer des Deutschen Reiches, sowie sein eiserner Kanzler als Freund und treuen Helfer ehrten, aufwärts strebte zu dem strahlenden Sterne seines Erfolges und seines Ruhmes.

Die Teilnahme unseres erhabenen Kaisers Wilhelm II. kündet der Welt die Weihe des Tages! Es sind erschienen die vornehmsten Vertreter der Staatsbehörden, der Nachbarprovinzen, Städte u. Gemeinden, die führenden Männer des vaterländischen Gewerbefleisses, sowie der technischen Wissenschaft und nicht zuletzt die ungezählten Scharen der Mitarbeiter, die heute ihres alten Herrn und Wohltäters in Liebe, Dankbarkeit und Ehrfurcht gedenken, sich mit Stolz als Glieder des Riesenwerks fühlend, das dieser in mühe- und sorgenreicher Arbeit aufzurichten berufen war.

Aber auch das gesamte deutsche Volk nimmt von Herzen Teil an der heutigen Gedenkfeier für den GRÖSSTEN WAFFENSCHMIED, den die Erde je getragen hat und den es mit Stolz den seinen nennt. Möge der Ruhm des Hauses

KRUPP

weiter blühen und wachsen zur Ehre des vaterländischen Gewerbefleißes und zum Segen der Erben des großen Vorfahrs, allzeit eingedenk seines schönen Wahlspruchs, daß alle Arbeit neben ihrem Lohne einem höheren Zwecke zu dienen hat, und zwar dem des Gemeinwohls.

Das walte der Allgütige bis in die fernsten Zeiten!

Das Präsidium und der geschäftsführende Ausschuß des Vereins für die bergbaulichen Interessen im Oberbergamtsbezirk Dortmund.

Spitze zu treiben – er sollte dann zurückschrecken, als Anfang 1913, provoziert durch den Kronprinzen, wieder einmal das Gespenst vom »Staatsstreich« umging. Auch die außenpolitische Isolierung des Reichs spitzte sich weiter zu. Die zweite Marokkokrise von 1911 hatte mit einer diplomatischen Niederlage geendet. Ein letzter Versuch im Februar 1912, die sogenannte Haldane-Mission, zur Begrenzung des irrsinnigen Wettrüstens auf den Weltmeeren scheiterte. Das Deutsche Reich war diplomatisch umkreist und schlitterte dem Weltkrieg entgegen.

Dabei sonnte man sich gern in der Überzeugung, auf vielen Feldern überlegen zu sein. Kein Zweifel, die deutsche Industrie, und zumal die Schwerindustrie, war im letzten Jahrzehnt vor dem Großen Krieg in wirtschaftlicher und politischer Hinsicht so mächtig wie nie zuvor und nie danach. Das Jahrhundertfest in Essen ließ diese Macht rundum selbstbewusst ertönen. Man schwamm im Gelde und verwendete es in der Weise, die man glaubte, verantworten zu können, und die monarchische Gewalt hielt ihre schützende Hand darüber. Nicht mit, um ein Wort Ludwig Quiddes aufzugreifen, »Knechtseligkeit« diente man sich diesem Kaiser an, wenn dies auch einem verbreiteten Gestus entsprochen haben mag. Es war eine Allianz der Eliten, welche im Jahrhundertfest, in diesem Zenit industriepolitischer Macht, zu verspüren ist.[138] Denn der Kaiser galt den meisten – sicher nicht allen – Industriellen »als Rückhalt gegen die steigende Macht der Sozialdemokratie und der Gewerkschaften«; man hat gar von einem »gegenseitigen Abhängigkeitsverhältnis« gesprochen.[139] So gesehen, lag dem Fest eine trotzige Demonstration dieser Allianz von wirtschaftlicher und politischer Macht bei. Diese Allianz verdichtete und personifizierte sich in den Beziehungen zwischen dem Kaiser und dem Hause Krupp, aber sie reichte sehr viel weiter und schuf verquere Koalitionen wie diejenige zwischen Großindustrie und Agrariern, welche seit Bismarcks innenpolitischer Wendung am Ende der 1870er Jahre dem Kaiserreich eine prekäre politische Stabilität verliehen hatte. Im Kruppschen Jahrhundertfest spiegelte sich mithin auch die besondere Disposition der politischen Kräfte durch den reichsdeutschen Konstitutionalismus, der eine Verfassung des Übergangs hätte werden können, der aber seine Furchen eben auch im Gefüge der Institutionen und als gesellschaftliches Ordnungssystem in den Köpfen der Menschen zog – und hinterließ.

▲ ◀ Abb. 174:
Die Festadresse des Vereins für die bergbaulichen Interessen im Oberbergamtsbezirk Dortmund

SPORT

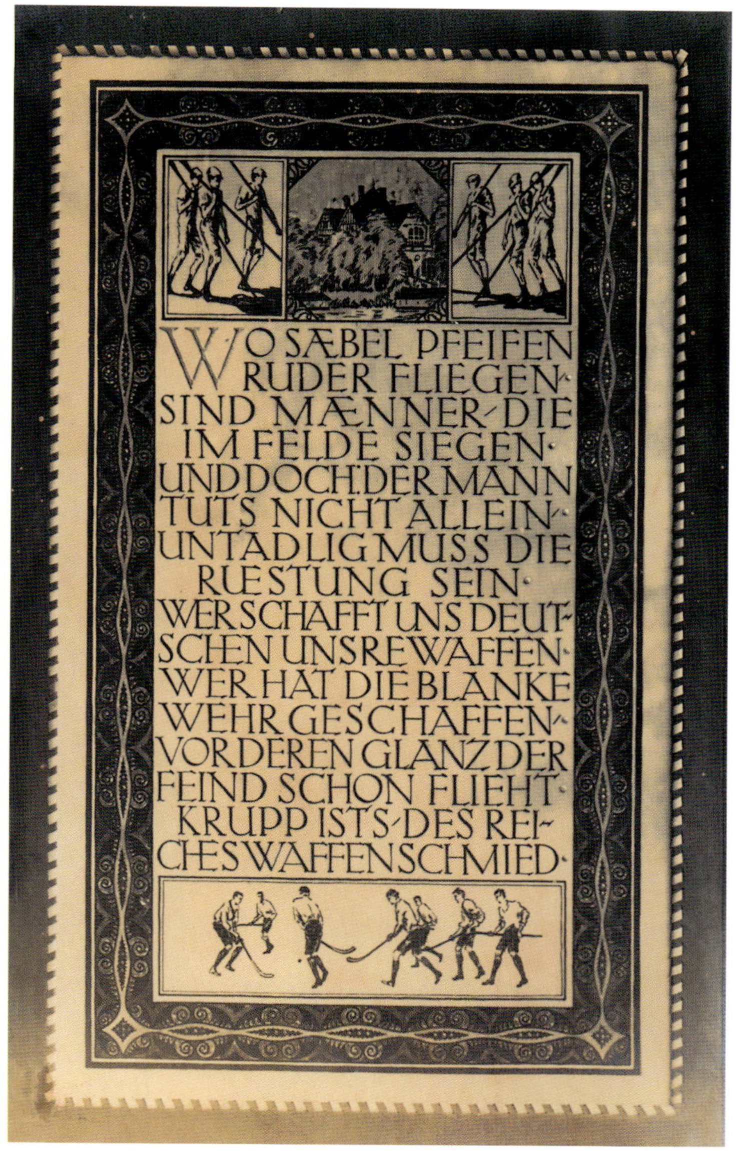

▲ ◀ Abb. 175
Die Jubiläumsadresse des Essener Turn- und Fechtklubs, der von Friedrich Alfred Krupp 1884 gegründet wurde

So ist man schließlich versucht, den Abbruch des Fests am letzten Tag wegen des Bochumer Massenunglücks als ein Menetekel für Deutschlands industrielle und kaiserliche Größe und im Vorgriff auf die Ereignisse seit 1914 zu deuten, aber das würde die Bedeutung der Vorgänge in Essen und Bochum verfehlen und das Amt historischer Interpretation überdehnen. Das Fest spiegelte Wahrheit, indem es vor aller Öffentlichkeit eine besonders enge, über ein halbes Jahrhundert intensivierte Beziehung von industrieller und politischer Macht in großer Prachtentfaltung und ohne jede Scheu demonstrierte. Bis zur Einführung der jährlichen Jubilarfeiern hatten Firmenfeste, auch in den frühen Jahrzehnten unter Alfred Krupp, keine wichtige Rolle gespielt. Zeitweilig scheint es ganz beiläufige gesellige Ereignisse unter hohem Bierkonsum gegeben zu haben, nicht mehr; aus späterer Zeit sind Ballveranstaltungen einzelner Werkstätten überliefert.[140] Andere Firmen mögen insofern weitaus aktiver gewesen sein. Aber das große Fest von 1912 war ja auch kein bloßes Firmenfest. Das Jubiläum, eigentlich eine »private« Angelegenheit, wurde sehr bewusst zum öffentlichen, ja, nationalen Ereignis hochstilisiert. Ein Repräsentant eines demokratischen Gemeinwesens würde ein Firmenjubiläum nicht zu meiden, aber er würde dort ganz anders aufzutreten und zu reden, würde etwa »das Wechselspiel von sachlicher Leistung und ideologischer Verbrämung«,[141] zu dem Firmenjubiläen neigen, offen zu legen haben. Anders der Kaiser, anders »die Wilhelminer« auf dem Hügel, im Direktorium und sicher auch in den höheren Rängen der Stammbelegschaft, anders auch alle lokalen, regionalen und nationalen Autoritäten, die nach Essen geeilt waren, anders schließlich auch »das Spalier«, jene Menschenmassen, die dem Ereignis entgegenfieberten und einen Zipfel von Deutschlands Größe zu erhaschen suchten. Den Auftritt des

Kaisers durchwehte der Jahrtausendgeist monarchischer Repräsentation. In Kernelementen wurde er gestaltet, wie immer schon Königs- und Kaiserbesuche gestaltet, durch »Ceremonialbücher« vorgeschrieben worden waren.[142] Somit war man historisch disponiert, ein Firmenfest zu einem Staatsakt zu blähen, in dem sich des neuen Deutschen Reichs ganze Größe, seine industrielle, weltwirtschaftliche Macht und sein politischer Großmachtanspruch, vereinten. Das hatte nichts mit jener Vorstellung zu tun, wonach »staatsmonopolistischer Kapitalismus« den Höhepunkt, die letzte Phase der Entwicklung freier Marktkräfte bezeichnet. Aber der Eindruck, dass industrielle und politische Macht ineinander übergingen, stellte sich zwingend ein. Lehmann hole sich seine Provision ab, hieß es in der Essener Arbeiterschaft, wenn der Kaiser wieder einmal da war.[143] Das lässt sich allerdings, sieht man von der verdeckten Spende Krupps als Dank für den Kaiserbesuch ab, nicht substanziieren. Die Spende wurde übrigens durch das Bankhaus Delbrück abgewickelt. Ludwig Delbrück war der Verwalter der kaiserlichen Schatulle. Er saß auch im Kruppschen Aufsichtsrat, mit Krupp im Herrenhaus und an der Kaisertafel am 8. August dem Kaiser und Krupp schräg gegenüber.

»Lehmann« hieß im aller-internsten, chiffrierten Jargon der Unternehmensleitung »Nebenbürge«.[144] Eine bessere Bürgschaft als die Persönlichkeit des Kaisers ließ sich im späten deutschen Kaiserreich wohl nicht denken – wieder zeigt sich, wie eng Wohl und Wehe der Firma mit dem Wohlergehen des Staats verknüpft waren. Sicher warf dies Probleme auf, etwa wenn – wie das 1906 bei der anstehenden Neubesetzung des Leiters der Germaniawerft geschah – dem Wunsche des Kaisers aus guten Gründen einmal nicht entsprochen werden konnte. Prekär wurde es, wenn die Praktiken, mit denen die Firma im Rüstungsgeschäft Aufträge zu sichern verstand, und die hohen Gewinnspannen in diesem Geschäftsbereich angelegentlich ans Licht der Öffentlichkeit kamen. Das war früher schon passiert, und es sollte, wie oben bereits erwähnt, im Jahr nach dem Jubiläum mit der berüchtigten »Kornwalzer«-Affäre unter kaiserlicher Besorgnis die Gerichte erreichen: Krupp hatte seine Agenten bei den Militärs, und das Kruppsche Nachrichtenbüro, bei dem ja auch die Geschichtliche Abteilung ursprünglich ressortiert hatte, war keineswegs nur eine Presseabteilung des Direktoriums. In die Schlagzeilen der Presse zu geraten, war dem Hause Krupp stets zuwider. Das galt selbst dann, wenn man Vorwürfen auf vergleichsweise sicherer Grundlage entgegentreten konnte wie anlässlich der schon während der Kriegsjahre angestoßenen Debatte über die Kriegsgewinne der Rüstungsindustrie.[145]

Durch den Krieg sollte denn auch das feste, mit der Jahrhundertfeier zementierte Gebäude der Kruppschen Geschichtsdeutung zutiefst erschüttert werden. Das zeichnete sich schon ab, als der Kaiser im September 1918 ein letztes Mal die Werke mit seinem Besuch beehrte. Allein in den Kruppschen Stammbetrieben in Essen schufteten nun rund 100.000 Menschen fast nur für den Krieg, und erstmals schien der Kaiser mit einer gewissen Warmherzigkeit von den Arbeitern Kenntnis zu nehmen. Dennoch, eine seltsam gedrückte Stimmung umgab diesen Besuch, und die hehren Worte, die Seine Majestät auch dieses Mal ertönen ließ, klangen hohl und auch schlaff.[146] Der Gedanke, dass es an Krupp, dem dominierenden Lieferanten von Kriegsgerät, nicht gelegen haben konnte, wenn dieser Krieg verloren ginge, dürfte vielleicht schon während der großen Anstrengungen zur Umsetzung des Hindenburg-Programms seit Herbst 1916 aufgekeimt sein – dann nämlich, als sich die Reichsleitung mit dem Gesetz über den Vaterländischen Hilfsdienst im Dezember 1916 zu Zugeständnissen an die Gewerkschaften veranlasst sah. Im Jahre 1918 wurde dann in Essen für den Krieg wie nie zuvor produziert, bis hinein in die letzten Kriegstage, obwohl spätestens seit August niederschmetternde Nachrichten über den Kriegsverlauf eintrafen. Die Dolchstoßlegende zeichnete sich ab, jene Legende, in der die Frage nach der Schuld an der Niederlage zur Ideologie verdichtet und politisch instrumentalisiert werden sollte.[147] Noch während der turbulenten Tage an der Jahreswende 1918/19 ist dann bei Krupp der Plan entstanden, in einer umfassenden Dokumentation, der bald so genannten »Kriegsdenkschrift«, die außerordentlichen Anstrengungen des Renommier-Unternehmens für das Vaterland nunmehr der Gegenwart und der Nachwelt zu demonstrieren. Im engeren Sinn lag schon im Februar 1919 ein Plan für das Gesamtwerk vor, der jedenfalls in Absprache zwischen Gustav Krupp und dem Firmenhistoriker Berdrow entstanden ist. Ernst Haux dürfte wieder zu den Anregern gehört haben. Es entstand in aller Gründlichkeit ein typisch Kruppsches Unterfangen, detailliert und monumental zugleich, ein Werk, das bis heute nicht veröffentlicht werden konnte: 45 hektographierte

Nach der Schicht

Beilage der Kruppschen Mitteilungen

Zeitschrift des Kruppschen Bildungsvereins

9. Jahrgang. (Neue Folge). Essen, Gußstahlfabrik, den 21. September 1918. Nummer 37.

Der Kaiser auf der Gußstahlfabrik am 9. und 10. September 1918.

◀ Abb. 176:
Kaiser Wilhelm II. in Essen,
September 1918

Bände lagern im Archiv.[148] Alle Ressorts wurden mit den erforderlichen Nachforschungen befasst; Berdrow hatte einen Plan entwickelt, dessen letzter von sieben Problemkomplexen der Frage gewidmet werden sollte, wie die Firma »am Ende des Krieges der Vergangenheit und Zukunft gegenüber« stehe. Einen ersten Versuch der Zusammenfassung unternahm Haux selbst um 1926; ein zweites Mal widmete sich Berdrow im Jahre 1936 dieser schwierigen Aufgabe und legte einen zweibändigen Text vor. Dieser fand offenkundig zwar den Beifall Gustav Krupps, aber der Unternehmenschef konnte sich, obwohl dies nun ganz andere, günstigere Zeiten waren, weiterhin nicht zu einer Veröffentlichung entschließen. So ist die Kriegsdenkschrift als ein Versuch, den historisch gewachsenen und stets zugleich konstruierten Mythos Krupp weiter zu weben, bis heute im Archiv vergraben geblieben. Das

▲ Abb. 177: Am Kruppschen Triumphbogen, der Eisenbahnbrücke über die Altendorfer Straße (Blickrichtung Innenstadt): Der Kaiser ist vorbeigefahren, die Menge löst sich auf

Bild von Größe und Kraft der Firma hatte im Krieg Schaden erlitten; nach innen dürften die Arbeiten an der Dokumentation gewiss dazu verholfen haben zu glauben, dass dies nicht an der Firma, schon gar nicht an der Familie, sondern an anderen gelegen hatte.[149]

Kehren wir noch einmal zu dem Großereignis von 1912 zurück. Spiegelte die Jahrhundertfeier die Festkultur jener Zeit, oder überhaupt, brachte sie die Kultur der Zeit zum Ausdruck?

Blickt man auf die Schar der Gäste, so fällt nicht nur auf, dass sowohl beim Festdiner am ersten Kaisertag als auch an dem für den zweiten Tag vorgesehenen, dann abgesagten Abendessen, ferner bei allen öffentlichen Zurschaustellungen des Kaisers nebst Gefolge, des Kruppschen Unternehmens und der Spitzen von Verwaltung und Politik in der Stadt, der Region und im Reich Frauen fehlten. Nur die Damen der engsten Familie waren selbstverständlich dabei, das machten schon die Eigentumsverhältnisse sowie der Respekt gegenüber der Dynastie erforderlich – freilich auch nicht bei allen Auftritten, sondern vor allem bei denjenigen in geschlossenen Räumen. Etwas Anderes wäre zu jener Zeit von kaum Jemandem erwartet worden. Die öffentliche Repräsentationskultur des Kaiserreichs, und gerade auch in dessen Spätphase, wurde ganz von Männern beherrscht, und das war nicht nur in Deutschland so. Für das höfische Zeremoniell gab es wichtige Ausnahmen nur bei Beerdigungen und, verständlicherweise, Hochzeiten. Repräsentative Aufgaben hoher Damen wurden auf Wohltätigkeit und Kunst abgedrängt. Das war bei den Gastgebern in Essen nicht anders. Erschwerend kam hier hinzu, dass die Montanindustrie traditionell – und bis heute – schon aus dem in ihr gepflegten Berufsbild heraus bis hin zum rechtswirksamen Verbot von Frauenarbeit ein ausschließlich von Männern geprägtes Gewerbe war. Vor 1914 ist dies bei Krupp nicht nur in den Werkstätten, sondern gerade auch in den Büros strikt eingehalten worden; die Kriegsjahre sollten diese Haltung gezwungenermaßen erschüttern.

Unter den Gästen gab es nur wenige »Gebildete« in demjenigen Sinn, auf den sich das Land viel zugute hielt und der von der bürgertumsgeschichtlichen Forschung als deutschlandtypisch erarbeitet worden ist. In diesem Sinn waren Gebildete nur als Repräsentanten der beamteten Verwaltungselite anwesend; die Gebildeten aus Wissenschaft, Erziehung, Kunst und Kultur fehlten. Ebenso vergeblich sucht man Geistliche in der Schar der Gäste, wie das Fest überhaupt – sieht man von hehren Beschwörungen wie »Gott und Vaterland« ab – gänzlich ohne Religion auskam. Auch der Adel war nicht als solcher, sondern in denjenigen hofnahen und militärischen Positionen präsent, welche er traditionsgemäß einzunehmen berufen worden war. So darf von der Anwesenheit hoher und höchster adeliger Ränge nicht auf eine sich annähernde oder gar vereinende Elite von hohem Adel und reichem Industriebürgertum geschlossen werden; auf der niederen Ebene des Adels war das sehr wohl der Fall, gerade Krupp bot dafür ja ein Beispiel.[150] Dass die höchsten Militärs das Bild stark bestimmten, lag nicht nur an den besonderen Leistungen dieses Unternehmens und an der Anwesenheit des obersten Kommandeurs. Es brachte einen Grundzug der zeitgenössischen Repräsentationskultur zum Ausdruck. Das Militärische durchdrang das öffentliche Leben bis hinein in den Alltag in einem zu heute unvergleichlichen Maß.[151] Dasselbe galt für die Grund-Konfiguration des Zeremoniells: den Empfang und Einzug des Monarchen, den Umzug in neuer Form, als Wagenkolonne, es galt bis in die Sprachform hinein für die hochgradig ritualisierten Festreden und die festlichen Tischgewohnheiten. Allenfalls wurde auf bekannte Vorlieben und Gewohnheiten des Kaisers im Zeremoniell Rücksicht genommen. Von der »Kultur« jener bewegten und politisch unruhigen ein, zwei Jahrzehnte vor Ausbruch des Großen Krieges kündete das Fest deshalb nur in Ausschnitten. Es formte Bilder einer gewollten, demonstrativen Vereinigung politischer und wirtschaftlicher Macht, und es bediente sich darin der zahllosen, in Jahrhunderten eingeübten Floskeln des Feierns. Das Programm und der Teilnehmerkreis spiegelten den hohen Stand der Militär- und allenfalls noch der Montantechnik; alle waren irgendwie Hüttenleute und Artilleristen, wenn nicht hohe und höchste Offiziere und Beamte Preußens und des Reichs. Vom Stolz der Kultur- als einer Wissenschaftsnation war kaum etwas zu spüren, zu schweigen von jenen Ambivalenzen der Moderne, welche in der vielfach konstatierten »Kulturkrise« an der Wende zum 20. Jahrhundert aufgebrochen waren und das Selbstverständnis ganzer wissenschaftlicher Disziplinen erschütterten.[152]

Man versteht, dass sich auf einem Firmenfest nicht eben die scharfzüngigsten Intellektuellen jener Jahre, die in Kunst und Politik das Wort führten, auf Einladung der Eigentümer zu angeregten Disputen treffen konnten. Soweit zu sehen, betraf dies auch die Künstler jedweden Metiers – wohl mit Ausnahme derjenigen aus Düsseldorf, die an Text und Ausgestaltung des Festspiels mitgewirkt hatten und wenigstens zu dessen Proben geladen wurden. Die sonstige »Kunst« der Zeit war in der Auswahl einer machtgeübten, konservativen Wirtschaftselite präsent. Es deutschelte sehr in Essen. – Robert Musil hat in seinem unvollendeten Hauptwerk, dem »Mann ohne Eigenschaften«, die langjährige Vorbereitung der so genannten Parallelaktion – eines fiktiven Doppeljubiläums der siebzigjährigen Thronbesteigung des österreichischen und der dreißigjährigen des Deutschen Kaisers im Jahre 1918 – als große Parodie gezeichnet. Bis in viele Einzelheiten ähneln die Vorbereitungen und geplanten Festvollzüge dem, was sich in Essen bis 1912 abspielte.

Im Ornamentalen wie im Programmablauf, im Rituellen so viel wie im Gerede und vor allem in seinem bis ins Detail geplanten Monumentalismus war dieses Fest weit mehr als ein Firmenfest. Es beschwor, weil die sachliche Legitimation sowohl der unumschränkten betrieblichen Herrschaft als auch des monarchischen Konstitutionalismus seit langem schon und jüngst vermehrt in Frage stand, um so stärker den wechselseitigen Schutz und Schirm, den sich Monarchie und große Industrie gewährten. Dem war die Geschichte zu Diensten. Gleich Fanfarenstößen schrie man sich wechselseitig die großartigen Errungenschaften der jüngeren Vergangenheit zu: Erfindungsgeist, Aufbau aus kleinsten Anfängen, Opferbereitschaft, geniales Unternehmertum, dann die Einheit und Größe des Reichs, Deutschlands Weltgeltung und Deutschlands künftige Größe – und dies eventuell in der Vision eines Knaben, des Stammhalters, der auf einer Kanonenkugel daher ritt.

▶ Abb. 178:
Nach dem Jubiläum: Der Kaiser spricht am 9. August 1912 zu den Bergleuten der Zeche Lothringen in Bochum Gerthe, Gemälde von Theodor Rocholl, 1913

Anmerkungen

1 Vgl. Knut Borchardt, Globalisierung in historischer Perspektive, München 2001; Jürgen Osterhammel/Niels P. Peterson, Geschichte der Globalisierung. Dimensionen, Prozesse, Epochen, München 2003.

2 Jürgen Kocka/Hannes Siegrist, Die hundert größten deutschen Industrieunternehmen im späten 19. und frühen 20. Jahrhundert, in: Norbert Horn/Jürgen Kocka (Hrsg.), Recht und Entwicklung der Großunternehmen im 19. und 20. Jahrhundert, Göttingen 1979, S. 55–122; vgl. Lothar Gall, Krupp. Der Aufstieg eines Industrieimperiums, Berlin 2000; Klaus Tenfelde, Krupp – Der Aufstieg eines deutschen Weltkonzerns, in: ders. (Hrsg.), Bilder von Krupp. Fotografie und Geschichte im Industriezeitalter, 2. Aufl. München 2002, S. 13–39.

3 Vgl. Klaus Tenfelde, Krupp und Stumm. Über Unternehmenskultur im Deutschen Kaiserreich, in: Hans Walter Herrmann u. a. (Hrsg.), Forschungsaufgabe Industriekultur. Das Saarrevier im Vergleich, Saarbrücken 2004, im Erscheinen.

4 Vgl. Gall, Krupp, S. 128, 188–190 u. ö.; Lothar Gall, »Reichsgründer«: Otto von Bismarck und Alfred Krupp, in: Hans-Jürgen Gerhard (Hrsg.), Struktur und Dimension. Festschrift für Karl Heinrich Kaufhold, Stuttgart 1997, Bd. 2, S. 447–455.

5 Hierzu zuletzt Barbara Wolbring, Krupp und die Öffentlichkeit im 19. Jahrhundert. Selbstdarstellung, öffentliche Wahrnehmung und gesellschaftliche Kommunikation, München 2000, S. 33–55, 61.

6 Hier und im Folgenden nach Historisches Archiv Krupp (= HAK); zu den Signaturen s. das Verzeichnis am Schluss dieses Bandes; hier: FAH 3 C 226. Im Entwurf (ebd.) einer Ansprache Friedrich Alfred Krupps anlässlich des Kaiserbesuchs in Meppen am 28.4.1892 heißt es: »E[ure] M[ajestät] sind mir schon als zehnjähriger Prinz [also im Jahre 1869] wohlgesinnt gewesen …«. Entsprechende Dokumente ließen sich bisher nicht finden. Die Beziehungen zwischen F. A. Krupp und Wilhelm II. werden besonders intensiv untersucht in Isabel V. Hull, The Entourage of Kaiser Wilhelm II 1888–1918, Cambridge etc. 1982, S. 157–171.

7 Telegramm des Kaisers an Krupp, 7.1.1893: FAH 3 C 226.

8 Ebd.: Krupp übersandte im Januar 1893 das Gutachten seines Direktoriumsvorsitzenden Jencke zu den Bergarbeiterstreiks. Die Ernennung Krupps zum Mitglied des Herrenhauses bedurfte bis Anfang 1897 mehrerer Anläufe; es herrschte Skepsis gegen »unbeherrschte rheinische Schwerindustrielle«: Hartwin Spenkuch, Das Preußische Herrenhaus. Adel und Bürgertum in der Ersten Kammer des Landtages 1854–1918, Düsseldorf 1998, S. 430, 435.

9 HAK, K 3.5 Druckexemplar: »Ansprachen anlässlich der Trauerfeiern für Herrn F. A. Krupp«, o. O. o. J. Vgl. Wolbring, Krupp und die Öffentlichkeit, S. 322–324.

10 Nach Renate Köhne-Lindenlaub, Die Villa Hügel. Unternehmerwohnsitz im Wandel der Zeit, München/Berlin 2002, S. 69.

11 Vgl. FAH 3 C 154a, 3 C 238. Der Besuch wurde deutlich vor der kurz zuvor stattfindenden, in wenigen Wochen (und wohl ganz ohne kaiserliche Wegweisung; vgl. dagegen William Manchester, Krupp. Zwölf Generationen, München 1968, S. 244f.; auch Dolores L. Augustine, Patricians and Parvenus. Wealth and High Society in Germany, Oxford 1994, S. 77) angebahnten Verlobung von Bertha Krupp mit Gustav von Bohlen und Halbach geplant, vgl. FAH 23/860 sowie Willi A. Boelcke (Hrsg.), Krupp und die Hohenzollern in Dokumenten. Krupp-Korrespondenz mit Kaisern, Kabinettschefs und Ministern 1850–1918, Frankfurt a. M. 1970, S. 200f.; zur Anbahnung dieser Ehe zuletzt Ralf Stremmel, Margarethe Krupp (1854–1931) – Eine verhinderte Unternehmerin?, in: Ulrich S. Soénius (Hrsg.), Bewegen – Verbinden – Gestalten. Unternehmer vom 17. bis zum 20. Jahrhundert. Festschrift für Klara van Eyll zum 28. September 2003, Köln 2003, S. 129–146, 142f. Zu den Kaiserbesuchen bei Krupp vgl. Michael Stürmer, Alltag und Fest auf dem Hügel, in: Tilmann Buddensieg (Hrsg.), Villa Hügel. Das Wohnhaus Krupp in Essen, Berlin 1984, S. 256–273, 263ff.; Hartmut Pogge von Strandmann, Krupp in der Politik, in: Tenfelde (Hrsg.), Bilder von Krupp, S. 181–202; umfassender zu den Beziehungen zwischen dem Kaiser und Krupp ders., Der Kaiser und die Industriellen. Vom Primat der Rüstung, in: John C. G. Röhl (Hrsg.), Der Ort Kaiser Wilhelms II. in der deutschen Geschichte, München 1991, S. 111–129, etwa S. 124f. zu den Konflikten, die durch die enge Beziehung heraufbeschworen werden konnten.

12 Die erste ernstzunehmende historische Studie zu Krupp, Diedrich Baedekers »Alfred Krupp und die Entwickelung der Gußstahlfabrik zu Essen. Nach authentischen Quellen dargestellt« (Essen 1889), nahm noch 1819 als Gründungsdatum an und berief sich auf Auskünfte der Firma. In den weiter unten zitierten Schriftwechseln zur Vorbereitung der Festschrift 1912 ist dokumentiert, dass man sich durch schwierige Recherchen etwa in Notariatsakten um Belege über den Gründungsprozess bemühte.

13 Die Firma sprach jedenfalls in ihrer Festschrift gar von einem Dreifachjubiläum und zählte die hundertjährige Bindung von Werk und Familie hinzu; Krupp 1812–1912. Zum 100jährigen Bestehen der Firma Krupp und der Gussstahlfabrik zu Essen-Ruhr, hrsg. auf den hundertsten Geburtstag Alfred Krupps, o. O., o. J. [Essen 1912], S. 2, s. hierzu unten S. 125. Zu einer Neubewertung von Friedrich Krupp als Gründerpersönlichkeit s. jetzt Burkhard Beyer, Frühe Industrialisierung im Betrieb. Technik- und Sozialgeschichte der Gußstahlfabrik von Friedrich Krupp in der ersten Hälfte des 19. Jahrhunderts, phil. Diss. (Ms.) 2 Bde., Bochum 2002.

14 Hierzu Kruppsche Mitteilungen (= KM) 16/29.4.12.

15 Vgl. Ingeborg Schlüter, Verwaltungsbauten der rheinisch-westfälischen Stahlindustrie 1900–1930, phil. Diss. Bonn 1991, S. 82–105 und (unpag.) Anhang.

16 Vgl. Ilonka Jochum-Bohrmann, Hugo Lederer. Ein deutschnationaler Bildhauer des 20. Jahrhunderts, Frankfurt a. M. etc. 1990, S. 72–85 sowie Abb. 21, 30. Das erste Denkmal für F. A. Krupp war 1904 in Kiel errichtet worden. Das spätere Denkmal ging auf eine Schießerei zurück, der im Zuge der Ruhrbesetzung 1923 13 Kruppsche Arbeiter zum Opfer fielen.

17 Eine eigene Bildmappe ist überliefert: WA 16 n 35. Demnach war das Gebäude um eine Stahlkonstruktion errichtet, die im Dienstbotenbereich mit Holz verkleidet wurde, während der eigentliche Saal nach innen und außen den Eindruck festen Mauerwerks der Zeit hinterlässt. Die Halle wurde nach Ende der Festlichkeiten abgerissen und in der Kolonie Friedrichshof wieder errichtet; vgl. Ernst Haux, Bei Krupp 1890–1935, Ms.: FAH 4 E 16, S. 92. Schon im Jahre 1906 war anläss-

lich der Trauung von Bertha und Gustav Krupp eine Trauungskapelle eigens für diesen Zweck im Lustgarten, angrenzend an die Villa, errichtet worden.

18 Das Telegramm findet sich in FAH 4 A 20; im Folgenden wesentlich nach WA 41/2–171 bis 2–174 sowie FAH 4 A 16 bis 22.

19 Die Protokolle finden sich in WA 41/2–171.

20 Überliefert sind die »Festunterlagen« (Programme, Sitzpläne etc.) für Margarethe Krupp sowie für Richard Kranz, den Betriebsführer (seit 1911) der Lithographischen Anstalt, sowie die Menukarten, Festprogramme und Sitzpläne in FAH 4 A 14 (Jubilarehrung), 4 A 16 (alle Drucksachen, M. Krupp), 4 A 20. Die Einladungen an die besonders prominenten Gäste finden sich FAH 4 A 21, die »Anordnungen« für das Fest sind ausführlich, aber nicht vollständig dokumentiert in FAH 4 A 17, vgl. auch die einschlägigen, z. T. in den KM gedruckten »Zirkulare« des Direktoriums in FAH 21/390 bis 392, dort auch über Sicherheitsdienste. Genaue Strecken- und Fahrpläne sowie Ausweiskarten, auch Gästelisten und Korrespondenzen mit Gästen finden sich in WA 41/2–172 bis 174; die Festunterlagen des Herrn Kranz in WA 60/231.

21 Zur Bildüberlieferung s. die Hinweise unten S. 162 im Abbildungsverzeichnis sowie Tenfelde (Hrsg.), Bilder von Krupp, passim. Im Einzelnen s. bes. FAH 4 A 8 sowie WA 16 z 84 (mehrere, nicht identische Mappen mit Arbeitsabzügen und Geschenkalben), 16 N 35.

22 Der Fall ist in FAH 21/391 dokumentiert; das Zitat s. in Arbeiterzeitung (vgl. unten Anm 131) 184/8.8.1912.

23 FAH 4 A 21 (26.5.12).

24 Dokumentiert in FAH 24, 390.

25 WA 41/2–173 enthält eine Liste »Korporationen und Industrielle«, auf der die Zusagen markiert sind.

26 Hugenberg an Regierungspräsident Kruse, Düsseldorf, 26.7.12, in: WA 41/2–171.

27 »Unterlage für die Besprechung über die Jubiläumsstiftung«, undatiert (vermutlich Anfang Februar 1912), mit handschriftlichem Vermerk von Gustav Krupp: »27.2.12 von Herrn Hugenberg erhalten«, in: FAH 4 A 18. Die Denkschrift ist, inhaltsgemäß mit anderem Titel versehen, von Gregor Schöllgen veröffentlicht worden: Sozialpolitik im Kaiserreich. Eine Denkschrift Hugenbergs aus dem Jahre 1912 zum Wohnungswesen, in: Rheinische Vierteljahrsblätter 44 (1980) S. 228–236, zur archivischen Überlieferung s. ebd. S. 228f.

28 Ebenda, Hervorhebungen im Original.

29 Am Rande der Passagen zur Gewinnbeteiligung findet sich in dem Manuskript ein deutlich markiertes Fragezeichen, vermutlich von der Hand Gustav Krupps.

30 Vgl. etwa Otto Heinemann, Kronenorden Vierter Klasse. Das Leben des Prokuristen Heinemann (1864–1944), hrsg. v. Walter Henkels, Düsseldorf/Wien 1969, S. 116–120 (Heinemann, Vater des Bundespräsidenten Dr. Gustav Heinemann, war Leiter des »Büros für Arbeiterangelegenheiten« bei Krupp); Haux, Bei Krupp, S. 91–95; merkwürdigerweise kein Hinweis in Tilo v. Wilmowsky, Rückblickend möchte ich sagen… An der Schwelle des 150jährigen Krupp-Jubiläums, Oldenburg/Hamburg 1961.

31 Vgl. zum Folgenden die großformatige Festdokumentation: Zur Hundertjahrfeier der Firma Krupp 1812–1912. Sonderausgabe der Kruppschen Mitteilungen, Essen o. J. [1912], mit Schilderung der Festereignisse, Texten der Reden, Dokumentation der Ordensverleihungen etc. Nicht weiter nachgewiesene Zitate im Folgenden entstammen dieser Dokumentation. – Die Festlichkeiten sind sowohl in der Krupp-Literatur als auch in der allgemeinen Historiographie des späten Kaiserreichs gelegentlich berührt worden, haben aber bisher meines Wissens keine detailliertere Darstellung gefunden. Manchester, Krupp, S. 256–262, ist allein schon im Tatsachenbericht gänzlich unzuverlässig und in der Wertung einseitig (259: »eine Orgie von Geldvergeudung, Chauvinismus, Selbstbeweihräucherung und verschwommener Sentimentalität«). Norbert Mühlen, Die Krupps, Frankfurt a. M. 1960, bringt die Festabläufe gehörig durcheinander. Vgl. jedoch Stürmer, Alltag, S. 268–273; im Zusammenhang einer Untersuchung des Festspiels (dazu s. u.) aus der jüngeren Literatur vor allem Manuel Lichtwitz, Die Auseinandersetzung um den Stummfilm in der Publizistik und Literatur 1907–1914. Ein Beitrag zur Geschichte des Kulturbetriebs im Deutschen Reich vor dem Ersten Weltkrieg, phil. Diss. Göttingen 1986, S. 226–243 mit S. 463–471; Robert Laube, »… und Waffen uns am treuesten verbrüdern«. Sozialimperialismus, soziale Realität und ein Ritterspiel im Jahre 1912, in: Ferdinand Seibt u. a. (Hrsg.), Vergessene Zeiten. Mittelalter im Ruhrgebiet, Bd. 2, Essen 1990, S. 329–336; mit Schwerpunkt auf den Ereignissen in Bochum: Carsten Roth, »Die Fahrt des obersten Bergherrn zu seinen getreuen Knappen …« Zur Divergenz von Schein und Sein bei der Darstellung von Arbeiterschaft und Kaisertum in Bochumer Historiengemälden des Wilhelminismus, in: Peter Friedemann/Gustav Seebold (Hrsg.), Struktureller Wandel und kulturelles Leben. Politische Kultur in Bochum 1860–1990, Essen 1992, S. 141–177, 150–157.

32 An »Frau Direktor Adolf Schmidt«, 3.8.1912, in: WA 41/2–171.

33 Wir zitieren nach der Druckfassung, s. o. Anm. 31, vgl. auch KM 30/7.8.12. – Seine Rede vor den Jubilaren hat Gustav Krupp offenbar selbst entworfen, Haux legte Verbesserungsvorschläge und seine eigene Rede (an Gustav Krupp 13.6.12) zur Prüfung vor, ebenso wie Hugenberg seine Ansprache beim Festakt im Oberlichthof; Entwürfe und Korrekturen sowie zugehörige Anschreiben: FAH 4 A 19 und 21. Nach dem dort überlieferten Ms. hatte Gustav Krupp ursprünglich sagen wollen, der Kaiser habe es sich nicht nehmen lassen, »als oberster Arbeiter im Deutschen Reiche« nach Essen zu kommen; im Ms. für die Festansprache im Saalbau hieß es ursprünglich (im Ms. von fremder Hand gestrichen), man sehe dem Kaiserbesuch, »ihm, dem ersten Arbeiter im Deutschen Reiche«, freudig entgegen. Dies zeigt, dass die dann gewählte Formulierung ganz bewusst platziert worden ist. Die Redeentwürfe gingen übrigens zur Vorbereitung der Ansprache des Kaisers an den Hof nach Berlin.

34 Vgl. o. Anm. 17; s. auch die Personalakte: WA 131/1000.

35 Zur Hundertjahrfeier, S. 60–65.

36 Alfred Krupp schrieb am 23.4.1871 an Kaiser Wilhelm I., »Deutschlands Größe, Frankreichs Sturz, fällt in die Stahlzeit, die Bronzezeit ist dahin; sie [die Bronze, K. T.] hat aufgehört, das Material des Krieges zu sein, sie hat fortan eine mildere Bestimmung […], sie möge in Glocken zur Kirche laden […].« Wilhelm Berdrow (Hrsg.), Alfred Krupps Briefe 1826–1887, Berlin 1928, S. 257ff.

37 Vgl. Gerhard A. Ritter/Klaus Tenfelde, Arbeiter im Deutschen Kaiserreich 1871–1914, Bonn 1992, S. 410ff.

38 Beschreibungen: Zur Hundertjahrfeier, S. 95ff.

39 In: FAH 4 A 22.

40 Zur Hundertjahrfeier, S. 73.

41 Das waren: das Kommandeurkreuz des Ordens vom Zähringer Löwen, das Kommandeurkreuz II. Klasse des Herzoglich Braunschweigischen Ordens Heinrichs des Löwen sowie das Kommandeurkreuz I. Klasse des Danebrog-Ordens – allesamt nichtpreußische Orden. Vgl. zur Mitgliedschaft im Herrenhaus Spenkuch, Herrenhaus, S. 432, 436f. Krupp und Delbrück wurden Gründungsmitglieder des Senats des Herrenhauses und damit

»hoffähig«. Bertha Krupp erhielt den Luisen-Orden 2. Klasse. – Es fällt auf, dass Hugenberg offenbar keinen Orden erhielt. Das kann mit einer nicht lange genug zurückliegenden anderweitigen Verleihung zusammen hängen.

42 Vgl. o. Anm. 31.

43 FAH 4 A 19 (Entwürfe der Reden). Es verdient eine Überlegung, woran Krupp mit dieser Formulierung gedacht haben könnte: In der Tradition Kruppscher Firmenpolitik wurde Bankeneinfluss seit Alfred Krupp für ganz fatal gehalten; ebenso könnte die bisher – nach außen – weitgehend erfolgreiche Fernhaltung sozialdemokratisch-gewerkschaftlicher Einflüsse innerhalb der Belegschaft der Gussstahlfabrik umfasst sein.

44 Vgl. etwa Roger Chickering, We Men Who Feel most German. A Cultural Study of the Pan-German League, 1886–1914, London/Sydney 1984, S. 227–229 sowie 230–245 über Rassismus und Antisemitismus bei den Alldeutschen vor 1914; Rainer Hering, Konstruierte Nation. Der Alldeutsche Verband 1890 bis 1939, Hamburg 2003, S. 112ff. u. passim zur Rolle Hugenbergs seit Gründung des Verbandes.

45 Dass sich Kant für Hugenberg in dieser Formulierung erschöpfte, pflegte er auch bei anderen Gelegenheiten kundzutun; vgl. seine Essener Rede zum Kaisergeburtstag am 27.1.1910, in: Alfred Hugenberg, Streiflichter aus Vergangenheit und Gegenwart, 2. Aufl. Berlin 1927, S. 217; der Band enthält S. 219–224 auch einen Abdruck der Rede zur Kruppschen Jahrhundertfeier.

46 Nach dem Schriftwechsel vom Juni 1912, in: FAH 4 A 19; Krupp erbat, neben anderem, eine weitere, für ihn kennzeichnende Änderung: »Da die Bezeichnung ›Familie Krupp‹, soweit sie sich auf die Zukunft bezieht, nicht ganz korrekt ist«, möge es »Familie der Werksbesitzer« oder lediglich »die Familie« heißen. Hugenberg empfahl Krupp, dessen geplante Ansprache durchsehend, seinerseits eine für die Persönlichkeit des Managers typische neue Sprachform: Krupp möge doch an »die Arbeitsgenossen« Alfred Krupps erinnern, denn »zum Siege gehört außer dem Feldherrn auch ein wohlgeschultes und treues Heer – das waren für Alfred Krupp seine Arbeitsgenossen.«

47 Die ausführliche Schilderung der Persönlichkeit Hugenbergs bei Haux, Bei Krupp, S. 81–87, wird verständlicher, wenn man die Beteuerung des Verf., es habe solche Probleme nicht gegeben, dahingehend liest. Der Bezug auf die Kriegsjahre ist erläutert in Klaus Tenfelde, Krupp in Krieg und Krisen. Unternehmensgeschichte der Fried. Krupp AG 1914 bis 1924/25, in: Lothar Gall (Hrsg.), Krupp im 20. Jahrhundert. Die Geschichte des Unternehmens vom Ersten Weltkrieg bis zur Gründung der Stiftung, Berlin 2002, S. 15–165, 28–31.

48 Dass die Denkschrift in der Literatur unter der Verfasserschaft Krupps firmiert, hängt vermutlich auch mit der Publikationsgeschichte zusammen: vgl. Dieter Fricke, Eine Denkschrift Krupps aus dem Jahre 1912 über den Schutz der »Arbeitswilligen«, in: Zeitschrift für Geschichtswissenschaft 5 (1957) S. 1245–1257, Text ebd. mit dem Anschreiben Krupps vom 12.3.1912, wonach die Denkschrift auf einen drei Wochen zuvor geäußerten, persönlich an Krupp gerichteten Wunsch des Kaisers erstellt worden war. Frickes Absicht war jedoch, mit dieser Publikation die erstmals im Jahr zuvor erschienene Dokumenten-Sammlung von Willi A. Boelcke, in der sich dieses Dokument nicht fand, scharf zu kritisieren (vgl. Fricke, Anm. 28). Boelcke hat das Dokument in die 2. Auflage der Publikation aufgenommen: Krupp und die Hohenzollern, S. 210–214. Wer um die Führungsämter Hugenbergs im Verbandswesen der westdeutschen Schwerindustrie (Ende 1912 übernahm er auch noch den Vorsitz des Zechenverbandes) und um die Schärfe seiner Argumentationen weiß, wer überdies die politische Zurückhaltung Gustav Krupps und vor allem die üblichen Verfahrensweisen in den Chefetagen kennt, kann nicht daran zweifeln, dass Krupp den Wunsch des Kaisers weitergab und sich damit zu dessen Wohlgefallen einen Text einhandelte, der ihn sozusagen mit der – nachfolgend im Text beschriebenen – Bitte Bethmann Hollwegs wieder einholte. Es ist daran zu erinnern, dass die Denkschrift am Tag nach Beginn des großen, wegen der Abspaltung des Gewerkvereins christlicher Bergarbeiter gescheiterten Verbände-Streiks der Ruhrbergarbeiter 1912 abgesandt wurde – jedoch immerhin, wie allerdings nach der kaiserlichen Bitte nicht anders zu erwarten, durch Krupp selbst, also in Übereinstimmung mit dem Inhalt. Vgl. zum Ganzen Klaus Saul, Staat, Industrie, Arbeiterbewegung im Kaiserreich. Zur Innen- und Sozialpolitik des Wilhelminischen Deutschland 1903–1914, Düsseldorf 1974, u. a. S. 271f.

49 Bethmann Hollweg an Gustav Krupp (aus Hohenfinow) 5.8.12, in: FAH 4 C 178, die Antwort ebd., Abschr. (offenbar von Hs. oder Telegramm) aus Swinemünde (!), 6.8.12.

50 Ebd., Hugenberg an Unterstaatssekr. Schreiber 27.6.12 (Abschr.), Information Hugenbergs an Gustav Krupp vom selben Tag.

51 Die Statue (Abb. 25) befindet sich seit 1976 im Hügel-Park; vgl. Köhne-Lindenlaub, Villa Hügel, S. 146 mit Abb.; zu Füßen einer Frauengestalt, die in den Händen Füllhörner trägt, zeigt sie ein Relief des »Stammhauses«.

52 Haux, Bei Krupp, S. 94; bei den Einzelangaben erinnert H. sich allerdings nicht immer zuverlässig. Die Explosion auf Lothringen fand am 8.8. gegen 12 Uhr statt. Vgl. auch das Telegramm des Bochumer Präses König, Abgang in Bochum-Gerthe am 9.8.1912, 11.00 Uhr, aufgenommen in Essen um 11.19 Uhr, in: WA 41/2–171: »wenn möglich majestät um gnade eines kurzen besuchs zeche lothringen bitten«.

53 Hierzu Andreas Helfrich, Die Margarethenhöhe Essen. Architekt und Auftraggeber vor dem Hintergrund der Kommunalpolitik Essen[s] und der Firmenpolitik Krupp[s] zwischen 1886 und 1914, Weimar 2000, Zitat S. 107.

54 Vgl. Evelyn Kroker/Michael Farrenkopf, Grubenunglücke im deutschsprachigen Raum. Katalog der Bergwerke, Opfer, Ursachen und Quellen, Bochum 1998, S. 287; Bochumer Kulturrat e. V. (Hrsg.), Die drei großen Herren und die anderen. Aufstieg und Niedergang der Zeche Lothringen und die Geschichte der Einwanderung im Bochumer Norden, Bochum 1996. Zur allgemeinen Bewertung des Explosionsunglücks auf Lothringen im Zusammenhang der Geschichte der großen Bergbau-Unglücke s. jetzt Michael Farrenkopf, Schlagwetter und Kohlenstaub. Das Explosionsrisiko im industriellen Ruhrbergbau (1850–1914), Bochum 2003, u. a. S. 302.

55 Hie Barbara, hie St. Georg! Festspiel vor seiner Majestät dem Kaiser und König auf dem Hügel am 9. August 1912 aus Anlass der Hundertjahrfeier der Firma Krupp, o. O. o. J. [1912], mehrere Druckfassungen in: FAH 4 A 11, 4 A 16; zum Verbleib der Ausstattungen 4 A 12; zu den Proben u. a. FAH 21/390, dort auch zur Remuneration (Keller erhielt »streng vertraulich« 12.000 Mark) des Textbildners. Eine zeitgenössische Beschreibung findet sich in: Das lebende Bild. Fachblatt für Lichtbildtheater-Besitzer, H. 6/5.9.12, Ausschnitt: WA 14/186. Dort geht es um die wohl erstmalige Verwendung des Films im Rahmen einer theatralischen Darbietung, darin dürfte die Bedeutung des Festspiels liegen. Vgl. dazu Renate Köhne-Lindenlaub, Filme von Krupp, in: Manfred Rasch u. a. (Hrsg.), Industrie-

film – Medium und Quelle. Beispiele aus der Eisen- und Stahlindustrie, Essen 1997, S. 42f. Vgl. ferner knapp: Lotte Kurras, Ritter und Turniere. Ein höfisches Fest in Buchillustrationen des Mittelalters und der frühen Neuzeit, Stuttgart/Zürich 1992, S. 18; bes. Lichtwitz, Auseinandersetzung um den Stummfilm, S. 226ff., sowie Laube, Sozialimperialismus, mit einer Inhaltsübersicht.

56 Hierzu Dorothee Nehring, Der Park der Villa Hügel und seine Bauten – Anlage und Funktion, In: Buddensieg (Hrsg.), Villa Hügel, S. 330–383, 367–371.

57 Vgl. zur Persönlichkeit Kellers, eines Professors an der Düsseldorfer Kunstakademie, Ulrich Thieme/Felix Becker, Allgemeines Lexikon der bildenden Künstler von der Antike bis zur Gegenwart, Bd. 20, Leipzig 1927, S. 113.

58 Die Mappe ist erhalten: FAH 4 A 25.

59 Erhalten in: FAH 4 A 12, Urkunde vom 20.2.1921.

60 Vgl. FAH 21, 777.

61 Nach FAH 21, 390.

62 Nach einem Schreiben Gustav Krupps an den mitwirkenden Maler Georg Hacker vom 24.8.1912 hatte der Kaiser »zugesagt, [...] bei sich bietender Gelegenheit« zur Aufführung zu kommen; FAH 4 A 23.

63 Eine neuere Untersuchung fehlt; eine solche ist, im Rahmen einer Geschichte der Presseskandale im Kaiserreich, demnächst von Frank Bösch zu erwarten. Nach Gert von Klass, Die drei Ringe. Lebensgeschichte eines Industrieunternehmers, Tübingen 1953, S. 336–343, der sich in diesem Punkt auf die – gerade hinsichtlich der Zeitangaben nicht immer zuverlässigen – Erinnerungen von Haux stützt, fand Mitte September 1912, also nur wenige Wochen nach dem Jubiläum, in den Räumen des Direktoriums eine Hausdurchsuchung statt; diese Angabe übernimmt Wolfgang Benz, Die Entstehung des Kruppschen Nachrichtendienstes, in: Vierteljahreshefte für Zeitgeschichte 24 (1974) S. 199–212, 199. Ähnlich bindet Manchester, Krupp, S. 269, den Beginn der Affäre an die Erinnerungen von Haux. Vgl. ferner etwa Frank Stenglein, Krupp. Höhen und Tiefen eines Industrieunternehmens, München 1998, S. 81f., hier unter Bezug auf den jungen Direktor Muehlon, der in jener Zeit bei Krupp eine rasche Karriere erlebte. Öffentlich gemacht wurde die Affäre, nachdem die Justizbehörden sie anscheinend über Monate verschleppt hatten, im April 1913 durch den Sozialdemokraten Karl Liebknecht, dem lange zuvor anonym einschlägige Dokumente zugegangen waren; hierauf folgte rasch ein Aufsehen erregender Prozess. Zur Resonanz im Ausland s. The Economist, 16.4. u. 16.8.1913.

64 Nach FAH 21/391; vgl. Lichtwitz, Auseinandersetzungen um den Stummfilm, S. 239.

65 Überliefert in FAH 21, 390.

66 Vossische Zeitung Nr. 400/8.8.12, Ausschnitt: FAH 4 A 13.

67 Vgl. etwa Eduard Trier, Die Bauherren und ihre Bildhauer – Zur Ausstattung der Villa Hügel mit Skulpturen, in: Buddensieg (Hrsg.), Villa Hügel, S. 310–329, 327; zu Friedrich Alfred: Krupp 1812–1912, S. 318–321; ferner Köhne-Lindenlaub, Villa Hügel, S. 86–90.

68 Ich kann der Interpretation von Laube, Sozialimperialismus, nicht ganz folgen, zumal nicht hinsichtlich der im Titel des Beitrags ausgedrückten Hypothese; u. a. zu einer Identifikation der historischen Vorbildfiguren s. jedoch diesen Beitrag.

69 S. hierzu bes. Lichtwitz, Auseinandersetzung um den Stummfilm, S. 228f.: Es wurden insgesamt acht Filmsequenzen erstellt. Diese zeigten die unbedeutenden Anfänge und die Nachricht von der Geburt Alfreds 1812 (1), den Stand der Fabrik 1822 (2), Alfred Krupp auf Reisen 1834 (3), das Hammerwerk und den Schmelzbau 1835 (4), den Besuch des Kronprinzen 1861 (5), Geschützfabrikation (6), den Stapellauf eines Panzerschiffes (7) und das Feuern von Geschützen (8). – Als Krupp im April 1914 mit Vickers um den Auftrag für ein von Holland ausgeschriebenes Linienschiff konkurrierte, erstellte man einen Werbefilm mit Hilfe der 1912 für das Festspiel vorbereiteten Filme. Demnach hat es vier hierfür einschlägige Filmsequenzen gegeben, von denen nur zwei im Festspiel Verwendung fanden: Stapellauf der »Prinzregent Luitpold«, Anschießen auf S.M.S. »Kaiser«, Probefahrt der »Catamarca« und »im Feuern« begriffene Geschütze (24 cm »Verschwindgeschütz« und 28 cm Haubitze). FAH 4 C 152. – Erneut spielten die Filmsequenzen eine Rolle, als man 1934 daran ging, den Krupp-Film »Pioniere der deutschen Technik« vorzubereiten; erste Absprachen über den beabsichtigten Inhalt s. in WA 56/153.

70 Tilo von Wilmowsky an Gustav Krupp, 22.4.1912, in: FAH 4 A 20.

71 Haux, Bei Krupp, S. 91.

72 Lichtwitz, Auseinandersetzung um den Stummfilm, S. 235; Sozialimperialismus: s. Anm. 68.

73 Aus dem Begleitschreiben Gustav Krupps anlässlich der Versendung des Albums, das Album selbst: FAH4 A 11.1; zit. auch bei Lichtwitz, Auseinandersetzung um den Stummfilm, S. 239.

74 Beispiele in FAH 21/840: An »Ersatz und Komplettierung für die Hoftafel Jahrhundertfeier« wurden Krupp von der Königl. Porzellan-Manufaktur Berlin 19.737,95 Mark, für ein Empire-Sofa und sechs Fauteuils von dem damals schon bekannten Einrichtungshaus Bernheimer in München insgesamt 13.000 Mark berechnet.

75 Vgl. Haux, Bei Krupp, S. 96–101; Hubert Herkomer, Die Herkomers, Landsberg am Lech 1999 (d. i. die erste deutsche Übersetzung einer erstmals englisch 1910/11 in 2 Bdn. erschienenen Autobiographie, hrsg. v. Hartfrid Neunzert). Herkomer war 1849 in Landsberg/Lech geboren. Das Krupp-Bild ist erhalten und wird heute noch in der Villa Hügel aufbewahrt. Es wurde 1990 in der Preußen-Ausstellung gezeigt; vgl. Bismarck-Preußen, Deutschland und Europa, Ausstellung des Deutschen Historischen Museums, Berlin 1990 (Katalog), S. 54; Abdruck u. a.: v. Wilmowsky, Rückblickend möchte ich sagen, nach S. 160. Vgl. ferner WA 16 l 99a mit Hinweisen zur Restaurierung.

76 Herkomer hatte schon 1911 ein Porträt Gustav Krupps gemalt, für das dieser 20.000 Mark überwies, und malte 1913 ein Porträt von Margarethe Krupp, von dem diese so begeistert war, dass sie gleich Kopien fertigen ließ. Die Familie erwarb im Februar 1912 ein Landschaftsbild Herkomers: »God's Shrine«. Das große Aufsichtsratsgemälde kam dagegen anscheinend nur sehr langsam voran, s. Herkomer an Gustav Krupp, 20.11.1913: »The big picture improves weekly by simply being kept.« Es kam knapp zur Fertigstellung; Herkomer starb Ende März 1914. Zitat: FAH 4 E 778, weitere Korrespondenz mit dem Maler in FAH 3 M 245.

77 Vgl. Lars U. Scholl, Der Industriemaler Otto Bollhagen 1862–1924, Herford 1999, sowie Sabine Beneke/Hans Ottomeyer, Die Zweite Schöpfung. Bilder der industriellen Welt vom 18. Jahrhundert bis zur Gegenwart, Berlin 2002 (Ausstellungskatalog), S. 261 (Zitat); ferner Klaus Türk, Bilder der Arbeit. Eine ikonographische Analyse, Wiesbaden 2000, S. 229. Das Bild von Kley befindet sich heute im Westfälischen Industriemuseum (Henrichshütte Hattingen), dem ich für die Genehmigung zum Abdruck danke. Das Museum ließ über das Bild eine Expertise anfertigen: Michael Dückershoff, »Die Kruppschen Teufel«. Untersuchungen zu einem Industriebild von Heinrich Kley, Ms., Kopie HAK o. Sign. Kley hatte früher bereits im Kruppschen Auftrag gemalt, so auch den Tiegelstahlguss, und er hatte ursprünglich die Illustrationen für die

Festschrift von 1912 anfertigen sollen, verzichtete aber wegen einer Augenkrankheit. Vgl. auch Heinrich Kley, Skizzenbuch. 100 Federzeichnungen, München o. J. [1909]; ders., Skizzenbuch II. 100 Federzeichnungen, München o. J. [1910]; beide vorh.: HAK, FAH 4 L 22 und 4 L 23.

78 Vgl. Roth, »Die Fahrt des obersten Bergherrn…«; Türk, Bilder der Arbeit, S. 193, hält Rocholl für einen »militaristischen Historienmaler«. Das Bild wurde in zwei Versionen erstellt; eine der Versionen hängt heute im Deutschen Bergbaumuseum Bochum und ist unten, Abb. 178, wiedergegeben. Herrn Prof. Rainer Slotta, dem Direktor des Deutschen Bergbaumuseums, danke ich für die Genehmigung zum Abdruck des Bildes.

79 In FAH 4 A 24.

80 Vgl. für die Aktion im Herbst 1911 WA 56/121; ferner u. a. FAH 4 A 13, WA 13/12 sowie 17/18 (Versand von Krupp-Aufsätzen an die Presse).

81 Doppelnummer 8./9.8.12, erhalten in WA 13/12; ebd. Essener Volks-Zeitung 8.8.1912.

82 100 Jahre Krupp, Köln 1912, vorh.: HAK K 7.19.

83 Zum hundertjährigen Jubiläum der Fa. Krupp, Stahl und Eisen Nr. 32/1912: HAK K 7.20.

84 Vgl. HAK, K 7.17 und 7.18. – In beinahe allen Blättern wurde ein Abdruck des Bollhagen-Bildes vom Tiegelstahlguss (vgl. Abb. 8) veröffentlicht; das Bild wurde mithin schon zum Jubiläum eine Art Ikone Kruppscher Werktätigkeit.

85 Zirkular des Direktoriums v. 17.7.12, in: WA 10 a 3, 114; vgl. KM 30/7.8.13.

86 Nach FAH 21/392; hier auch insgesamt sieben Listen über die Geldgeschenke an die Arbeiter und Angestellten der Hügelverwaltung, für die Matrosen der Yacht Germania, die Angestellten auf Margarethe Krupps Baden-Badener Feriensitz Meineck, die Kruppschen Jagd- und Forst-»Beamten«, die Mitarbeiter gar beim Logierhaus-Personal in Meppen und bei der Seebadeanstalt in Kiel etc.

87 Es handelte sich um die auch hier herangezogene Zusammenstellung »Zur Hundertjahrfeier«. –Vgl. WA 41/2–171, mehrere Schreiben von Antiquaren; u. a. bot die Edelmetallschmelze Fa. W. Jansmann schon am 30.8.1912 der Firma 50–100 Münzen zum »Silberwert« von 3,50 Mark zum Rückkauf an. Andererseits baten Inhaber der Gedenkmedaille, die diese verloren hatten, noch 1935 um erneute Verleihung. 1936 war bei der Firma der Medaillenvorrat ausgegangen; Krupp kaufte nun die angebotenen Medaillen zum Preis von 10 Reichsmark zurück.

88 Nach den entspr. Zeugnissen in WA 41/2–171 bis 174 sowie verstreut in anderen, in diesem Beitrag zit. Faszikeln.

89 Die erwähnten Beispiele nach WA 41/2–171.

90 WA 41/2 – 117; die Liste ergab für den Zeitraum vom Januar bis März 1904 ca. 140 derartige Eingaben. Die Akte zeigt das oftmals persönliche Engagement sowohl Friedrich Alfred als auch Margarethe Krupps in Einzelfällen.

91 Hs. Liste von Gustav Krupp in FAH 4 A 18, unter Vermerk »S.M.«; Prinz Heinrich erhielt einen Teller und die große Medaille, das Gefolge des Kaisers »Porzellan-Schachteln« sowie die große Medaille (unten Abb. 162).

92 Gustav Krupp an Ludwig Delbrück vom Bankhaus Delbrück etc., 18.8.1912, in: FAH 4 A 18.

93 Ebenda: Aktennotiz Gustav Krupps vom 22.2.1912.

94 Ebenda, von Valentini an Gustav Krupp, 16.8.1912.

95 Ebenda sowie FAH 21/392.

96 Im Folgenden nach WA 4/1264.

97 Vorwärts 6.8.1912; die hier veröffentlichten Zahlen beziehen sich recht präzise auf die im Aufsichtsrat beschlossenen, jedoch dort naturgemäß besser aufgegliederten Angaben zum Reingewinn für 1910/11. Der Vorwärts bemerkte, dass zwischen 1903 und 1911 allein 125 Mio. Mark auf Immobilien abgeschrieben worden waren.

98 Nach WA 4/2425.1, 2426.1, 2427.2, 2428.2, 2429.2. Für die Zusammenstellung danke ich Dr. Burkhard Beyer.

99 Nach WA 41/2–171.

100 Hierzu Alf Lüdtke, Gesichter der Belegschaft. Porträts der Arbeit, in: Tenfelde (Hrsg.), Bilder von Krupp, S. 67–87, 74.

101 U. a. die o. Anm. 12 zit. Schrift von Baedeker.

102 Alfred Krupp an die Prokura, 12.5.1874, zit. n. Karl Burhenne, Betriebs-Archive, in: Thünen-Archiv 2 (1909) S. 695–716 (Zitat S. 696, Hervorheb. in der Vorlage); dieser Aufsatz gibt einen detaillierten Einblick in die frühen Ordnungs-Absichten des Historischen Archivs Krupp.

103 Ebd. S. 702f.

104 Vgl. z. B. Gall, Krupp, S. 322.

105 Vgl. Renate Köhne-Lindenlaub, Das Historische Archiv Fried. Krupp GmbH – Beispiel eines Unternehmens- und Familienarchivs, in: Archivpflege in Westfalen und Lippe Nr. 22/1984, S. 30–43; dies., Das Historische Archiv Krupp. Seine Geschichte und seine Neuorientierungen im letzten Vierteljahrhundert, in: Der Archivar 57 (2004) S. 44–51. S. auch Gall, Krupp, S. 327f.; Haux, Bei Krupp S. 88–90.

106 v. Schütz war 1877 in das Grusonwerk in Magdeburg eingetreten und wurde als dessen Direktor nach dem Übergang des Werks auf Krupp 1893–1909 Vertreter der Fa. in Berlin; er hat die Gedächtnisrede anlässlich des Todes von F. A. Krupp gehalten und ging 1909 nach Essen, »um hier die Geschichte der Gussstahlfabrik zu schreiben« (KM 2/15.1.10); er starb dann jedoch sehr bald.

107 Ausführlich: Ernst Schröder, Wilhelm Berdrow. Lebensbild eines Firmenhistorikers, in: Tradition 5 (1960) S. 179–188; in diesem Aufsatz finden sich die einschlägigen Informationen über das Zustandekommen der Festschrift. Zu den Beziehungen Berdrows zu Gustav Krupp s. FAH 4 E 345 u. 346.

108 Wilhelm Berdrow, Seines Glückes Schmied. Menschenschicksale und Lebensregeln, Stuttgart 1907; vgl. Fritz Redlich, Anfänge und Entwicklung der Firmengeschichte und Unternehmerbiographie, Baden-Baden o. J. [1960], S. 15ff., sowie unten Anm. 113 und Joachim Linder, »Nur der Erwerb ist lustbetont, nicht der Besitz«. Die Arbeitswelt der Unternehmer und Unternehmen in Firmenschriften des 19. und frühen 20. Jahrhunderts, in: Harro Segeberg (Hrsg.), Vom Wert der Arbeit. Zur literarischen Konstitution des Wertkomplexes »Arbeit« in der deutschen Literatur (1770–1930), Tübingen 1991, S. 233–282, 262.

109 Vgl. die Schriftwechsel in WA 56/84 u. 85.

110 Das Krupp-Archiv war das erste deutsche Unternehmensarchiv, gefolgt von Siemens 1907. Die Einrichtung von »Betriebsarchiven« wurde zu dieser Zeit vor allem von Richard Ehrenberg, und zwar als Gegenvorschlag zu den von anderer Seite empfohlenen »Wirtschaftsarchiven« (als zentralen Regional-Sammlungen einschlägigen Archivguts von Unternehmen der gewerblichen Wirtschaft), für dringend erachtet. Für Betriebsarchive sprächen, so Burhenne, Betriebs-Archive, S. 696–700, vor allem die Betriebsinteressen in geschäftlicher, aber auch in Hinsicht auf die Schaffung eines Firmenbewusstseins unter den Belegschaften, ferner wissenschaftliche Anliegen; in diesem Sinne wird das bei Krupp entworfene System der Aktenerfassung, das in einem ziemlich komplizierten sachthematischen Thesaurus gipfelte, in diesem Aufsatz ausführlich dargelegt. Die heutige (nicht in allen Bundesländern vollzogene) Zweiteilung des privatgewerblichen Archivwesens geht mithin auf eine Debatte zurück,

die schon in den Anfängen der Unternehmensarchive geführt wurde. Vgl. bes. Klara van Eyll, Voraussetzungen und Entwicklungslinien von Wirtschaftsarchiven bis zum Zweiten Weltkrieg, Köln 1969; Übersicht zum heutigen Stand: Evelyn Kroker u. a. (Hrsg.), Handbuch für Wirtschaftsarchive. Theorie und Praxis, München 1998.

111 WA 56/85: Wandel an Ehrenberg 4.3.09. Vgl. Richard Ehrenberg, Krupp-Studien I–III, in: Thünen-Archiv 2 (1907–1909) S. 204–220, 220–227, 3 (1910/11) S. 1–164.

112 Manuskript in: FAH 4 A 20. In seinen späteren Schriften hat sich Berdrow von dieser Einsicht deutlich entfernt. – Der »Vorwärts«, das Zentralorgan der Sozialdemokratie, machte die Sonntagsausgabe vom 4.8.1912 mit einem großen Aufsatz über »Krupp« auf und betonte, »der wissenschaftliche Sozialismus [habe] volles Verständnis für die Bedeutung persönlicher Tüchtigkeit. Er verkennt nicht die Kraft individueller Energie und Kenntnisse für das soziale Leben. Er berücksichtigt nur besser die Tatsache, dass die sozialen Verhältnisse den Rahmen für die persönliche Tätigkeit des einzelnen abgeben, so dass ein Werk nie als das ausschließliche Verdienst eines Individuums erscheint, das infolge seiner genialen Veranlagung nur aus dem Nichts geschöpft habe.«

113 Vgl. Manfred Rasch, Von Festschrift und Hagiographie zur theorie- und methodengeleiteten Darstellung? Unternehmens- und Unternehmergeschichtsschreibung zur Stahlindustrie im Ruhrgebiet in den letzten hundert Jahren, in: Ferrum. Nachrichten aus der Eisenbibliothek Nr. 74/2002, S. 15–48, dort eine sehr umfassende Dokumentation der frühen firmengeschichtlichen, der Jubiläums- und der neueren Forschungsliteratur. Rasch enthält sich der Wertung; mir scheint jedoch die Kruppsche Festschrift eine gewisse Hervorhebung zu verdienen (S. 16). Wichtige Einblicke in die oft problematische Arbeit des Firmenhistorikers bietet Klaus Kunkel (Hrsg.), Vom Hofbericht zur Pop-Broschüre. Über Firmenfestschriften, Unternehmerbiographien und Selbstdarstellungen, Köln 1971, vgl. dort den Beitrag von Josef Winschuh, S. 27–51. Winschuh war während des Zweiten Weltkriegs verpflichtet worden, eine dann nicht vollendete Biographie Gustav Krupps zu schreiben und berichtet aufschlussreich über die entsprechenden Kontakte.

114 Krupp 1812–1912. Zum 100jährigen Bestehen der Firma Krupp und der Gußstahlfabrik zu Essen, hrsg. auf den hundertsten Geburtstag Alfred Krupps, Essen 1912 (Folio-Ausgabe, nach dieser wird hier zitiert); mit demselben Titel (Quart-Format): Jena 1912. Es erschienen mehrere Übersetzungen in andere Sprachen. Zu unterscheiden ist die gleichzeitig erschienene Beschreibung der aktuellen Werksanlagen (Querformat, deshalb gelegentlich als »Querfestschrift« bezeichnet): Fried. Krupp AG Essen Ruhr 1812–1912, Essen o. J. [1912].

115 Nach WA 56/120; Korrespondenz mit der Lithographischen Anstalt.

116 Zitate: Krupp 1812–1912, S. 149, 313; zur Verfasserschaft Schröder, Berdrow, S. 182. Haux neigt dazu, seinen eigenen Anteil hoch anzusetzen, scheint auch in einigen Sätzen Berdrow mit v. Schütz zu verwechseln, räumt aber Berdrow eine Art faktischer »Herausgabe« des Buches ein: Bei Krupp, S. 88–90.

117 Krupp 1812–1912, S. 399.

118 Vgl. Saul, Staat, S. 133–187: »Von der Repression zur Manipulation«; ferner: Josef Winschuh, Praktische Werkspolitik, Berlin 1923; Josef Gerbracht, Der Kampf um die Seelen der Arbeiter. Eine geschichtliche Darstellung der Organisationskämpfe in Rheinland und Westfalen, Berlin 1927; Peter Hinrichs, Um die Seele des Arbeiters. Arbeitspsychologie, Industrie- und Betriebssoziologie in Deutschland 1871–1945, Köln 1981, S. 157–168 u. a. zu Ehrenberg, S. 83–85 zur Gründung des Kaiser-Wilhelm-Instituts für Arbeitsphysiologie in Berlin, zu der auch Krupp spendete, sowie zu den Studien des Vereins für Sozialpolitik über »Auslese und Anpassung«; Thomas Welskopp, Arbeit und Macht im Hüttenwerk. Arbeits- und industrielle Beziehungen in der deutschen und amerikanischen Eisen- und Stahlindustrie von den 1860er bis zu den 1930er Jahren, Bonn 1994, S. 684–686, auch zur Gegenüberstellung von »isolierender Werksgemeinschaft« und »Betriebsgemeinschaft-Konzept«.

119 Vgl. Klaus-J. Mattheier, Die Gelben. Nationale Arbeiter zwischen Wirtschaftsfrieden und Streik, Düsseldorf 1973, S. 145 u. ö.; zu den Werkszeitschriften zuletzt Alexander Michel, Von der Fabrikzeitung zum Führungsmittel: Werkzeitschriften industrieller Großunternehmungen von 1890 bis 1945, Stuttgart 1997 (nur zu süddeutschen Unternehmen).

120 Polizeipräs. Essen an Regierungspräs. Düsseldorf 20.1.11, in: Gerhard Adelmann (Bearb.), Quellensammlung zur Geschichte der sozialen Betriebsverfassung. Ruhrindustrie, Bd. 1, Bonn 1960, S. 182f.

121 Entspr. Schriftwechsel in WA 56/121: Man suchte mögliche Ausstellungsstücke im ganzen Werk zusammen. Vgl. Herwig Müther, Vom Show-Room [so nannte Alfred Krupp 1871 den gewünschten Ausstellungsraum, K. T.] zu den Krupp-Ausstellungen in der Villa Hügel. Spurensicherung zur Geschichte eines Firmenmuseums, in: Archiv und Wirtschaft 18 (1985) S. 103–113. Seit November 1911 wurde in aller Eile ein Werkstattgebäude als Provisorium für das Museum errichtet.

122 Zur Hundertjahrfeier, S. 87; in Hugenberg, Streiflichter, S. 212, ist diese Sentenz hervorgehoben.

123 S. oben Anm. 111. In der Folgezeit wurde die Werkszugehörigkeit über Generationen durch die Geschichtliche Abteilung sehr bewusst stilisiert. Etwa ließ man (s. WA 56/36) Werksangehörige, die in vierter Generation bei Krupp arbeiteten, im Jahre 1939 gezielt berichten und möglichst präzise Familienbiographien erstellen.

124 Vgl. WA 4, 1390: Briefwechsel zwischen Klüpfel und Vielhaber, 1910/11.

125 Richard Ehrenberg/Hugo Racine, Krupp'sche Arbeiter-Familien. Entwicklung und Entwicklungs-Faktoren von drei Generationen deutscher Arbeiter, Jena 1912.

126 Nach WA 41/2-171, Schreiben vom 10.9.12.

127 Nach FAH 4 A 20.

128 Vgl. hierzu Margaret Lavinia Anderson, Practicing Democracy. Elections and Political Culture in Imperial Germany, Princeton UP 2000, S. 273–275; Thomas Dupke, Kohle, Krupp und Kommunalentwicklung. Die Karriere eines Landstädtchens – Essen 1803 bis 1914, in: Ulrich Borsdorf (Hrsg.), Essen. Geschichte einer Stadt, Bottrop/Essen 2002, S. 266–367, 342f.

129 »Bericht Jordans über die Presse«, d. i. hs. Überschrift eines Schreibens an Haux, das dieser an Hugenberg weiter gab und das von verschiedenen Bearbeitern mit Zusätzen, auch Fragezeichen, versehen wurde, undatierte Durchschr. in: WA 41/2-171.

130 WA 14/252 bis 257; es handelt sich zum kleineren Teil um Abschriften, zumeist aber um Zeitungsausschnitte, die in alphabetischer Folge (nach den Titeln der Blätter) abgelegt wurden. Etwa die Hälfte der Blätter sind an den Ecken zerstört, wobei das stark holzhaltige Zeitungspapier generell die Aufbewahrung erschwert.

131 Die folgenden Zitate aus: »Vorwärts. Berliner Volksblatt« 4.8.1912 sowie 1. Beilage des Vorwärts, 6.8.1912 (mit einem nüchtern gehaltenen Überblick zur Fa. Krupp), Mikrofilm, Bibliothek des Ruhrgebiets, Bochum; „Arbeiter-zeitung. Publikationsorgan der freien Gewerkschaften. Sozialdemokratisches Organ für den Stadt- und Landkreis Essen" Nr. 155 bis 188, 5.7. bis 13.8.1912 (einen Mikrofilm dieses 6. Jahrgangs der Zeitung machte mir freundlicherweise Herr Stadtarchivdirektor Dr. Klaus Wisotzky zugänglich); „Dortmunder Arbeiter-Zeitung" (Ausschnitte in WA 14/253).

132 Krupp und die Arbeiterklasse. Eine soziale Studie aus der modernen Industrie-Entwicklung, Essen o. J. [1912]; der Verf. könnte der Bergarbeiterführer Otto Hue gewesen sein.

133 Zitate im Folgenden nach den Ausschnitten WA 14/253.

134 Oberbergischer Anzeiger 92/5.8.12, in: WA 14/256; u. a. auch in: Neuköllnische Zeitung 8.8.12, in: WA 14/257.

135 Vgl. Brigitte Seebacher-Brandt, Bebel. Künder und Kärrner im Kaiserreich, Berlin/Bonn 1988, S. 326f., über einen Besuch von August Bebel, Gustav Noske und anderen führenden Sozialdemokraten beim Heer.

136 WA Z 56.

137 Essens Entwicklung 1812–1912, hrsg. aus Anlaß der hundertjährigen Jubelfeier der Firma Krupp, Essen 1912.

138 Vgl. Wolfgang J. Mommsen, War der Kaiser an allem schuld? Wilhelm II. und die preußisch-deutschen Machteliten, Berlin 2002; in Teilen versucht diese Deutung das Bild des Kaisers zu modifizieren, das von John C. G. Röhl in seiner monumentalen Kaiser-Biographie entworfen wird: Wilhelm II. Die Jugend des Kaisers 1859–1888, 2. Aufl. München 2001; Wilhelm II. Der Aufbau der persönlichen Monarchie 1888–1900, München 2001; ein weiterer Band steht zu erwarten. S. hierzu auch Röhl (Hrsg.), Der Ort Kaiser Wilhelms II. in der deutschen Geschichte.

139 Pogge von Strandmann, Der Kaiser und die Industriellen, S. 127f.

140 Vgl. Ehrenberg, Krupp-Studien III, S. 114f.

141 Theodor Heuss, 150 Jahre Krupp. Gedenkrede zu Essen am 20. November 1961, S. 11. Obwohl die Firma in der Nachkriegszeit eine ganz andere geworden war, neigte sie noch im Jubiläum von 1961 (es wurde nun präzise am Tag der Firmengründung gefeiert) zur Beschwörung der identitätsstiftenden Symbole, etwa, indem auf merkwürdige Weise das »Stammhaus« erneut in den Mittelpunkt gestellt wurde. – Dankbar erinnere ich, damals Lehrling eines Krupp-Betriebes, ein großzügiges Geldgeschenk aus diesem Anlass.

142 Vgl. Johannes Paulmann, Pomp und Politik. Monarchenbegegnungen in Europa zwischen Ancien Regime und Erstem Weltkrieg, Paderborn etc. 2000; Klaus Tenfelde, Adventus. Zur historischen Ikonologie des Festzugs, in: Historische Zeitschrift 46 (1982) S. 45–84. Die historische Forschung hat sich seit den 1980er Jahren vermehrt auch einer Geschichte »des Fests« zugewandt; vgl. etwa Uwe Schultz (Hrsg.), Das Fest. Eine Kulturgeschichte von der Antike zur Gegenwart, München 1988; Dieter Düding u. a. (Hrsg.), Öffentliche Festkultur. Politische Feste in Deutschland von der Aufklärung bis zum Ersten Weltkrieg, Reinbek 1988; Manfred Hettling/ Paul Nolte (Hrsg.), Bürgerliche Feste. Symbolische Formen politischen Handelns im 19. Jahrhundert, Göttingen 1993; regional z. B.: Hans-Dieter Schmid (Hrsg.), Feste und Feiern in Hannover, Bielefeld 1995; Sylvia Schraut, »... im Bewußtsein hoher Tradition«. Stadtjubiläen im Ruhrgebiet, in: dies./Bernhard Stier (Hrsg.), Bilder, Inszenierungen und Visionen in Geschichte und Gegenwart. Festschrift für Wolfgang von Hippel, Stuttgart 2001, S. 289–308; bes. Ute Schneider, Politische Festkultur im 19. Jahrhundert. Die Rheinprovinz von der französischen Zeit bis zum Ende des Ersten Weltkriegs (1806–1918), Essen 1995, wo das Kruppsche Jubiläum allerdings nicht behandelt wird.

143 Nach Pogge von Strandmann, Der Kaiser und die Industriellen, S. 121; vgl. bes. Hull, The Entourage of Wilhelm II, S. 164f.

144 Ebd.; vgl. hierzu die Liste der Namenskürzel und Code-Nummern in S 2 16/ 19, Stand: 15.6.1910. »Nebenbürge« ist hier nicht erwähnt. Die Fa. zeigte in den Decknamen einen gewissen Humor: Ludwig Delbrück hieß »Blancura« (aus »Blanco«, »Prokura«); Gustav Krupp: »Evocador«; Ernst Haux: »Defensor«. Für Kriegsmaterial gab es einen eigenen Depeschen-Code.

145 Hierzu Lothar Burchardt, Zwischen Kriegsgewinnen und Kriegskosten. Krupp im Ersten Weltkrieg, in: Zeitschrift für Unternehmensgeschichte 32 (1987) S. 71–122; die eigenen Forschungen zusammenfassend jetzt Michael Epkenhans, Grundprobleme des Verhältnisses von Staat, Militär und Rüstungsindustrie in Deutschland, 1871–1933, in: Mitteilungsblatt des Instituts für soziale Bewegungen 28 (2003) S. 81–112, 100f.; s. auch Tenfelde, Krupp in Krieg und Krisen, S. 53–55.

146 Vgl. Tenfelde, Krupp in Krieg und Krisen, S. 80; die Hintergründe und internen Einschätzungen werden aus den Erinnerungen des letzten Chefs des Zivilkabinetts erkennbar: Heinrich Potthoff (Bearb.), Friedrich v. Berg als Chef des Geheimen Zivilkabinetts 1918. Erinnerungen aus seinem Nachlass, Düsseldorf 1971, S. 169–171. v. Berg hatte die Rede vorbereitet, der Kaiser hielt sich indessen wieder einmal über weite Strecken nicht an das Manuskript, so dass eine schwierige redaktionelle Überarbeitung für die Presse erforderlich wurde.

147 Hierzu jetzt Boris Barth, Dolchstoßlegenden und politische Desintegration. Das Trauma der deutschen Niederlage im Ersten Weltkrieg 1914–1933, Düsseldorf 2003; dem Verfasser ist die Kruppsche Deutung der Schuldfrage entgangen.

148 Vgl. u. a. WA 7 f 1070 bis 1108, dazu WA 4/155, FAH 4 E 10/I und II.

149 In der Forschungsliteratur ist die Kriegsdenkschrift bisher vor allem von Zdenek Jindra, Der Rüstungskonzern Fried. Krupp AG 1914–1918. Die Kriegsmateriallieferungen für das deutsche Heer und die deutsche Marine, Prag 1986, sowie von Burchardt, Epkenhans und mir ausgewertet worden; s. die Hinweise o. Anm. 145.

150 Mit diesem Hinweis lassen sich die Ergebnisse von Jens Neumann, Der Adel im 19. Jahrhundert in Deutschland und England im Vergleich, in: Geschichte und Gesellschaft 30 (2004) S. 155–182, bestätigen; s. ferner Augustine,Patricians and Parvenus, S. 79ff. und passim.

151 Hierzu jüngst: Christian Jansen (Hrsg.), Der Bürger als Soldat. Die Militarisierung der europäischen Gesellschaften im langen 19. Jahrhundert: ein internationaler Vergleich, Essen 2004.

152 Vgl. etwa: August Nitschke u. a. (Hrsg.), Jahrhundertwende: der Aufbruch in die Moderne 1880–1930, Bd. 1, Reinbek 1990; Gangolf Hübinger u. a. (Hrsg.), Kultur und Kulturwissenschaften um 1900, 2 Bde. Stuttgart 1997, etwa Bd. 2, S. 24–40, der Aufsatz von Wolfgang J. Mommsen, Kultur und Wissenschaft im kulturellen System des Wilhelminismus. Die Entzauberung der Welt durch Wissenschaft und ihre Verzauberung durch Kunst und Literatur; Detlev J. K. Peukert, Die Weimarer Republik. Krisenjahre der Moderne, Frankfurt a. M. 1987.

Verzeichnis der Abbildungen

Vorbemerkung

Die Abbildungen dieses Bandes entstammen beinahe ausnahmslos (die Ausnahmen sind selbstverständlich in den Anmerkungen sowie im nachfolgendem Verzeichnis dargelegt) dem Historischen Archiv Krupp. Es ist deshalb in erster Linie der hohe Verwahrungs- und Konservierungsstandard dieses Archivs, der sich in der hier getroffenen Auswahl (aus rund 1.000 einschlägigen Bildvorlagen zum Thema dieses Buches) spiegelt. Allerdings haben inhaltliche Gesichtspunkte, nicht solche der Überlieferungsqualität, die Bildauswahl angeleitet.

Für den Abdruck wurde das Papier BVS 150 gr/qm in mattgestrichen, weiß der Firma Scheufelen verwendet; drucktechnisch wurde nach langen Überlegungen ein Vierfarbendruck gewählt und auf Wiedergabegenauigkeit bei unterschiedlichen Papierqualitäten geachtet. Das Duplex-Druckverfahren, das sich an sich angeboten hätte, ist im Hinblick auf die recht zahlreichen Farbvorlagen verworfen worden; es lässt im Übrigen die Bildwiedergaben manchmal qualitätsvoller als die Vorlagen erscheinen. Auf Vorlagentreue wurde aber so weit wie irgend möglich geachtet; beispielsweise sind überlieferte Großformate nicht als Kleinformate bzw. umgekehrt wiedergegeben worden – allerdings lässt sich völlige Formattreue schon aus drucktechnischen Gründen nicht durchhalten, ganz abgesehen von dem Umstand, dass insofern bereits die Druckvorlagen Verfälschungen des ursprünglich vom Bildautor erstellten Produkts sein können.

Bei der Auswahl der Druckvorlagen wurde im Falle von Mehrfachüberlieferungen diejenige bevorzugt, welche der Absicht des Bildautors nach sorgfältiger Abwägung am nächsten zu kommen scheint. Recherchen über die Autoren der Fotographien blieben früher schon weitgehend erfolglos, weil die Mehrheit aller Fotographien durch die Photographische Anstalt der Firma Krupp erstellt und zur weiteren Verwendung aufbereitet worden sind. Einzelne Fotographen lassen sich in den Bildbeständen des Historischen Archivs Krupp nur für die Frühzeit der 1860er und 1870er Jahre – und selbst insoweit nicht durchgängig – identifizieren.

Die Photographische Anstalt – als gesonderte Abteilung der Essener Gussstahlfabrik wechselte sie später wiederholt die Bezeichnung – entstand schon 1861 auf ausdrückliche Anordnung Alfred Krupps (1812–1887), der um Jahrzehnte früher als andere Unternehmer das mit dem – gut zwei Jahrzehnte zuvor erfundenen – neuen Medium der Fotographie verbundene Potential für die Außendarstellung des Unternehmens, der einzelnen Betriebe und ihrer Produkte erkannt hatte. Ihre Geschichte ist von Bodo von Dewitz ausführlich dargestellt worden (in: Klaus Tenfelde, Hrsg., Bilder von Krupp, 1994). Krupp blieb an den Produkten seiner Fotographen sehr interessiert; er pflegte in die Anordnung der Arrangements größerer, für die Werbung vorgesehener Fotoarbeiten bis in Einzelheiten einzugreifen, während sich sein Sohn Friedrich Alfred (1854–1902) und Gustav Krupp von Bohlen und Halbach (1870–1950) der Arbeit der Fotographen gleichfalls für Werbezecke, jedoch ohne erkennbares persönliches Interesse bedienten. Die Familie zog für repräsentativ gedachte Porträts ihrer Mitglieder stets die renommierten Fotostudios jener Zeit heran, und solche Bilder sind auch in diesen Band aufgenommen worden – wenn Familienmitglieder nicht selbst fotographierten, wie sich das im Falle Margarethe Krupps (1854–1931) frühzeitig, kurz nach Verfügbarkeit der neuen Kodak-Kameras zu Beginn der 1890er Jahre, nachweisen lässt. – Die Photographische Anstalt, der bald eine Steindruckerei angeschlossen wurde, bezog 1872 ein eigenes Gebäude und soll um 1900 rund 100 Mitarbeiter beschäftigt haben. Längst waren die Aufgaben in einem industriellen Großunternehmen besonders vielfältig geworden. So fotographierte und dokumentierte man für das »Nachrichtenbüro« – die seit 1890 bestehende zentrale Informationsstelle des Unternehmens, aus der 1905 die Geschichtliche Abteilung hervorging – anhaltend die Werkseinrichtungen. Dauernd wurde ja Altes abgerissen und Neues errichtet. Zahllose Druckaufträge erreichten den Betrieb, und was bei Krupp fotographiert und gedruckt wurde, ist von der Lithographischen Anstalt erstellt worden.

Die reiche Bildüberlieferung im Historischen Archiv Krupp zum Jubiläum 1912 dürfte dennoch nur einen Ausschnitt der aus diesem Anlass tatsächlich angefertigten Bilder umfassen. Es lässt sich nicht klären, wer mit welchen Absichten diejenigen Bilder, die vermutlich an das Direktorium und hiernach an die Familie Krupp weitergegeben wurden und die auf diesem Weg weitere Auswahlen erfahren haben dürften, von den insgesamt erstellten Bildquellen zusammengestellt hat. Überliefert ist nur, was auf dem Hügel im Zeitablauf einlangte und von dort in das seit 1905 im Aufbau befindliche Archiv geriet. Nachdem »lebende Bilder« über den Kaiser und Hofstaat seit der Wende zum 20. Jahrhundert überliefert sind, liegt es nahe anzunehmen, dass von dem sehr außergewöhnlichen Ereignis des Firmenfestes und Kaiserbesuchs auch Filmaufnahmen erstellt worden sein könnten; darüber fand sich jedoch bisher keine Spur. Über die Aufnahme von Filmsequenzen in das Festspiel wird weiter oben berichtet. – Die vermutlich insgesamt in die Millionen gehenden Bildvorlagen, die durch die Graphische Anstalt seit deren Bestehen angefertigt worden sein müssen, gingen während des Zweiten Weltkrieges durch einen Bombenangriff verloren. Indessen ist es dem Historischen Archiv Krupp in jüngerer Zeit wiederholt gelungen, auch solche Bildbestände zu akquirieren, die von privaten Fotographen oder aus anderweitigen Quellen zur Kruppschen Werks- und Familiengeschichte überliefert sind. Auch aus solchen Akquisitionen sind in diesem Band einige Beispiele abgedruckt worden.

Im Zuge der archivalischen Ordnungsarbeiten legte das Archiv eine Bestandsgruppe für Bildüberlieferungen an (Werksarchiv 16), aber Bilder finden sich weiterhin auch in anderen Bestandsgruppen, insbesondere in den Privatsekretariaten der Inhaber. Vieles davon ist in Alben gesammelt. Der Erhaltungszustand ist, auch dank der hohen Qualität der ursprünglich gewählten Materialien, in der Regel außergewöhnlich gut. Unsere Reproduktionen werden im Folgenden durch ein genaues Verzeichnis der Abbildungen ergänzt, um auch Fotographie-Historikern und sonstwie an der Interpretation von Bildquellen interessierten Autoren einen möglichst präzisen Zugang zu den Quellen zu ermöglichen. Dabei haben wir beim Abdruck in diesem Band eigene Bildtitel (1) erstellt und das Gezeigte, wo erforderlich oder naheliegend, knapp erläutert; falls ursprüngliche Bildtitel überliefert sind, werden sie nachfolgend (2) wiedergegeben. Reproduktionen anderen Materials – Einladungskarten, Pläne, Skizzen oder auch Buchseiten – werden wie Fotographien behandelt. Die Rubriken enthalten die folgenden Informationen:

1. **Bildunterschrift**
   Es handelt sich um eine vom Autor oder vom Historischen Archiv Krupp erstellte Formulierung.
2. **Bildtitel**
   Diese Texte sind der Vorlage aufgedruckt oder handschriftlich hinzugefügt; sie könnten vor der Archivierung oder zu einem späteren Zeitpunkt entstanden sein oder gänzlich fehlen (»ohne Titel«). Es wurde die Original-Schreibweise übernommen. Bei Dokumenten und Schriftstücken werden hier zentrale Textanfänge übernommen.
3. **Datierung**
   Diese Angaben sind dem Bildtitel entnommen oder aufgrund anderer Informationen gewonnen worden, zum Beispiel bei Bildpostkarten über den Poststempel.
4. **Fotograph, Fotoatelier, Maler, Zeichner, Verlage**
   Es handelt sich um der Quelle entnommene oder sonstwie gewonnene Angaben, falls die Quelle keine Hinweise enthält. Vor allem, wenn Negativ-Nummern einkopiert wurden, handelt es sich eindeutig um Aufnahmen der Photographischen Anstalt. Im Fall von Dokumenten und Schriftstücken erfolgte hier kein Eintrag.
5. **Bildgröße**
   Die Rubrik bezeichnet Höhe und Breite der Quelle und enthält Hinweise auf die Überlieferungsform (Alben, Fotomappen, Druckwerke etc.)
6. **Signaturen**
   Es werden die Signaturen des Historischen Archivs Krupp (HAK) – bei Mehrfachüberlieferungen nur die Signatur des abgedruckten Exemplars – und sonstige Quellen benannt.

Abbildungen

Titelbild
1. Der Festakt im Lichthof des Hauptverwaltungsgebäudes am 8. August 1912, Gemälde von Theodor Rocholl
2. Festakt im Lichthof des Hauptverwaltungsgebäudes aus Anlaß der am 8. August 1912 begangenen Hundertjahrfeier der Firma Krupp. Pinx. Th. Rocholl, Düsseldorf. Reprod. Brend'amour, Simhard & Co.
3. 1913
4. Theodor Rocholl (1854–1933), Reproduktion (Farbdruck) eines verschollenen Gemäldes, sie wurde im November 1913 von Gustav Krupp von Bohlen und Halbach als Erinnerungsgabe versandt
5. 19,5 × 28 cm, in einer Klappmappe »Festakt im Lichthof des Hauptverwaltungsgebäudes aus Anlass der Hundertjahrfeier der Firma Krupp am 8. August 1912«
6. HAK FAH 4 A 24

Abbildung 1 – Seite 9
1. Die Villa Hügel in Essen-Bredeney, seit 1873 Wohnsitz der Familie Krupp, Blick von Nordwesten, Postkarte um 1910
2. Villa Hügel
3. unbekannt, Poststempel 15.5.1910
4. Verlag F.K.P. Werden
5. 8,8 × 13,8 cm, Bildpostkarte, kolorierte Fotographie
6. HAK S 6/6.31

Abbildung 2 – Seiten 10 und 11
1. Die Gussstahlfabrik Fried. Krupp in Essen im Jahre 1912, Gemälde von Otto Bollhagen und Fritz Jacobsen
2. Die Gußstahlfabrik im Jahre 1912
3. 1912
4. Otto Bollhagen (1861–1924) und Fritz Jacobsen (1867–1949)
5. 34,5 × 76 cm, Reproduktion (Farbdruck) eines verschollenen Gemäldes, Beilage zur Festschrift »Krupp 1812–1912 Zum 100jährigen Bestehen der Firma Krupp und der Gussstahlfabrik zu Essen-Ruhr Herausgegeben auf den hundertsten Geburtstag Alfred Krupps«
6. HAK S 1 K 7.16 B

Abbildung 3 – Seite 12
1. Alfred Krupp (1812–1887), Gemälde von Julius Grün
2. »Herr Alfred Krupp«. Portrait, ganze Figur
3. unbekannt, 1870er Jahre
4. Julius Grün (1823–1896)
5. 270 × 175 cm, Gemälde in der Unteren Halle der Villa Hügel
6. Villa Hügel Essen, Gemälde-Katalog Nr. 168

Abbildung 4 – Seite 13
1. Die drei Krupp-Ringe, drei aufeinander gelegte nahtlose Eisenbahnradreifen, sind seit Dezember 1875 Markenzeichen der Fa. Fried. Krupp
2. ohne Titel
3. 1876
4. –
5. 5 × 7 cm, Zeitungsanzeige aus: Dritte Beilage zum Deutschen Reichs-Anzeiger und Königlich Preußischen Staats-Anzeiger No. 11, Berlin, 11.1.1876
6. FK-GmbH Akte Wz 1I Bd. 1, Warenzeichenanmeldung, Deutschland: Nr. 1 bis Juni 1900

Abbildung 5 – Seite 13
1. Familie Krupp mit Freunden auf Capri, 1898
2. Capri 1898. Herr Korn, Dr. Vogt, Bertha, Herr F.A. Krupp, Frl. Brandt, Admiral Schröder, Frau Krupp, Barbara
3. 1898
4. unbekannt
5. 24 × 19 cm, Fotographie auf Karton aufgezogen
6. HAK F 29/55

Abbildung 6 – Seite 14
1. Eine Tagesproduktion der Gussstahlfabrik (ohne Berücksichtigung der Geschützproduktion), aus gestellt beim Besuch von Kaiser Wilhelm I. in Essen am 2. September 1877
2. Gelegentlich des Besuchs Kaiser Wilhelms I. am 2.9.1877 auf der Gußstahlfabrik ausgestellte Tagesproduktion: 1000 diverse Granaten, 160 Radreifen, 120 Lokomotiv- und Waggonachsen, 160 Eisenbahnräder, 430 Eisenbahnfedern, 1800 Schienen.
3. 2. September 1877
4. vermutlich Hugo van Werden, Photographische Anstalt Fried. Krupp
5. 21,5 × 30,8 cm, Fotographie auf Karton aufgezogen, alte Negativnummer: F63, die Original-Glasplatte ist erhalten geblieben
6. HAK WA 16 k 982

Abbildung 7 – Seite 14
1. Geschützbau in der IV. Mechanischen Werkstatt von 1863, 1906
2. IV. Mechanische Werkstatt
3. 1906
4. Photographische Anstalt der Fried. Krupp A.G. Essen-Ruhr
5. 21,8 × 27,3 cm, aus Album »Fried. Krupp A.G. Gussstahlfabrik Essen/Ruhr, Ansichten von Anlagen und Werkstätten der Gußstahlfabrik Essen-Ruhr und der Friedrich-Alfred-Hütte in Rheinhausen«
6. HAK WA 16 b 203, Blatt 31

Abbildung 8 – Seite 15
1. Tiegelstahlguss im alten Schmelzbau, Gemälde von Otto Bollhagen, 1912
2. Gußstahlfabrik Essen Tiegelguß im Schmelzbau
3. 1912
4. Otto Bollhagen (1861–1924)
5. 15,5 × 24 cm, Reproduktion (Farbdruck) eines Gemäldes aus der Mappe »Fried. Krupp A.G. Essen-Ruhr«, 1912
6. HAK S 4/2.6

Abbildung 9 – Seite 15
1. Ein Tausendpfünder-Geschütz von Krupp, ausgestellt auf der Pariser Weltausstellung 1876, Holzstich aus der Leipziger Illustrirten Zeitung
2. Bilder von der Internationalen Ausstellung in Paris: Die Krupp'sche Riesenkanone.
3. 1867
4. Holzstich von Robert Gehrt (?) aus der Illustrirten Zeitung, Leipzig, Nr. 1247, 25. Mai 1867, S. 355
5. 23,5 × 35 cm
6. HAK WA 16 h 221

Abbildung 10 – Seite 16
1. Preußens König Wilhelm I. besucht am 9. Oktober 1861 die Essener Gussstahlfabrik, vor der Gruppe der König und dritter von rechts Alfred Krupp
2. Besuch König Wilhelm's I. auf der Gußstahlfabrik am 9. Oktober 1861
3. 9. Oktober 1861
4. vermutlich Hugo van Werden, Photographisches Atelier Fried. Krupp
5. 9,9 × 13,6 cm, spätere Vergrößerung der Originalfotographie (5,2 × 7,2 cm)
6. HAK FAH 2 D 66.79 (Original HAK FAH 2 D 66.80)

Abbildung 11 – Seite 17
1. Kaiser Wilhelm I. bewundert die Schmiedekunst am Dampfhammer Fritz, rechts neben dem Kaiser Alfred Krupp, 2. September 1877
2. ohne Titel
3. ohne Jahr
4. Tuschzeichnung von J.Kr. (vollständiger Name unbekannt)
5. 17,4 × 24,9 cm, Zeichnung auf Karton aufgezogen
6. HAK FAH 2 D 66.82

Abbildung 12 – Seite 18
1. Vorführung von Marinegeschützen vor Kaiser Wilhelm II. auf dem Krupp-Schießplatz in Meppen am 28. April 1892
2. Meppen, 28. April 1892 Vorführung von Marinegeschützen vor S. Maj. Kaiser Wilhelm II.
3. 28. April 1892
4. Photographische Anstalt Fried. Krupp
5. 10,5 × 21,5 cm, aus Album »Kruppsche Schießplätze I. Band 1875–1908«
6. HAK WA 16 e 76.11

Abbildung 13 – Seite 19
1. Der Kaiser im Trauerzug für Friedrich Alfred Krupp, Werksangehörige aus der Oberkontrolle und dem Fuhrwesen bilden das Spalier im Vordergrund, 26. November 1902
2. ohne Titel
3. 26. November 1902
4. Photographische Abteilung der Fried. Krupp A.G.
5. 21 × 29 cm, Fotographie auf Karton aufgezogen, aus Mappe »F. A. Krupp, 26.11. 1902«
6. HAK FAH 3 G 12, Foto 13

Abbildung 14 – Seite 20
1. Postkarte mit der Südansicht der Villa Hügel
2. Villa Hügel a. d. Ruhr
3. 1906, Poststempel 16.08.1906
4. Verlag Cremers Kunstanstalt, Dortmund
5. 8,8 × 13,6 cm, Bildpostkarte, Fotographie
6. HAK S 6/6.32

Abbildung 15 – Seite 20
1. Bertha und Gustav Krupp von Bohlen und Halbach im Jahre 1910
2. ohne Titel
3. Jacob Hilsdorf, Bingen
4. 22,5×16,5 cm, Fotographie auf Karton aufgezogen
5. HAK FAH F 29/124

Abbildung 16 – Seite 21
1. Postkarte »Kaisertage auf Hügel«
2. Kaisertage auf Hügel Jahrhundertfeier der Krupp'schen Werke 1812 1912
3. 1912
4. Verlag Hermann Lorch, Kunstanstalt, Dortmund
5. 9 × 14 cm, Bildpostkarte mit mehreren Abbildungen
6. HAK S 6/18.3

Abbildung 17 a und b – Seite 22
1. Festpostkarte zur Hundertjahrfeier, Vorder- und Rückseite
2. Festpostkarte zur Hundertjahrfeier der Firma Krupp 1812–1912
3. 1912, Poststempel 30.12.1912
4. herausgegeben vom Essener Verkehrsverein und von der Fried. Krupp A.G.
5. 9 × 14 cm, Bildpostkarte mit einem Holzschnitt von Robert Engels aus der Festschrift »Krupp 1812–1912. Zum 100jährigen Bestehen der Firma Krupp und der Gussstahlfabrik zu Essen-Ruhr Herausgegeben auf den hundertsten Geburtstag Alfred Krupps«, Essen 1912
6. HAK S 6/18.2

Abbildung 18 – Seite 23
1. Postkarte aus einer Serie »Kaisertage in Essen-Ruhr«
2. Kaisertage in Essen-Ruhr, Jahrhundertfeier der Krupp'schen Werke. 1812–1912
3. 1912, Poststempel 8. und 11.8.1912
4. Verlag Hermann Lorch, Kunstanstalt, Dortmund
5. 9 × 14 cm, Bildpostkarten mit mehreren Abbildungen
6. HAK S 6/18.16 und 6

Abbildung 19 – Seite 23
1. Postkarte aus einer Serie »Kaisertage in Essen-Ruhr«
2. Kaisertage in Essen-Ruhr, Jahrhundertfeier der Krupp'schen Werke. 1812–1912
3. 1912, Poststempel 8. und 11.8.1912
4. Verlag Hermann Lorch, Kunstanstalt, Dortmund
5. 9 × 14 cm, Bildpostkarten mit mehreren Abbildungen
6. HAK S 6/18.16 und 6

Abbildung 20 – Seite 24
1. Eine weitere Postkarte zur Erinnerung an das 100jährige Bestehen der Firma Fried. Krupp, 1912
2. Zur Erinnerung an das 100jährige Bestehen der Firma Fried. Krupp 1812–1912
3. 1912
4. Verlag F. Flothmann, GmbH, Essen-Ruhr
5. 14,2 × 9,3 cm, Bildpostkarte mit mehreren Abbildungen
6. HAK S 6/18.5

Abbildung 21 – Seite 25
1. Das Alfred Krupp-Denkmal von 1892 am Eingang zur Gussstahlfabrik, Postkarte um 1908
2. Essen a. d. Ruhr Krupp Denkmal an der Altendorferstrasse.
3. unbekannt, Poststempel 17.11.1908
4. Verlag unbekannt
5. 8,8 × 13,6 cm, Bildpostkarte, Fotographie
6. HAK S 6/3.20

Abbildung 22 – Seite 25
1. Ausschachtungsarbeiten für die Fundamente des neuen Hauptverwaltungsgebäudes, April 1908
2. Stammhaus und älteste Werkstätten mit Schmelzbau im Hintergrund. Vorn Ausschachtungsarbeiten für das Fundament des neuen Hauptverwaltungsgebäudes. April 1908.
3. 1908
4. Photographische Anstalt der Fried. Krupp A.G.
5. 20 × 38,3 cm, Fotographie auf Karton aufgezogen
6. HAK FAH 16 a 91

Abbildung 23 – Seite 26
1. Das neue Hauptverwaltungsgebäude (»Turmhaus«) an der Altendorfer Straße wurde 1910 fertig gestellt, undatierte Postkarte.
2. Essen a. Ruhr, Hauptverwaltungsgebäude der Fa. Friedr. Krupp A.-G.
3. unbekannt
4. Verlag Trinks & Co., G.m.b.H., Leipzig
5. 13,7 × 8,7 cm, Bildpostkarte, kolorierte Fotographie
6. HAK S 6/13.60

Abbildung 24 – Seite 26
1. Das neue Hauptverwaltungsgebäude, Holzstich von A. Ritscher aus den Kruppschen Mitteilungen, Februar 1911
2. Das neue Hauptverwaltungsgebäude.
3. 25.2.1911
4. Holzstich von A. Ritscher
5. 15 × 20,8 cm, aus: Kruppsche Mitteilungen, 2. Jg., Nr. 8, S. 30, vom 25. Februar 1911
6. HAK S 1 K 21.2 (1911)

Abbildung 25 – Seite 27
1. Im Hauptverwaltungsgebäude: Die Ehrenhalle mit der Skulptur »Die Arbeit« von Hugo Lederer
2. ohne Titel
3. 1912
4. Photographische Abteilung der Fried. Krupp A.G.
5. 27 × 21 cm, Zyanotypie, alte Negativnummer: W1490a
6. HAK WA 16 z 84 a, Foto 129

Abbildung 26 – Seite 28
1. Im Hauptverwaltungsgebäude: Blick in das Treppenhaus
2. ohne Titel
3. 1912
4. Photographische Abteilung der Fried. Krupp A.G.
5. 27,5 × 21 cm, Zyanotypie, alte Negativnummer: W1489a
6. HAK WA 16 z 84 a, Foto 125

Abbildung 27 – Seite 29
1. Das Arbeitszimmer von Gustav Krupp von Bohlen und Halbach im Erker des »Turmhauses«
2. ohne Titel
3. 1912
4. Photographische Abteilung der Fried. Krupp A.G.
5. 20,3 × 28,6 cm und 22,3 × 28,6 cm, Zyanotypien, WA 16 z 84 aFoto 122, alte Negativnummer: W1487c und WA 16 z 84 a, Foto 121, alte Negativnummer: W1487b
6. HAK WA 16 z 84 a

Abbildung 28 – Seite 29
1. Im Hauptverwaltungsgebäude: der Sitzungssaal des Direktoriums
2. ohne Titel
3. 1912
4. Photographische Abteilung der Fried. Krupp A.G.
5. 21,5 × 28,5 cm, Zyanotypie, alte Negativnummer: W1488a
6. HAK WA 16 z 84 a, Foto 123

Abbildung 29 – Seite 30
1. Im Hauptverwaltungsgebäude: der »Oberlichthof«, bestuhlt und geschmückt für den Kaiserbesuch 1912
2. ohne Titel
3. 1912
4. Photographische Abteilung der Fried. Krupp A.G.
5. 27 × 33,2 cm, Zyanotypie, alte Negativnummer: B278
6. HAK WA 16 z 84 a, Foto 32

Abbildung 30 – Seite 31
1. Bau des Festsaals im »Lustgarten« der Villa Hügel, südlich an die obere Terrasse am Großen Haus anschließend
2. Bau der Festhalle (zum hundertjährigen Fabrikjubiläum) März 1912
3. März 1912
4. Photographische Anstalt der Fried. Krupp A.G., Fotographie auf Karton aufgezogen
5. 22,5 × 29,5 cm
6. AK SH 58/2

Abbildung 31 – Seite 31
1. Villa Hügel: der 1912 zusätzlich errichtete Festsaal für die Jubilarfeier und das Kaiserdiner
2. ohne Titel
3. 1912
4. Photographische Anstalt der Fried. Krupp A.G., Fotographie auf Karton aufgezogen
5. 23 × 34 cm, aus der Mappe »Festhalle Auf dem Hügel 1912«
6. HAK SH 58/3

Abbildung 32 – Seite 32
1. Die Küche für den Festsaal wurde im südöstlichen Laubengang der Villa Hügel errichtet
2. ohne Titel
3. 1912
4. Photographische Anstalt der Fried. Krupp A.G., Fotographie auf Karton aufgezogen
5. 23 × 34 cm, aus der Mappe »Festhalle Auf dem Hügel 1912«
6. HAK SH 58/8

Abbildung 33 – Seite 32
1. Finanzrat Dr. Alfred Hugenberg (1865–1951), Mitglied des Direktoriums der Fried. Krupp AG 1909 bis 1919
2. Alfred Hugenberg 1. X. 1909 bis 1. X. 1919.
3. unbekannt
4. unbekannt
5. 15 × 11cm
6. HAK WA 16 l 33.158.2

Abbildung 34 – Seite 32
1. Friedrich von Bülow (1865–1936), für Gustav Krupp von Bohlen und Halbach der wichtigste Ansprechpartner für die Festplanung
2. F. v. Bülow
3. unbekannt
4. unbekannt
5. 9 × 6,7 cm
6. HAK WA 16 l 33.41

Abbildung 35 – Seite 32
1. Walter Ignée (1876–1944), Kruppscher Brandinspektor, Planungschef für den Kaiserbesuch
2. Walter Ignée
3. unbekannt
4. unbekannt
5. 6 × 4 cm
6. HAK WA 16 l 33.160

Abbildung 36 – Seite 33
1. »Probefahrt mit Zeitnotizen«: Der Kaiserweg durch Essen am 8. August 1912, vormittags
2. (Probefahrt mit Zeitnotizen) Hin- und Rückweg S.M. am 8.8.12 vom Hügel zur Fabrik und umgekehrt.
3. 18. Juli 1912
4. –
5. 38 × 27,5 cm, Situationsplan mit eingezeichneter Fahrtroute
6. HAK WA 41/2–172, Blatt 128

Abbildung 37 – Seite 34
1. Eine Essener Fahnen-Firma bietet ihre Dienste zum Kaiserbesuch an
2. Zu den bevorstehenden großen Festlichkeiten in Essen …
3. 27. Juni 1912
4. –
5. 29,5 × 23 cm, gedruckter Brief
6. HAK FAH 21/390.72

Abbildung 38 – Seite 34
1. Der geschmückte Essener Burgplatz, der vom Kaiser bei seiner Rundfahrt nicht betreten wurde
2. unbekannt
3. August 1912
4. unbekannt
5. unbekannt
6. Hans Tümmler, Essen so wie es war, Düsseldorf 1977, S. 71

Abbildung 39 – Seite 35
1. Festschmuck an der Werkseisenbahnbrücke über die Altendorfer Straße am Eingang zur »Krupp-Stadt«
2. ohne Titel
3. 8. August 1912
4. Photographische Anstalt der Fried. Krupp A.G.
5. 32 × 24,5 cm, Fotographie auf Karton aufgezogen, aus Album »Hundertjahrfeier der Fried. Krupp A.G. Essen/Ruhr August 1912« (Bibliothek Hügel B 328 n)
6. HAK WA 16 z 84 c, Blatt 5

Abbildung 40 – Seite 36
1. Die Ehrenpforte an der Hügelstraße
2. ohne Titel
3. 8. August 1912
4. Photographische Anstalt der Fried. Krupp A.G.
5. 35,2 × 25,4 cm, Fotographie auf Karton aufgezogen, aus Album »Hundertjahrfeier der Fried. Krupp A.G. Essen/Ruhr August 1912« (Bibliothek Hügel B 328 n)
6. HAK, WA 16 z 84 c, Blatt 4

Abbildung 41 – Seite 37
1. Das Alfred Krupp-Denkmal am Eingang zur Gussstahlfabrik neben der VIII. Mechanischen Werkstatt (rechts) im Festschmuck, 8. August 1912
2. ohne Titel
3. 8. August 1912
4. Photographische Anstalt der Fried. Krupp A.G.
5. 22 × 28 cm, Zyanotypie, alte Negativnummer B278f
6. HAK WA 16 z 84 d, Foto 38

Abbildung 42 – Seite 37
1. Einige Passanten haben den Fotographen entdeckt
2. ohne Titel
3. 8. August 1912
4. Photographische Anstalt der Fried. Krupp A.G.
5. Ausschnitt aus Abb. 40
6. HAK WA 16 z 84 d, Foto 38

Abbildung 43 – Seite 38
1. Das Friedrich Alfred Krupp-Denkmal am Limbecker Platz im Festschmuck
2. ohne Titel
3. August 1912
4. unbekannt, Privataufnahme
5. 9 × 14,2 cm, Fotographie auf Karton aufgezogen
6. HAK FAH 4 A 8.9

Abbildung 44 – Seite 39
1. Fahnenschmuck im Werksgelände an der Altendorfer Straße
2. ohne Titel
3. 8. August 1912
4. Photographische Anstalt der Fried. Krupp A.G.
5. 28 × 22,3 cm, Zyanotypie, alte Negativnummer B278e
6. HAK WA 16 z 84 a, Foto 21

Abbildung 45 – Seite 40
1. Die Ehrenpforten für den Empfang des Kaisers durch die Stadt Essen an der Bismarckstraße
2. ohne Titel
3. August 1912
4. unbekannt, Privataufnahme
5. 9,3 × 14 cm, Fotographie auf Karton aufgezogen
6. HAK FAH 4 A 8.11

Abbildung 46 – Seite 40
1. Die Einfahrt zum Hauptverwaltungsgebäude im Festschmuck
2. ohne Titel
3. 8. August 1912
4. Photographische Anstalt der Fried. Krupp A.G.
5. 22,7 × 17 cm, Zyanotypie, alte Negativnummer B278k
6. HAK WA 16 z 84 d, Foto 32

Abbildung 47 – Seite 41
1. Sicherheitsprobleme: Ein Blick in das Parkgelände »auf dem Hügel«, um 1900
2. ohne Titel
3. um 1900
4. unbekannt
5. 21 × 29 cm, Fotographie auf Karton aufgezogen
6. HAK SH 50/9

Abbildung 48 – Seite 42
1. Einlasskarte zur »Besitzung Hügel« für den 7. August 1912
2. Einlass-Karte für …
3. 7. August 1912
4. –
5. 7,5 × 12 cm, Einlass-Karte
6. HAK FAH 21 391.39

Abbildung 49 – Seite 42
1. Anweisungen zum Sicherheitsdienst auf dem Hügel (Entwurf vom 5. August 1912)
2. Der Sicherheitsdienst während der Anwesenheit des Kaisers …
3. 5. August 1912
4. –
5. 33 × 21 cm, Anweisung
6. HAK FAH 21/391

Abbildung 50 – Seite 43
1. Antwortschreiben von Reichskanzler Dr. von Bethmann Hollweg auf die Einladung zum Jahrhundertfest, 24. Mai 1912
2. Für Ihre liebenswürdige Einladung zu …
3. 24. Mai 1912
4. –
5. 24,5 × 20,8 cm, handgeschriebener Brief
6. HAK FAH 4 A 21.41

Abbildung 51 – Seite 43
1. Erkrankungsbedingte Absage vom Staatssekretär des Äußeren, Kiderlen-Waechter, 24. Juli 1912
2. Leider und zu meinem aufrichtigen Bedauern …
3. 24. Juli 1912
4. –
5. 26,5 × 21 cm, eigenhändiger Brief
6. HAK FAH 4 A 21.92/93

Abbildung 52 – Seite 45
1. Die Gäste auf dem Hügel, August 1912
2. Nachweisung der Wohnungen der im August 1912 auf dem Hügel anwesenden Herrschaften.
3. August 1912
4. –
5. 21 × 16 cm, gedruckter Wohnungsnachweis, 8 Seiten
6. HAK FAH 4 A 21.4-8

Abbildung 53 – Seite 46–47
1. Sitz- und Servierplan für das »Kaiseressen« am 8. August 1912 im neu errichteten Festsaal der Villa Hügel
2. Abendtafel auf Hügel, den 8. August 1912.
3. 8. August 1912
4. –
5. 27,5 × 35,5 cm, Sitz- und Servierplan
6. HAK FAH 4 A 17.128

Abbildung 54 – Seite 49
1. Der Kaiser und Gustav Krupp von Bohlen und Halbach besichtigen die Siedlung Altenhof in Essen-Rüttenscheid
2. ohne Titel
3. 8. August 1912
4. Photographische Anstalt der Fried. Krupp A.G.
5. 20 × 28,8 cm, Fotographie auf Karton aufgezogen, alte Negativnummer: B270, aus Album »Hundertjahrfeier der Fried. Krupp A.G. Essen/Ruhr August 1912« (Bibliothek Hügel B 328 n)
6. HAK, WA 16 z 84 c, Blatt 15

Abbildung 55 – Seite 49
1. Ausschnitt: Eine Mutter erklärt ihrer Tochter das Geschehen
2. ohne Titel
3. 8. August 1912
4. Photographische Anstalt der Fried. Krupp A.G.
5. Ausschnitt aus Abb. 54
6. HAK, WA 16 z 84 c, Blatt 15

Abbildung 56 – Seite 50
1. Einladungskarte zur Jubilarfeier am 3. August 1912 für Richard Kranz (1880–1964), Betriebsführer der Lithographischen und Photographischen Anstalt der Essener Gussstahlfabrik
2. Herr und Frau Krupp von Bohlen u. Halbach beehren sich …
3. 3. August 1912
4. –
5. 13,5 × 21 cm, Einladung
6. HAK WA 60/231

Abbildung 57 – Seite 50
1. Die Festhalle auf dem Hügel mit der Bestuhlung für die Jubilarfeier, der Blick geht in Richtung Durchgang zum Großen Haus
2. ohne Titel
3. 1912
4. Photographische Anstalt Fried. Krupp A.G., Fotographie auf Karton aufgezogen
5. 24,5 × 35 cm, aus der Mappe »Festhalle Auf dem Hügel 1912«
6. HAK SH 58.15

Abbildung 58 – Seite 51
1. Deckblatt des Programms zur Jubilarfeier auf dem Hügel am 3. August 1912, hier die Fassung zum 25jährigen Dienstjubiläum
2. Feier der Jubilare in der Festhalle auf dem Hügel am 3. Aug. 1912 in den Tagen der Jahrhundertfeier der Gussstahlfabrik – 25
3. 1912
4. –
5. 28 × 22 cm, Programmheft
6. HAK FAH 4 A 14

Abbildung 59 – Seite 52
1. Blick von der Ruhr hinauf zur Villa Hügel, rechts der Bahnhof Hügel und unten das heutige Restaurant Parkhaus Hügel, Postkarte 1907
2. Essen Partie bei Villa Hügel
3. 1907, Poststempel 7.6.1908
4. Verlag Cremers Kunstanstalt Dortmund
5. 9 × 14 cm, Bildpostkarte, kolorierte Fotographie
6. HAK S 6/8.60

Abbildung 60 – Seite 52
1. Einladung für Herrn Kranz zum Belegschaftsfest im Städtischen Saalbau am 6. August 1912 (Vorder- und Rückseite)
2. Einladung zum Festabend
3. 6. August 1912
4. –
5. 13 × 20,5 cm, Einladung
6. HAK WA 60/231.2

Abbildung 61 – Seite 53
1. Aus dem Programm der Belegschaftsfeier: Das Lied »Krupp bleibt doch Krupp« von Otto Eccius
2. Festabend im Städt. Saalbau am 6. August 1912
3. 6. August 1912
4. –
5. 18,8 × 14,5 cm
6. HAK WA 60/231.3

Abbildung 62 – Seite 54
1. Finanzrat Dr. Ernst Haux (1863–1938), Mitglied des Direktoriums der Fried. Krupp A.G.
2. Finanzrat Dr. rer. pol. h. c. Ernst Haux
3. unbekannt
4. unbekannt
5. 13 × 11 cm
6. HAK WA 16 l 33.137

Abbildung 63 – Seite 54
1. Die Belegschaftsfeier im Städtischen Saalbau: Blick in den Festsaal
2. ohne Titel
3. 1912
4. Photographische Abteilung der Fried. Krupp A.G.
5. 22 × 28 cm, Zyanotypie, alte Negativnummer: B 261
6. HAK WA 16 z 84 a, Foto 28

Abbildung 64 – Seite 55
1. Deckblatt des Kruppschen Generalregulativs von 1872
2. General-Regulativ für die Firma Fried. Krupp in Essen a. d. Ruhr, Berlin 1872
3. 1872
4. Druckerei H.S. Hermann, Berlin
5. 23 × 14,5 cm
6. HAK FAH 2 B 305.1

Abbildung 65 – Seite 56
1. Das »Stammhaus« (Zustand 1873) mit den berühmten Erläuterungen von Alfred Krupp
2. Vor fünfzig Jahren war diese ursprüngliche Arbeiterwohnung die Zuflucht meiner Eltern. …
3. 1873
4. Photographische und Lithographische Anstalt Fried. Krupp
5. 27,5 × 22 cm, Fotographie auf Karton mit Faksimile-Druck des Textes von Alfred Krupp vom Februar 1873
6. HAK FAH 2 H 13.1

Abbildung 66 – Seite 57
1. Das Stammhaus inmitten der Werksanlagen, zwischen der Rückseite des neuen Hauptverwaltungsgebäudes und dem Martinwerk 3, 1935
2. Fried. Krupp Aktiengesellschaft, Essen Stammhaus, erbaut 1818, inmitten neuzeitlicher Fabrikgebäude. Links ein großes Stahlwerk, rechts das Haupt-Verwaltungsgebäude, im Hintergrund das große Schmiedepreßwerk mit der 15000-t-Presse
3. 1935
4. Fotovervielfältigung H.O. Stöckel, Hannover
5. 14,8 × 10,7 cm, Postkarte, Echtfoto
6. HAK S 6/13.23

Abbildung 67 – Seite 58
1. Gustav und Bertha Krupp von Bohlen und Halbach mit ihrem ersten Sohn und Erben, Alfried, im Jahre 1910
2. ohne Titel
3. 1910
4. Jacob Hilsdorf, Bingen
5. 21 × 15,5 cm, Fotographie auf Karton aufgezogen
6. HAK F 29/143

Abbildung 68 – Seite 59
1. Die Familie Krupp von Bohlen und Halbach beim Ausritt auf dem Hügel: Gustav, Bertha und Alfried
2. ohne Titel
3. ohne Datum
4. Ottomar Anschütz, Berlin
5. 16 × 21,5 cm,
6. HAK F 29/146

Abbildung 69: – Seite 60
1. Der Festakt zur Ordensverleihung im »Oberlichthof« des Hauptverwaltungsgebäudes am 7. August 1912
2. ohne Titel
3. 7. August 1912
4. Photographische Anstalt der Fried. Krupp A.G.
5. 20 × 32 cm, Fotographie auf Karton aufgezogen, aus Album »Hundertjahrfeier der Fried. Krupp A.G. Essen/Ruhr August 1912«
6. HAK, WA 16 z 84 b, Blatt 6

Abbildung 70 – Seite 61
1. Krupp und der Kaiser – Autofahrt durch Essen
2. ohne Titel
3. 8. August 1912
4. Internationaler Illustrations-Verlag Sennecke & Gross, Berlin, Lindenstraße 105
5. 11 × 15 cm
6. HAK WA 16 k 44,1

Abbildung 71 – Seiten 62 und 63
1. Die Programmhefte I und II für den Kaiserbesuch am 8. und 9. August 1912, sie waren für Bertha Krupp von Bohlen und Halbach bestimmt
2. Programm I und Programm II für den Besuch Seiner Majestät des Kaisers und Königs auf dem Hügel
3. 8. und 9. August 1912
4. –
5. 21 × 15 cm, gedruckte Programme
6. HAK FAH 4 A 16.7–10; 4 A 16.24 und 25

Abbildung 72 – Seite 64
1. Der Kaiser ante portas – der Empfang der Stadt Essen
2. Oberbürgermeister Holle 8. 8. 1912 morgens
3. 8. August 1912
4. Verlag für aktuelle Illustration Erich Benninghoven, Berlin-Friedenau
5. 28,5 × 40 cm
6. HAK FAH 4 A 8.1, Ex. 1

Abbildung 73 – Seite 64
1. Ausschnitt: Oberbürgermeister Holle und die »Ehrenjungfrauen«
2. Oberbürgermeister Holle 8. 8. 1912 morgens
3. 8. August 1912
4. Verlag für aktuelle Illustration Erich Benninghoven, Berlin-Friedenau
5. 28,5 × 40 cm
6. HAK FAH 4 A 8.1, Ex. 1

Abbildung 74 – Seite 65
1. Der Empfang der Stadt: der Kaiser tritt näher
2. ohne Titel
3. 8. August 1912
4. Photographische Anstalt der Fried. Krupp A.G.
5. 21 × 32 cm, Fotographie auf Karton aufgezogen, aus Album »Hundertjahrfeier der Fried. Krupp A.G. Essen/Ruhr August 1912« (Bibliothek Hügel B 328 n)
6. HAK, WA 16 z 84 c, Blatt 1

Abbildung 75 – Seite 65
1. Der Empfang der Stadt: das Arrangement der Massen – Jubel im Spalier
2. ohne Titel
3. (1912)
4. Photographische Abteilung der Fried. Krupp A.G.
5. 22,5 × 28,5 cm
6. HAK WA 16 z 84 d, Foto 30

Abbildung 76 – Seite 66
1. Ankunft der Wagenkolonne bei der Gussstahlfabrik (Einfahrt in die Altendorfer Straße, Blickrichtung zur Essener Innenstadt) auf der Höhe der Eisenbahnbrücke am Alfred-Krupp-Denkmal
2. ohne Titel
3. 8. August 1912
4. Photographische Anstalt der Fried. Krupp A.G.
5. 19,8 × 28,7 cm, Fotographie auf Karton aufgezogen, aus Album »Hundertjahrfeier der Fried. Krupp A.G. Essen/Ruhr August 1912« (Bibliothek Hügel B 328 n)
6. HAK, WA 16 z 84 c, Blatt 6

Abbildung 77 – Seite 66
1. Ausschnitt I: Polizei und Spalier
2. ohne Titel
3. 8. August 1912
4. Photographische Anstalt der Fried. Krupp A.G.
5. Ausschnitt aus Abb. 76
6. HAK, WA 16 z 84 c, Blatt 6

Abbildung 78 – Seite 66
1. Ausschnitt II: Polizei und Spalier
2. ohne Titel
3. August 1912
4. Photographische Anstalt der Fried. Krupp A.G.
5. Ausschnitt aus Abb. 76
6. HAK, WA 16 z 84 c, Blatt 6

Abbildung 79 – Seite 67
1. Einladung für Herrn Kranz zum Festakt im Hauptverwaltungsgebäude am 8. August 1912
2. Einladung zum Festakt im Lichthof ...
3. 8. August 1912
4. –
5. 13 × 20,5 cm, Einladung
6. HAK, WA 60/231.5 Vorderseite

Abbildung 80 – Seite 67
1. Der Empfang am Haupteingang des Hauptverwaltungsgebäudes
2. ohne Titel
3. 8. August 1912
4. Photographische Anstalt der Fried. Krupp A.G., alte Negativnummer B268
5. 16 × 22,5 cm, Zyanotypie
6. HAK, WA 16 z 84 a, Foto 14

Abbildung 81 – Seite 68
1. Sitzordnung im Lichthof
2. Sitzordnung
3. 8. August 1912
4. –
5. 13 × 20,5 cm, Einladung
6. HAK WA 60/231.5 Rückseite

Abbildung 82 – Seite 69
1. Das Programm zum Festakt im Hauptverwaltungsgebäude, 8. August 1912
2. Programm des Festaktes im Lichthof des Hauptverwaltungsgebäudes am Donnerstag, den 8. August 1912
3. 8. August 1912
4. –
5. 16 × 11 cm, Programm
6. HAK FAH 4 A 16.3/4

Abbildung 83 – Seite 70
1. Der Festakt am 8. August im Lichthof: Gustav Krupp von Bohlen und Halbach ist der erste Redner
2. ohne Titel
3. 8. August 1912
4. Photographische Anstalt der Fried. Krupp A.G.
5. 31 × 24,5 cm, Fotographie auf Karton aufgezogen, aus Album »Hundertjahrfeier der Fried. Krupp A.G. Essen/Ruhr August 1912« (Bibliothek Hügel B 328 n)
6. HAK, WA 16 z 84 c, Blatt 10

Abbildung 84 – Seite 71
1. Ausschnitt I: Damen auf der Galerie
2. ohne Titel
3. 8. August 1912
4. Photographische Anstalt der Fried. Krupp A.G.
5. Ausschnitt aus Abb. 83
6. HAK, WA 16 z 84 c, Blatt 10

Abbildung 85 – Seite 71
1. Ausschnitt II: Sicherheitsbeamter
2. ohne Titel
3. 8. August 1912
4. Photographische Anstalt der Fried. Krupp A.G.
5. Ausschnitt aus Abb. 83
6. HAK, WA 16 z 84 c, Blatt 10

Abbildung 86 – Seite 72
1. Der Kaiser in der ersten Reihe der Zuhörer
2. ohne Titel
3. 8. August 1912
4. Photographische Anstalt der Fried. Krupp A.G.
5. 21 × 34 cm, Fotographie auf Karton aufgezogen, aus Album »Hundertjahrfeier der Fried. Krupp A.G. Essen/Ruhr August 1912« (Bibliothek Hügel B 328 n)
6. HAK, WA 16 z 84 c, Blatt 9

Abbildung 87 – Seite 72
1. Der Festakt im Lichthof des Hauptverwaltungsgebäudes am 8. August 1912, Gemälde nach der Fotographie von Theodor Rocholl
2. Festakt im Lichthof des Hauptverwaltungsgebäudes aus Anlaß der am 8. August 1912 begangenen Hundertjahrfeier der Firma Krupp. Pinx. Th. Rocholl, Düsseldorf. Reprod. Brend'amour, Simhard & Co.
3. 1913
4. Theodor Rocholl (1854–1933), Reproduktion (Farbdruck) eines verschollenen Gemäldes, sie wurde im November 1913 von Gustav Krupp von Bohlen und Halbach als Erinnerungsgabe verschenkt
5. 19,5 × 28 cm, in einer Klappmappe »Festakt im Lichthof des Hauptverwaltungsgebäudes aus Anlaß der Hundertjahrfeier der Firma Krupp am 8. August 1912«
6. HAK FAH 4 A 24

Abbildung 88 – Seite 73
1. Das handschriftliche Manuskript zur Ansprache von Gustav Krupp von Bohlen und Halbach im Turmhaus am 8. August 1912 (erste Seite)
2. Eure Kais. und Königl. Majestät hier begrüßen zu dürfen hier im Herzen der Kruppschen Werke, ...
3. 8. August 1912
4. –
5. 33 × 21 cm, eigenhändiges Redemanuskript
6. HAK FAH 4 A 19, Blatt 42

Abbildung 89 – Seite 74
1. Erste Seite des Redemanuskripts
2. Eure Kaiserliche und Königliche Majestät hier begrüßen zu dürfen im Herzen der Kruppschen Werke, ...
3. 8. August 1912
4. –
5. 12,5 × 10 cm, Redemanuskript
6. HAK FAH 4 A 19, Blatt 1

Abbildung 90 – Seite 75
1. Die Ansprache des Kaisers beim Festakt am 8. August im Lichthof
2. ohne Titel
3. 8. August 1912
4. Photographische Anstalt der Fried. Krupp A.G.
5. 31 × 24,5 cm, Fotographie auf Karton aufgezogen, aus Album »Hundertjahrfeier der Fried. Krupp A.G. Essen/Ruhr August 1912« (Bibliothek Hügel B 328 n)
6. HAK, WA 16 z 84 c, Blatt 11

Abbildung 91 – Seite 76
1. Arbeiter im Martinwerk I der Essener Gussstahlfabrik, 1906
2. Martinwerk I
3. 1906
4. Photographische Anstalt der Fried. Krupp A.G. Essen-Ruhr
5. 20,5 × 28 cm, aus Album »Fried. Krupp A.G. Gußstahlfabrik Essen/Ruhr, Ansichten von Anlagen und Werkstätten der Gußstahlfabrik Essen-Ruhr und der Friedrich-Alfred-Hütte in Rheinhausen«
6. HAK WA 16 b 203, Blatt 2

Abbildung 92 – Seite 77
1. Arbeiter beim Putzen der Werkstücke im Martinwerk I, 1906
2. Martinwerk I – Putzraum und Werkstätte zum Abschneiden der Eingüsse
3. 1906
4. Photographische Anstalt der Fried. Krupp A.G. Essen-Ruhr
5. 21,3 × 28,4 cm, aus Album »Fried. Krupp A.G. Gußstahlfabrik Essen/Ruhr, Ansichten von Anlagen und Werkstätten der Gußstahlfabrik Essen-Ruhr und der Friedrich-Alfred-Hütte in Rheinhausen«
6. HAK WA 16 b 203, Blatt 3

Abbildung 93 – Seite 78
1. Gustav Krupp von Bohlen und Halbach zeigt dem Kaiser und Prinz Heinrich vom Turm des Hauptverwaltungsgebäudes das Werksgelände der Gussstahlfabrik, Essen und das Ruhrgebiet
2. ohne Titel
3. 8. August 1912
4. Photographische Anstalt der Fried. Krupp A.G.
5. 31 × 22 cm, Fotographie auf Karton aufgezogen, aus Album »Hundertjahrfeier der Fried. Krupp A.G. Essen/Ruhr August 1912« (Bibliothek Hügel B 328 n)
6. HAK, WA 16 z 84 c, Blatt 13

Abbildung 94 – Seite 79
1. Der Hauptzugang zur Gartenvorstadt Margarethenhöhe (nach einer Zeichnung aus dem Jahre 1912)
2. Essen. Die Gartenvorstadt Margarethenhöhe. Kunstbeilage zur Festschrift »Essener Entwicklung 1812–1912« herausgegeben v. Essener Verkehrsverein
3. 1912
4. farbige Zeichnung von Hapke
5. 22,5 × 16 cm, Kunstbeilage (nach S.40) zur Festschrift »Essens Entwicklung 1812–1912« Herausgegeben aus Anlaß der hundertjährigen Jubelfeier der Firma Krupp vom Verkehrsverein für den Stadt- und Landkreis Essen, e.V. August 1912.
6. HAK S 1 E 6.2

Abbildung 95 – Seite 79
1. Der »Kaiserweg« durch die Margarethenhöhe
2. Lageplan der Margarethe Krupp Stiftung für Wohnungsfürsorge Essen-Ruhr, Oktober 1911 (mit Eintragung der Besichtigungsroute für Kaiser Wilhelm II. am 8. August 1912)
3. 24. Juli 1912
4. –
5. 35,5 × 45 cm, Situationsplan mit eingezeichneter Fahrtroute
6. HAK WA 41/2–172, Blatt 131

Abbildung 96 – Seite 80
1. Der Kaiser und Gustav Krupp von Bohlen und Halbach betreten zusammen mit dem Architekten Georg Metzendorf über die Steile Straße die Margarethenhöhe
2. S. M. Kaiser Wilhelm II mit Gustav Krupp von Bohlen und Halbach auf der Margarethenhöhe 8. VIII. 1812
3. 8. August 1812
4. Verlag für aktuelle Illustration, Erich Benninghoven, Berlin-Friedenau
5. 29,5 × 40,5 cm
6. HAK FAH 4 A 8.2, Ex. 1

Abbildung 97 – Seite 80
1. Ausschnitt I: Junge Menschen im Spalier
2. S. M. Kaiser Wilhelm II mit Gustav Krupp von Bohlen und Halbach auf der Margarethenhöhe 8. VIII. 1812
3. 8. August 1912
4. Verlag für aktuelle Illustration, Erich Benninghoven, Berlin-Friedenau
5. Ausschnitt aus Abb. 96
6. HAK FAH 4 A 8.2, Ex. 1

Abbildung 98 – Seite 80
1. Ausschnitt II: Junge Menschen im Spalier
2. S. M. Kaiser Wilhelm II mit Gustav Krupp von Bohlen und Halbach auf der Margarethenhöhe 8. VIII. 1812
3. August 1912
4. Verlag für aktuelle Illustration, Erich Benninghoven, Berlin-Friedenau
5. Ausschnitt aus Abb. 96
6. HAK FAH 4 A 8.2, Ex. 1

Abbildung 99 – Seite 81
1. Auf dem Fußweg durch die Margarethenhöhe
2. S. M. Kaiser Wilhelm II mit Gustav Krupp von Bohlen und Halbach auf der Margarethenhöhe 8. VIII. 1812
3. 8. August 1912
4. Verlag für aktuelle Illustration, Erich Benninghoven, Berlin-Friedenau
5. 29 × 40,5 cm
6. HAK FAH 4 A 8.3, Ex. 1

Abbildung 100 – Seite 81
1. Ausschnitt I: Frauen winken mit weißen Tüchern
2. S. M. Kaiser Wilhelm II. mit Gustav Krupp von Bohlen und Halbach auf der Margarethenhöhe 8. VIII. 1812
3. 8. August 1912
4. Verlag für aktuelle Illustration, Erich Benninghoven, Berlin-Friedenau
5. Ausschnitt aus Abb. 99
6. HAK FAH 4 A 8.3, Ex. 1

Abbildung 101 – Seite 81
1. Ausschnitt II: Männer heben ihren Hut oder Zylinder und Kinder sind schwer zu bändigen
2. S. M. Kaiser Wilhelm II mit Gustav Krupp von Bohlen und Halbach auf der Margarethenhöhe 8. VIII. 1812
3. 8. August 1912
4. Verlag für aktuelle Illustration, Erich Benninghoven, Berlin-Friedenau
5. Ausschnitt aus Abb. 99
6. HAK FAH 4 A 8.3, Ex. 1

Abbildung 102 – Seite 82
1. Die Einweihung des »Schatzgräberbrunnens« von Joseph Enseling auf dem Kleinen Markt der Margarethenhöhe am 20. Juli 1912 durch Oberbürgermeister Holle
2. Auf der Margar. Höhe. Ansprache des Oberbürgerm. Holle an Frau Krupp
3. 20. Juli 1912
4. unbekannt
5. 22,5 × 34,2 cm
6. HAK WA 16 i 9,41.17

Abbildung 103 – Seite 82
1. Ausschnitt I: Gedrängte Nähe
2. Auf der Margar. Höhe. Ansprache des Oberbürgerm. Holle an Frau Krupp
3. 20. Juli 1912
4. unbekannt
5. Ausschnitt aus Abb. 103
6. HAK WA 16 i 9,41.17

Abbildung 104 – Seite 82
1. Ausschnitt II: Es ist unmöglich etwas zu sehen
2. Auf der Margar. Höhe. Ansprache des Oberbürgerm. Holle an Frau Krupp
3. 20. Juli 1912
4. unbekannt
5. Ausschnitt aus Abb. 103
6. HAK WA 16 i 9,41.17

Abbildung 105 – Seite 83
1. Der Kaiser auf dem Weg zum neuen »Schatzgräberbrunnen« von Joseph Enseling auf dem Kleinen Markt der Margarethenhöhe
2. ohne Titel
3. 8. August 1912
4. Photographische Anstalt der Fried. Krupp A.G.
5. 20,3 × 32 cm, Fotographie auf Karton aufgezogen, aus Album »Hundertjahrfeier der Fried. Krupp A.G. Essen/Ruhr August 1912« (Bibliothek Hügel B 328 n)
6. HAK WA 16 z 84 c, Blatt 14

Abbildung 106 – Seite 83
1. Abfahrt von der Margarethenhöhe
2. S. M. Kaiser Wilhelm II. mit Gustav Krupp von Bohlen und Halbach auf der Margarethenhöhe 8. VIII. 1912
3. 8. August 1912
4. Verlag für aktuelle Illustration, Erich Benninghoven, Berlin-Friedenau
5. 28,5 × 40 cm
6. HAK FAH 4 A 8.4, Ex. 2

Abbildung 107 – Seite 84
1. Der Kaiser kommt nach Essen-Rüttenscheid – da vergessen manche selbst bei Krupp ein deutsches Verbot, den Rasen zu betreten
2. ohne Titel
3. 8. August 1912
4. Photographische Anstalt der Fried. Krupp A.G.
5. 22,5 × 27,5 cm, Ausschnitt
6. HAK WA 16 z 84 d, Foto 26

Abbildung 108: – Seite 85
1. Der Kaiser bei den Pfründnerhäusern in der Pensionärssiedlung Altenhof
2. ohne Titel
3. 8. August 1912
4. Photographische Anstalt der Fried. Krupp A.G.
5. 20 × 30,5 cm, Fotographie auf Karton aufgezogen, aus Album »Hundertjahrfeier der Fried. Krupp A.G. Essen/Ruhr, August 1912«
6. HAK, WA 16 z 84 e, Foto 8

Abbildung 109 – Seite 85
1. Der Kaiser bei den Pfründnerhäusern in der Pensionärssiedlung Altenhof, Holzstich nach der Fotographie im Bericht in den Kruppschen Mitteilungen vom 19. Oktober 1912
2. Bilder von der Jahrhundertfeier. Der Kaiser an den Pfründhäusern.
3. 8. August 1912
4. Künstler unbekannt, Holzstich aus den Kruppschen Mitteilungen, 3. Jg., Nr. 41, S. 182, vom 19. Oktober 1912
5. 13 × 20,5 cm,
6. HAK S 1 K 21.3 (1912)

Abbildung 110 – Seite 86
1. Programm- und Menükarte für das Kaiseressen auf dem Hügel am 8. August 1912, Deckblatt
2. Auf dem Hügel, 8. Aug. 1812
3. 1912
4. Lithographische Anstalt Fried. Krupp A.G.
5. 25 × 20 cm, Programmheft
6. HAK FAH 4 A 16.1

Abbildung 111 – Seite 87
1. Programm- und Menükarte für das Kaiseressen auf dem Hügel am 8. August 1912, Innenseiten
2. Auf dem Hügel, 8. Aug. 1812
3. 1912
4. Lithographische Anstalt Fried. Krupp A.G.
5. 25 × 20 cm, Programmheft
6. HAK FAH 4 A 16.1

Abbildung 112 – Seite 88
1. Diensteinteilung für die Dienerschaft, 8./9. August 1912
2. Diensteinteilung der Diener usw., anläßlich der Hundertjahrfeier, bei der Aufwartung der Mahlzeiten im Hauptverwaltungsgebäude und auf dem Hügel
3. 8. August 1912
4. –
5. 29 × 21 cm, gedruckte Anweisung, 2 Blatt, beschnitten
6. HAK FAH 4 A 20, Blatt 158 und 159

Abbildung 113 – Seite 88
1. Einladung für Herrn Kranz zum Festmahl auf dem Hügel am 8. August 1912
2. Herr und Frau Krupp von Bohlen und Halbach beehren sich, ...
3. August 1912
4. –
5. 18,5 × 26 c m, gedruckte Einladung mit Platzplan der Festhalle auf der Rückseite
6. WA 60/231 Blatt 6

Abbildung 114 – Seite 89
1. Der Festsaal auf dem Hügel vor dem Festmahl
2. ohne Titel
3. 1912
4. Photographische Anstalt der Fried. Krupp A.G
5. 22 × 33 cm, Fotographie auf Karton aufgezogen, aus der Mappe »Festhalle Auf dem Hügel 1912«
6. HAK SH 56/16

Abbildung 115 – Seite 90
1. Werksbesichtigung: der »Kaiserweg« durch die Gussstahlfabrik am 9. August 1912
2. ohne Titel
3. 9. August 1912
4. –
5. 3 × 33,5 cm, Situationsplan mit eingezeichneter Fahrtroute
6. HAK FAH 21/391.89

Abbildung 116 – Seite 91
1. Die Gäste während der Besichtigungstour im Elektrostahlwerk
2. ohne Titel
3. 9. August 1912
4. Photographische Anstalt der Fried. Krupp A.G.
5. 20,5 × 32 cm, Zyanotypie, alte Negativnummer B272
6. HAK WA 16 z 84 a, Foto 43

Abbildung 117 – Seite 91
1. Ein Koloss in Bewegung: Besichtigung der hydraulischen Schmiedepressen im Preßbau II
2. ohne Titel
3. 9. August 1912
4. Photographische Anstalt der Fried. Krupp A.G.
5. 20,5 × 32 cm, Fotographie auf Karton aufgezogen, aus Album »Hundertjahrfeier der Fried. Krupp A.G. Essen/Ruhr August 1912« (Bibliothek Hügel B 328 n)
6. HAK WA 16 z 84 c, Blatt 20

Abbildung 118 – Seite 92
1. Zuschauen beim Schmieden der 10.000. Panzerplatte
2. ohne Titel
3. 9. August 1912
4. Photographische Anstalt der Fried. Krupp A.G.
5. 20,5 × 32 cm, Fotographie auf Karton aufgezogen, aus Album »Hundertjahrfeier der Fried. Krupp A.G. Essen/Ruhr August 1912« (Bibliothek Hügel B 328 n)
6. HAK WA 16 z 84 c, Blatt 19

Abbildung 119 – Seite 92
1. Im Artilleriemuseum der Krupp-Werke
2. ohne Titel
3. 9. August 1912
4. Photographische Anstalt der Fried. Krupp A.G.
5. 19,5 × 30 cm, Fotographie auf Karton aufgezogen, aus Album »Hundertjahrfeier der Fried. Krupp A.G. Essen/Ruhr August 1912« (Bibliothek Hügel B 328 n)
6. HAK WA 16 z 84 c, Blatt 21

Abbildung 120 – Seite 93
1. Bei den schwersten Geschützen
2. Ohne Titel
3. 9. August 1912
4. Photographische Anstalt der Fried. Krupp A.G.
5. 16 × 22,5 cm, Zyanotypie, alte Negativnummer B276
6. HAK WA 16 y 283 a, Foto 9

Abbildung 121 – Seite 93
1. Auf dem Schießplatz der Essener Kruppwerke, 9. August 1912
2. ohne Titel
3. 9. August 1912
4. Photographische Anstalt der Fried. Krupp A.G.
5. 18,5 × 30,5 cm, Fotographie auf Karton aufgezogen, aus Album »Hundertjahrfeier der Fried. Krupp A.G. Essen/Ruhr August 1912« (Bibliothek Hügel B 328 n)
6. HAK WA 16 z 84 c, Blatt 24

Abbildung 122 – Seite 94
1. Gustav Krupp von Bohlen und Halbach und der Kaiser besichtigen die neuesten Geschütze
2. ohne Titel
3. August 1912
4. Photographische Anstalt der Fried. Krupp A.G.
5. 20,2 × 32 cm, Fotographie auf Karton aufgezogen, aus Album »Hundertjahrfeier der Fried. Krupp A.G. Essen/Ruhr August 1912« (Bibliothek Hügel B 328 n)
6. HAK WA 16 z 84 c, Blatt 22

Abbildung 123 – Seite 94
1. Auf dem Schießplatz der Essener Kruppwerke, der Kaiser vor einer schweren Haubitze
2. ohne Titel
3. August 1912
4. Photographische Anstalt der Fried. Krupp A.G.
5. 16 × 22,5 cm, Zyanotypie
6. HAK WA 16 y 283 a, Foto 4

Abbildung 124 – Seite 95
1. Prinz Heinrich von Preußen (l.) und sein Bruder, der Kaiser, begutachten ein Beobachtungsgerät
2. ohne Titel
3. 9. August 1912
4. Photographische Anstalt der Fried. Krupp A.G.
5. 16 × 22,5 cm, Zyanotypie, alte Negativnummer: B277m
6. HAK WA 16 z 84 a, Foto 64

Abbildung 125: – Seite 95
1. Der Kaiser zeigt sich sehr interessiert
2. ohne Titel
3. 9. August 1912
4. Photographische Anstalt der Fried. Krupp A.G.
5. 14,3 × 22,5 cm, Fotographie auf Karton aufgezogen, alte Negativnummer B277i
6. HAK WA 16 y 283 a, Foto 15

Abbildung 126 – Seite 97
1. Aufführungsort für das Festspiel: Reithalle und Reitbahn auf dem Hügel, um 1900
2. ohne Titel
3. um 1900
4. Hermann Rückwardt, Berlin
5. 27 × 35 cm, Fotographie auf Karton aufgezogen
6. HAK SH 52/24

Abbildung 127 – Seiten 98 und 99
1. »Gesamtbild« aus dem Festspielalbum
2. Gesamtbild
3. 1912
4. unbekannt
5. 24,6 × 36,2 cm, Fotographie (Druck) aus dem Album »Festspiel aus Anlaß der Hundertjahrfeier der Firma Krupp auf dem Hügel«
6. HAK FAH 4 A 10.1

Abbildung 128 – Seite 100
1. Das Textbuch zum Festspiel, eine von drei gedruckten Fassungen
2. Hie Barbara! Hie St. Georg! Festspiel vor Seiner Majestät dem Kaiser und König auf dem Hügel, am 9. August 1912, aus Anlaß der Hundertjahrfeier der Firma Krupp
3. 1912
4. Druck von August Bagel, Düsseldorf
5. 20,5 × 16,5 cm, Textbuch
6. HAK FAH 4 A 11.1

Abbildung 129 – Seite 100
1. Zwei Seiten aus dem Textbuch
2. Hie Barbara! Hie St. Georg! Festspiel vor Seiner Majestät dem Kaiser und König auf dem Hügel, am 9. August 1912, aus Anlaß der Hundertjahrfeier der Firma Krupp
3. 1912
4. Druck von August Bagel, Düsseldorf
5. 20,5 × 33 cm, Textbuch S. 10/11
6. HAK FAH 4 A 11.1

Abbildung 130 – Seite 101
1. Graf und Gräfin von Helfenstein mit Sohn (Gustav, Bertha und Alfried Krupp von Bohlen und Halbach)
2. Graf und Gräfin Helfenstein nebst Sohn
3. 1914
4. unbekannt
5. 23,8 × 37,5 cm, Fotographie (Farb-Druck) aus dem Album »Festspiel aus Anlaß der Hundertjahrfeier der Firma Krupp auf dem Hügel«
6. HAK FAH 4 A 10.2

Abbildung 131 – Seite 101
1. Der Sohn des Grafen von Helfenstein (Alfried Krupp von Bohlen und Halbach)
2. Der junge Graf Helfenstein
3. 1914
4. unbekannt
5. 27,8 × 31,5 cm, Fotographie (Farb-Druck) aus dem Album »Festspiel aus Anlaß der Hundertjahrfeier der Firma Krupp auf dem Hügel«
6. HAK FAH 4 A 10.4

Abbildung 132 – Seite 102
1. Kaiser Maximilian I. (Freiherr Schenk zu Schweinsberg), Graf Montfort-Werdenberg (Professor Striebeck) und der Hofnarr
2. Der Kaiser, Graf Werdenberg und Hofnarr (Darsteller unbekannt)
3. 1914
4. unbekannt
5. 33,8 × 27,8 cm, Fotographie (Farb-Druck) aus dem Album »Festspiel aus Anlaß der Hundertjahrfeier der Firma Krupp auf dem Hügel«
6. HAK FAH 4 A 10.6

Abbildung 133 – Seite 102
1. Margareta von Burgund (Darstellerin unbekannt), Karl V. (Gerhard Hugenberg) und die Kaiserin (Frau Ahlers) mit Gefolge
2. Margareta von Burgund, Karl V., die Kaiserin mit Gefolge
3. 1914
4. unbekannt
5. 29,5 × 27,5 cm, Fotographie (Farb-Druck) aus dem Album »Festspiel aus Anlaß der Hundertjahrfeier der Firma Krupp auf dem Hügel«
6. HAK FAH 4 A 10.9

Abbildung 134 – Seite 103
1. Graf von Helfenstein (Gustav Krupp von Bohlen und Halbach) in voller Rüstung zu Pferde
2. Graf von Helfenstein
3. 1914
4. unbekannt
5. 27 × 22,3 cm, Fotographie (Druck) aus dem Album »Festspiel aus Anlaß der Hundertjahrfeier der Firma Krupp auf dem Hügel«
6. HAK FAH 4 A 10.41

Abbildung 135 – Seite 104
1. Bereit zum Turnier: Markgraf Bernhard von Baden-Baden (Herr Graßmann) und Herzog Ulrich von Württemberg (Herr Schnorrenpfeil)
2. Markgraf Bernhard von Baden-Baden, Herzog Ulrich von Württemberg
3. 1914
4. unbekannt
5. 28 × 22,8 cm, Fotographie (Druck) aus dem Album »Festspiel aus Anlaß der Hundertjahrfeier der Firma Krupp auf dem Hügel«
6. HAK FAH 4 A 10.53

Abbildung 136 – Seite 105
1. Die Heilige Barbara (Frau Keller)
2. Die heilige Barbara
3. 1914
4. unbekannt
5. 36 × 19,5 cm, Fotographie (Druck) aus dem Album »Festspiel aus Anlaß der Hundertjahrfeier der Firma Krupp auf dem Hügel«
6. HAK FAH 4 A 10.19

Abbildung 137 – Seite 105
1. Die Äbtissin (Frau Kirchner)
2. Äbtissin
3. 1914
4. unbekannt
5. 17 × 13,5 cm, Fotographie (Druck) aus dem Album »Festspiel aus Anlaß der Hundertjahrfeier der Firma Krupp auf dem Hügel«
6. HAK FAH 4 A 10.37

Abbildung 138 – Seite 106
1. Eine Adelsgruppe
2. Adelsgruppe
3. 1914
4. unbekannt
5. 20,7 × 28,8 cm, Fotographie (Druck) aus dem Album »Festspiel aus Anlaß der Hundertjahrfeier der Firma Krupp auf dem Hügel«
6. HAK FAH 4 A 10.39

Abbildung 139 – Seite 107
1. Eine Bürgergruppe
2. Aus der bürgerlichen Gruppe
3. 1914
4. unbekannt
5. 27 × 36,4 cm, Fotographie (Druck) aus dem Album »Festspiel aus Anlaß der Hundertjahrfeier der Firma Krupp auf dem Hügel«
6. HAK FAH 4 A 10.68

Abbildung 140 – Seite 107
1. Mitglieder der Zünfte
2. Zunftgruppe und andere Teilnehmer
3. 1914
4. unbekannt
5. 27 × 35,5 cm, Fotographie (Druck) aus dem Album »Festspiel aus Anlaß der Hundertjahrfeier der Firma Krupp auf dem Hügel«
6. HAK FAH 4 A 10.77

Abbildung 141 – Seite 108
1. Gaukler
2. Fahrendes Volk
3. 1914
4. unbekannt
5. 11,5 × 18 cm, Fotographie (Druck) aus dem Album »Festspiel aus Anlaß der Hundertjahrfeier der Firma Krupp auf dem Hügel«
6. HAK FAH 4 A 10.85

Abbildung 142 – Seite 108
1. Zigeunergruppe
2. Zigeunergruppe
3. 1914
4. unbekannt
5. 11,8 × 18 cm, Fotographie (Druck) aus dem Album »Festspiel aus Anlaß der Hundertjahrfeier der Firma Krupp auf dem Hügel«
6. HAK FAH 4 A 10.88

Abbildung 143 – Seite 109
1. Skizze von Sir Hubert Herkomer zu seinem Gemälde des Aufsichtsrates und des Direktoriums der Firma Fried. Krupp, 1911
2. First sketch for large group Nov 12 1911
3. 1911
4. Sir Hubert Herkomer (1849–1914)
5. 20 × 29,5 cm, Fotographie der Skizze (Original verschollen)
6. HAK WA 16 l 99 a

Abbildung 144 – Seite 110
1. Aufsichtsrat und Direktorium der Fried. Krupp A.G. im Jahre 1912, Gemälde von Sir Hubert Herkomer
2. Aufsichtsratssitzung der Fried. Krupp A.G. im Jahre 1912
3. 1912
4. Sir Hubert Herkomer (1849–1914)
5. 356 × 561 cm, Reproduktion nach einer Fotographie 15,5 × 29 cm
6. Villa Hügel Essen, Gemälde Katalog Nr. 204 (Foto: HAK WA 16 l 99 b)

Abbildung 145 – Seite 112
1. »Die Kruppschen Teufel«, Gemälde von Heinrich Kley, 1914
2. Die Kruppschen Teufel
3. 1914
4. Heinrich Kley (1863–1945)
5. 165 × 235 cm
6. Westfälisches Industriemuseum, Hattingen

Abbildung 146 – Seite 113
1. »Betriebsstörung«, Skizze von Heinrich Kley,1909
2. Betriebsstörung
3. 1909
4. Heinrich Kley (1863–1945)
5. 31 × 23,5 cm, Skizzenbuch (1), Hundert Federzeichnungen von Heinrich Kley, S. 17, Verlag Albert Langen, München
6. HAK FAH 4 L 22

Abbildung 147 – Seite 115
1. Margarethe Krupp, 1911, Stifterin und Ehrenbürgerin von Essen seit 1912
2. Margarethe Krupp geb. Freiin von Ende (1854–1931)
3. 1911
4. Jacob Hilsdorf, Bingen
5. 23,5 × 16,5 cm, Fotographie auf Karton aufgezogen
6. HAK F 24/64

Abbildung 148 – Seite 116
1. Das Friedrichsbad in Essen-West, eine Stiftung von Margarethe Krupp
2. Bassin des Friedrichsbades.
3. 1912
4. Künstler unbekannt
5. 17,5 × 20 cm, Holzstich aus den Kruppschen Mitteilungen, 3. Jg., Nr. 32, S. 150, vom 17. August 1912
6. HAK S 1 K 21.3 (1912)

Abbildung 149 – Seite 117
1. Aktennotiz von Gustav Krupp von Bohlen und Halbach über ein Geldgeschenk an Kaiser Wilhelm II., 22. Februar 1912
2. Mit Excellenz v. Valentini habe ich vereinbart, ...
3. 22. Februar 1912
4. –
5. 22,5 × 17,5 cm, Vorder- und Rückseite der eigenhändigen Aktennotiz
6. HAK FAH 4 A 18, Blatt 21/22

Abbildung 150 – Seite 119
1. Aktie der Fried. Krupp AG, Probedruck von 1909
2. Fried. Krupp Aktiengesellschaft - Aktie über Ein Tausend Mark
3. Juli 1909
4. Druck von Giesecke & Devrient, Leipzig u. Berlin
5. 26 × 35 cm, Aktienprobedruck No. 000000
6. HAK WA 41/2–180, Blatt 25

Abbildung 151 – Seite 122
1. Eine Seite aus dem Belegschafts-Album von 1873
2. Namen der Abgebildeten mit Eintrittsdatum
3. 1873
4. Porträts von verschiedenen Fotographen angefertigt
5. 47 × 39 cm, Carte-de-visite-Fotographien, Blatt 3 aus dem Album »Beamte 1«
6. HAK FAH 2 H 29 a Bd. 1, Blatt 3

Abbildung 152 – Seite 123
1. Adolf Lauter (1857–1908), der Gründer des Historischen Archivs Krupp
2. A. Lauter Hauswart (für das Kruppsche Beamten-Kasino)
3. 1893
4. Emil Schink, Essen
5. 10,3 × 6,5 cm, Album »Photographien von Mitgliedern des Kruppschen Beamten-Kasinos, 1893«, Bd. 1
6. HAK WA 16 l 31 a, Foto

Abbildung 153 – Seite 123
1. Wilhelm Berdrow (1867–1954), Krupp-Archivar und Krupp-Historiograph
2. Wilhelm Berdrow Werksarchiv, Repro
3. unbekannt
4. unbekannt
5. 8 × 7,5 cm
6. HAK ÜF7, F 4 G 9898

Abbildung 154 – Seite 124
1. Die erste Seite der Krupp-Festschrift mit einem Holzschnitt von der Haupt-Ikone, dem Stammhaus
2. Das Stammhaus inmitten der heutigen Gußstahlfabrik
3. 1912
4. Photographische und Litographische Anstalt Fried. Krupp A.G., unter Verwendung eines Holzschnitts von Carl. Thiemann, 1911
5. 36 × 26,5 cm, Festschrift »Krupp 1812–1912 Zum 100jährigen Bestehen der Firma Krupp und der Gussstahlfabrik zu Essen-Ruhr Herausgegeben auf den hundertsten Geburtstag Alfred Krupps«, Essen 1912, S. 1
6. HAK S 1 K 7.16 b

Abbildung 155 – Seite 125
1. Hauptmann a. D. Julius Castner (1837–1915), Mitverfasser der Krupp-Festschrift
2. J. Castner.
3. unbekannt
4. unbekannt
5. 13 × 9 cm, Druck
6. HAK WA 16 l 146

Abbildung 156 – Seite 126
1. Aus der sogenannten Querfestschrift »Fried. Krupp A.G. Essen a.d. Ruhr 1812–1912«: eine weitere Ikone Kruppschen Fleißes, der Hammer Fritz
2. 50-t Hammer »Fritz«
3. 1912
4. Photographische und Lithographische Anstalt der Fried. Krupp A.G
5. 27 × 36 cm, Festschrift, »Fried. Krupp A.G. Essen-Ruhr 1812–1912«, 1912, S. 17
6. HAK S1 K 7.16c

Abbildung 157 – Seite 126
1. Einband der »Querfestschrift«
2. Fried. Krupp A.G. Essen-Ruhr 1812–1912
3. 1912
4. Photographische und Lithographische Anstalt der Fried. Krupp A.G
5. 27 × 36 cm, Festschrift, »Fried. Krupp A.G. Essen-Ruhr 1812–1912«, 1912
6. HAK S1 K 7.16c

Abbildung 158 – Seite 127
1. »Nach der Schicht«, die erste Ausgabe der »Zeitschrift des Krupp'schen Bildungsvereins« vom Juli 1901
2. Nach der Schicht – Zeitschrift des Krupp'schen Bildungsvereins
3. 1901
4. Herausgeber: Krupp'scher Bildungsverein, Essen
5. 28 × 20 cm, Zeitschrift
6. HAK S1 K 22.1 (1901)

Abbildung 159 – Seite 128
1. »Kruppsche Mitteilungen«, die erste Ausgabe vom 8. Januar 1910
2. Kruppsche Mitteilungen mit der Beilage »Nach der Schicht«
3. 8. Januar 1910
4. Herausgeber: Fried. Krupp A.G., Essen
5. 32 × 24 cm, Zeitschrift
6. HAK S 1 K 21.1 (1910)

Abbildung 160 – Seite 129
1. Erfrischungen beim Rundgang des Kaisers mit Gefolge durch das Artilleriemuseum der Gussstahlfabrik
2. ohne Titel
3. 9. August 1912
4. Photographische Anstalt der Fried. Krupp A.G.
5. 14,3 × 21,5 cm, Fotographie auf Karton aufgezogen, alte Negativnummer B280d
6. HAK WA 16 y 283 a, Foto 14

Abbildung 161 – Seite 130
1. Die silberne »kleine Medaille« von Hahn – Vorder- und Rückseite
2. 1812 Fried Krupp 1912 / Alfred Krupp 26 April 1812
3. 1912
4. Medailleur H. Hahn
5. 6,2 × 3,7 cm, ovale Silbermedaille
6. HAK M1/4

Abbildung 162 – Seite 131
1. Die »große Medaille« aus Bronze von Gerstel – Vorder- und Rückseite
2. 1812 Fried. Krupp 1912 / Alfred Krupp 26.4.1812
3. 1912
4. Medailleur Wilhelm Gerstel
5. 8 cm Durchmesser, runde Bronzemedaille
6. HAK M1/21

Abbildung 163 – Seite 137
1. Historisierende Postkarte »Gruss aus Essen« mit Abbildung der Gussstahlfabrik von 1830, um 1900
2. Gruss aus Essen, Krupp's Gussstahlfabrik 1830
3. um 1900, Poststempel 1.4.1903
4. Albert Pantzer, Essen, Verlag & Druck Kunst Anstalt Rosenblatt, Frankfurt a/M.
5. 9 × 14 cm, Bildpostkarte, Farb-Litographie
6. HAK S 6/ 12.30

Abbildung 164 – Seite 138
1. Der Altenhof, eine »Villenkolonie« für Krupp-Pensionäre in Essen Rüttenscheid, Postkarte um 1900
2. Gruss aus Altenhof, Krupp'sche Villen-Kolonie.
3. um 1900, Poststempel 17.11.1901
4. Verlag Rud. Bechtold & Co. Wiesbaden
5. 9,3 × 14,3 cm, Bildpostkarte, Farb-Lithographie
6. HAK FAH 3 B 152.77

Abbildung 165 – Seite 138
1. Die Villa Hügel von Südosten gesehen, Postkarte um 1910
2. Essen. Villa Hügel.
3. Poststempel 6.12.1910
4. Verlag Albert Pantzer, Essen
5. 9 × 14 cm, Bildpostkarte, Farb-Litographie
6. HAK S 6/6.33

Abbildung 166 – Seite 139
1. Mittags am Eingang zur »Kruppstadt« am alten Limbecker Platz, Postkarte 1907
2. Essen Krupp's Fabrik, Limbeckertor um Mittag
3. 1907, Poststempel vom 17.12.1907
4. Verlag unbekannt
5. 8,7 × 13,8 cm, Bildpostkarte, koloriertes Foto
6. HAK S 6/13.95

Abbildung 167 – Seite 139
1. Feierabend bei Krupp – Einfahrt zur Altendorfer Straße, Postkarte 1907
2. Essen Krupps Fabriken Feierabend
3. 1907, Poststempel 3.3.1909
4. Verlag Kramers Kunstanstalt, Dortmund
5. 9 × 14 cm, Bildpostkarte, farbige Zeichnung
6. HAK S 6/13.9

Abbildung 168 – Seite 140
1. Schichtwechsel am Haupttor der Essener Gussstahlfabrik, Postkarte um 1910
2. Essen/Ruhr Krupp'sche Fabrik, Haupttor
3. unbekannt
4. Verlag unbekannt
5. 9 × 14 cm, Bildpostkarte, Foto
6. HAK S 6/13.96

Abbildung 169 – Seite 140
1. Liebesgruß aus Essen, Postkarte 1908
2. Gruss aus Essen Du siehst, ich hab Dich nicht vergessen.
3. 1908, Poststempel 22.6.1909
4. Verlag Albert Pantzer, Essen
5. 9 × 14 cm, Bildpostkarte mit mehreren Abbildungen
6. HAK S 6/12.100

Abbildung 170 – Seite 141
1. »Liebe Eltern u. Geschwister! Sende Ihnen hiermit die besten Gr. aus Essen. ...«, Postkarte um 1912
2. Gruss aus Essen-Ruhr
3. Poststempel 23.8.1912
4. Verlag unbekannt
5. 9 × 14 cm, Bildpostkarte mit mehreren Abbildungen
6. HAK S 6/12.101

Abbildung 171 – Seite 141
1. Krupp und »Essen total« – Offizielle Festpostkarte zur Hundertjahrfeier, 1912
2. 100 Jahrfeier des Hauses Krupp Essen 1912
3. 1912, Poststempel 12.7. 1912
4. Verlag Cramers Kunstanstalt, Dortmund
5. 9 × 14 cm, Bildpostkarte mit mehreren Abbildungen
6. HAK S 6/18.4

Abbildung 172 – Seite 142
1. Souvenir zum Fest: eine »Krupp-Tischdecke«
2. Der Zweck der Arbeit soll das Gemeinwohl sein, dann bringt Arbeit Segen, dann ist Arbeit Gebet
3. 1912
4. Hersteller unbekannt
5. 143 × 152,5 cm, Tischdecke mit Aufdrucken (Alfred-Krupp-Denkmal, Stammhaus, Hauptverwaltungsgebäude, Villa Hügel, Krupp-Kanone, Porträts von Alfred und Friedrich Alfred Krupp, Gustav Krupp von Bohlen und Halbach und Alfried von Bohlen und Halbach)
6. ohne Signatur

Abbildung 173 a und b – Seite 143
1. a: Jubiläumsgeschenke – ein Blick auf den Gabentisch, b: Das Geschenk des Deutschen Museums in München: ein Modell der ersten bei Krupp 1835 aufgestellten Dampfmaschine (das Original befindet sich immer noch in München im Museum)
2. a: Geschenke, der Firma überreicht aus Anlass der Hundertjahrfeier, b: Geschenk des Deutschen Museums zu München (Modell der ersten Dampfmaschine der Firma aus dem Jahre 1835)
3. August 1912
4. Photographische Anstalt Fried. Krupp A.G
5. a: 11,9 × 19 cm, b: 12,5 × 14 cm, aus: Zur Hundertjahrfeier der Firma Krupp 1811–1911, Sonder-Ausgabe der Kruppschen Mitteilungen nach S. 96, Essen 1912
6. HAK S 1 K 21.3 (1912)

Abbildung 174 – Seite 144 und 145
1. Die Festadresse des Vereins für die bergbaulichen Interessen im Oberbergamtsbezirk Dortmund
2. ohne Titel
3. 1912
4. Adresse gestaltet von Hans Deiters
5. fotographische Reproduktion der Adresse, drei Aufnahmen 19,5 × 15,5 cm (die Original-Adresse ist verschollen)
6. HAK WA 16 z 56.4 und 56.5

Abbildung 175 – Seite 146 und 147
1. Die Jubiläumsadresse des Essener Turn- und Fechtklubs, der von Friedrich Alfred Krupp 1884 gegründet wurde
2. ohne Titel
3. 1912
4. Adresse gestaltet von Alfred Fischer
5. fotographische Reproduktion der Adresse, drei Aufnahmen 20 × 12,5 cm (die Original-Adresse ist verschollen)
6. HAK WA 16 z 56.8

Abbildung 176 – Seite 149
1. Kaiser Wilhelm II. in Essen, September 1918
2. Der Kaiser auf der Gussstahlfabrik am 9. und 10. September 1918
3. 1918
4. Photographische Anstalt Fried. Krupp A.G.
5. 32 × 22,5 cm, Titelseite der Zeitschrift Nach der Schicht, Zeitschrift des Kruppschen Bildungsvereins, Beilage der Kruppschen Mitteilungen, 9. Jg. NF, Nr. 37 vom 21. September 1918
6. HAK S 1 K 22.18

Abbildung 177 – Seite 150
1. Am Kruppschen Triumphbogen, der Eisenbahnbrücke über die Altendorfer Straße (Blickrichtung Innenstadt): Der Kaiser ist vorbeigefahren, die Menge löst sich auf
2. ohne Titel
3. August 1912
4. Photographische Anstalt Fried. Krupp A.G.
5. 20,3 × 16,5 cm, Zyanotypie, alte Negativnummer B278u
6. HAK WA 16 z 84 d, Foto 41

Abbildung 178 – Seitem 152 und 153
1. Nach dem Jubiläum: Der Kaiser spricht am 9. August 1912 zu den Bergleuten der Zeche Lothringen in Bochum Gerthe, Gemälde von Theodor Rocholl, 1913
2. –
3. 1913
4. Theodor Rocholl (1854–1933)
5. 199 × 224 cm
6. Deutsches Bergbaumuseum, Bochum

Quellen- und Literaturverzeichnis

Vorbemerkung

Das Historische Archiv Krupp (HAK) enthält drei Haupt-Bestandsgruppen: das *Familienarchiv Hügel (FAH)*, das *Werksarchiv (WA)* und die *Sammlungen (S)*. Wichtige, seltene Druckwerke über Krupp finden sich außerdem in der *Handbibliothek* des Archivs *(Gruppe K)*. Nachfolgend werden, in diesem Rahmen, diejenigen Bestände bezeichnet, auf deren genauerer Auswertung das Buch beruht.

Das Literaturverzeichnis enthält die im Text herangezogene Literatur und eine Reihe weiterer, grundlegender Schriften zur Geschichte des Hauses Krupp. Ausführlichere Bibliographien finden sich insbesondere in den beiden Bänden von Lothar Gall über die Kruppsche Unternehmensgeschichte.

Quellen

Familienarchiv Hügel (FAH)

FAH 3 und FAH 22
Sekretariat Friedrich Alfred Krupp

FAH 4 und FAH 23
Sekretariat Gustav Krupp von Bohlen und Halbach

FAH 21
Verwaltung Hügel

Werksarchiv (WA)

WA 3
Korrespondenzmappen (Altbestand)

WA 4
Akten (Altbestand)

WA 7
Einzelakten (Altbestand)

WA 13
Zeitungen (Altbestand)

WA 14
Zeitungsausschnitte (Altbestand)

WA 16
Foto- und Bildersammlung Krupp

WA 17
Verschiedenes

WA 41
Zentralregistratur

WA 56
Geschichtliche Abteilung/Archiv

Sammlungen (S)

S 1 Handbibliothek, darin insbes.: „Kruppsche Mitteilungen" ab 1910 sowie Gruppe K

S 2 Druckschriften, Allgemeine Sammlung

S 6 Historische Postkarten

Gedruckte Quellen

Adelmann, Gerhard (Bearb.): Quellensammlung zur Geschichte der sozialen Betriebsverfassung. Ruhrindustrie, Bd. 1, Bonn 1960.

Ansprachen anlässlich der Trauerfeiern für Herrn F. A. Krupp, o. O. o. J. [Essen 1902].

Baedeker, Diederich: Alfred Krupp und die Entwickelung der Gußstahlfabrik zu Essen. Nach authentischen Quellen dargestellt, Essen 1889.

Baedeker, Diedrich: Die Krupps, in: Jahrbuch für den Oberbergamtsbezirk Dortmund 11(1910/11) S. III–XXXIV.

Berdrow, Wilhelm (Hrsg.): Alfred Krupps Briefe 1826–1887, Berlin 1928.

Berdrow, Wilhelm: Seines Glückes Schmied. Menschenschicksale und Lebensregeln, Stuttgart 1907.

Boelcke, Willi A. (Hrsg.): Krupp und die Hohenzollern in Dokumenten. Krupp-Korrespondenz mit Kaisern, Kabinettchefs und Ministern 1850–1918, Frankfurt a. M. ^{2}1970.

Bohlen und Halbach, Gustav von: Briefe an die Mutter Sophie von Bohlen und Halbach 1900–1903. Übersetzt und eingeleitet von Edith von Bohlen und Halbach, Essen o. J. [1984].

Brandi, Paul: Essener Arbeitsjahre, in: Beiträge zur Geschichte von Stadt und Stift Essen 75 (1959) S. 6–110.

Burhenne, Karl: Betriebs-Archive, in: Archiv für exakte Wirtschaftsforschung 2 (1909) S. 656–716.

Chronik Krupp Wohnungsbau im Ruhrgebiet 1961–1999, hrsg. v. ThyssenKrupp Wohnimmobilien GmbH, Essen 2001.

Die Forschungsanstalten der Fa. Krupp, Essen 1934.

Fricke, Dieter: Eine Denkschrift Krupps aus dem Jahre 1912 über den Schutz der „Arbeitswilligen", in: Zeitschrift für Geschichtswissenschaft 5 (1957) S. 1245–1257.

Führer durch die Essener Wohnsiedlungen der Firma Krupp, Essen 1930.

Heinemann, Otto: Kronenorden Vierter Klasse. Das Leben des Prokuristen Heinemann (1864–1944), hrsg. und mit einem Vorwort versehen von Walter Henkels, Düsseldorf/Wien 1969.

Herkomer, Hubert: Die Herkomers, Landsberg am Lech 1999.

Heuss, Theodor: 150 Jahre Krupp. Gedenkrede zu Essen am 20. November 1961, Tübingen 1962.

Hie Barbara, hie St. Georg! Festspiel vor seiner Majestät dem Kaiser und König auf dem Hügel am 9. August 1912 aus Anlass der Hundertjahrfeier der Firma Krupp, o. O. o. J. [1912]

Hugenberg, Alfred: Streiflichter aus Vergangenheit und Gegenwart, Berlin ^{2}1927.

Kley, Heinrich: Skizzenbuch. 100 Federzeichnungen, München o. J. [1909].

Kley, Heinrich: Skizzenbuch II. 100 Federzeichnungen, München o. J. [1910].

Fried. Krupp AG Essen-Ruhr 1812–1912, o.O.o.J. [Essen 1912] („Querfestschrift").

Krupp 1812–1912. Zum 100jährigen Bestehen der Firma Krupp und der Gußstahlfabrik zu Essen, hrsg. auf den hundertsten Geburtstag Alfred Krupps, o. O. o. J. [Essen 1912] (Folioformat) sowie Jena 1912 (Quartformat).

Krupp und die Arbeiterklasse. Eine soziale Studie aus der modernen Industrie-Entwicklung, Essen o. J. [1912].

Kruppsche Mitteilungen 1 (1910) – 5 (1914)

Muehlon, Wilhelm: Ein Fremder im eigenen Land. Erinnerungen und Tagebuchaufzeichnungen eines Krupp-Direktors 1908–1914, hrsg. von Wolfgang Benz, Bremen 1989.

Potthoff, Heinrich (Bearb.): Friedrich v. Berg als Chef des Geheimen Zivilkabinetts 1918. Erinnerungen aus seinem Nachlaß, Düsseldorf 1971.

Wilmowsky, Tilo Freiherr von: Rückblickend möchte ich sagen... An der Schwelle des 150jährigen Krupp-Jubiläums, Oldenburg/Hamburg 1961 [Nachdruck Münster 1990].

Winschuh, Josef: Praktische Werkspolitik, Berlin 1923.

Literatur

Anderson, Margaret Lavinia: Practicing Democracy. Elections and Political Culture in Imperial Germany, Princeton UP 2000.

Augustina, Dolores K.: Patricians and Parvenus. Wealth and Hight Society in Wilhelmine Germany, Exford 1994.

Barth, Boris: Dolchstoßlegende und politische Desintegration. Das Trauma der deutschen Niederlage im Ersten Weltkrieg 1914–1933, Düsseldorf 2003.

Becker-Romba, Christiane: Die Denkmäler der Familie Krupp, in: Beiträge zur Geschichte von Stadt und Stift Essen 108 (1996) S. 113–190.

Beitz, Else: „Das wird gewaltig ziehen und Früchte tragen!" Industriepädagogik in den Großbetrieben des 19. Jahrhunderts bis zum Ersten Weltkrieg dargestellt am Beispiel der Firma Fried. Krupp, Essen 1994.

Beneke, Sabine/Ottomeyer, Hans: Die Zweite Schöpfung. Bilder der industriellen Welt vom 18. Jahrhundert bis zur Gegenwart, Berlin 2002.

Benz, Wolfgang: Die Entstehung des Kruppschen Nachrichtendienstes, in: Vierteljahrshefte für Zeitgeschichte 24 (1976) S. 199–212.

Berdrow, Wilhelm: Die Familie von Bohlen und Halbach, Essen 1921.

Berdrow, Wilhelm: Alfred Krupp und sein Geschlecht. 150 Jahre Krupp-Geschichte 1787–1937. Nach den Quellen der Familie und des Werkes, Berlin 1937.

Berdrow, Wilhelm: Alfred Krupp und sein Geschlecht. Geschichte eines deutschen Familienunternehmens, Berlin 1937.

Berdrow, Wilhelm: Alfred Krupp und sein Geschlecht. Die Familie Krupp und ihr Werk von 1787–1940, 2. erweiterte Aufl. mit einem Anhang: Außenwerke und Konzernunternehmungen von Franz Gerhard Kraft, Berlin 1943.

Berghoff, Hartmut/Vogel, Jakob (Hrsg.): Wirtschaftsgeschichte als Kulturgeschichte. Dimensionen eines Perspektivenwechsels, Frankfurt a. M./New York 1004.

Beyer, Burkhard: Frühe Industrialisierung im Betrieb. Technik- und Sozialgeschichte der Gußstahlfabrik von Friedrich Krupp in der ersten Hälfte des 19. Jahrhunderts, phil. Diss. (Ms.) 2 Bde., Bochum 2002.

Bismarck-Preußen, Deutschland und Europa, Ausstellung des Deutschen Historischen Museums, Berlin 1990

Bochumer Kulturrat e. V. (Hrsg.): Die drei großen Herren und die anderen. Aufstieg und Niedergang der Zeche Lothringen und die Geschichte der Einwanderung im Bochumer Norden, Bochum 1996.

Borchardt, Knut: Globalisierung in historisumcher Perspektive, München 2001.

Borsdorf, Ulrich (Hrsg.): Essen. Geschichte einer Stadt, Bottrop/Essen 2002.

Boutrop, Heinz-J./Norbert Zdrowomyslaw: Die deutsche Rüstungsindustrie. Vom Kaiserreich bis zur Bundesrepublik. Ein Handbuch, Heilbronn 1988.

Bouwer, Günter: Rüstungsproduktion und Rüstungskonversion in Deutschland 1883–1956, in: Reiner Steinweg (Hrsg.): Rüstung und soziale Sicherheit, Frankfurt a. M. 1985, S. 193–226.

Buddensieg, Tilmann (Hrsg.): Villa Hügel. Das Wohnhaus Krupp in Essen, Berlin 1984.

Burchardt, Lothar: Friedenswirtschaft und Kriegsvorsorge. Deutschlands wirtschaftliche Rüstungsbestrebungen vor 1914, Boppard 1968.

Burchardt, Lothar: Zwischen Kriegsgewinnen und Kriegskosten. Krupp im Ersten Weltkrieg, in: Zeitschrift für Unternehmensgeschichte 32 (1987) S. 71–122.

Chickering, Roger: We Men Who Feel most German. A Cultural Study of the Pan-German League, 1886–1914, London/Sydney 1984.

Dickhoff, Erwin: Essener Köpfe. Wer war was?, Essen 1985.

Dietrich, Valeska: Alfred Hugenberg. Ein Manager in der Publizistik, Berlin 1960.

Düding, Dieter u. a. (Hrsg.): Öffentliche Festkultur. Politische Feste in Deutschland von der Aufklärung bis zum Ersten Weltkrieg, Reinbek 1988.

Dupke, Thomas: Kohle, Krupp und Kommunalentwicklung. Die Karriere eines Landstädtchens – Essen 1803 bis 1914, in: Borsdorf (Hrsg.), Essen. Geschichte einer Stadt, S. 266–367.

Ehrenberg, Richard: Krupp-Studien I–III, in: Archiv für exakte Wirtschaftsforschung 2 (1907–1909), S. 204–220, 220–227, 3 (1910/11) S. 1–164.

Ehrenberg, Richard/Racine, Hugo: Krupp'sche Arbeiter-Familien. Entwicklung und Entwicklungsfaktoren von drei Generationen deutscher Arbeiter, Jena 1912.

Engelmann, Bernd: Krupp. Die Geschichte eines Hauses – Legenden und Wirklichkeit, durchgesehene und ergänzte Neuausgabe, München ^{4}1986.

Epkenhans, Michael: Grundprobleme des Verhältnisses von Staat, Militär und Rüstungsindustrie in Deutschland, 1871–1933, in: Mitteilungsblatt des Instituts für soziale Bewegungen 28 (2003) S. 81–112.

Eyll, Klara van: Voraussetzungen und Entwicklungslinien von Wirtschaftsarchiven bis zum Zweiten Weltkrieg, Köln 1969.

Farrenkopf, Michael: Schlagwetter und Kohlenstaub. Das Explosionsrisiko im industriellen Ruhrbergbau (1850–1914), Bochum 2003.

Faust, Anselm: Arbeitsmarktpolitik im deutschen Kaiserreich. Arbeitsvermittlung, Arbeitsbeschaffung und Arbeitslosenunterstützung 1890–1918, Stuttgart 1986.

Feldenkirchen, Wilfried: Die Eisen- und Stahlindustrie des Ruhrgebiets 1879 – 1914. Wachstum, Finanzierung und Struktur ihrer Großunternehmen, Wiesbaden 1982.

Feldman, Gerald D.: Hugo Stinnes. Biographie eines Industriellen 1879–1924, München 1998.

Fiedler, Martin: Die 100 größten Unternehmen in Deutschland – nach der Zahl ihrer Beschäftigten – 1907, 1938, 1973 und 1995, in: Zeitschrift für Unternehmensgeschichte 44 (1999) S. 32–66 u. 235–242.

Fischer, Wolfram: Herz des Reviers. 125 Jahre Wirtschaftsgeschichte des Industrie- und Handelkammerbezirks Essen-Mülheim-Oberhausen, Essen 1965.

Gall, Lothar: Krupp. Der Aufstieg eines Industrieimperiums, Berlin 2000.

Gall, Lothar (Hrsg.): Krupp im 20. Jahrhundert. Die Geschichte des Unternehmens vom Ersten Weltkrieg bis zur Gründung der Stiftung, Berlin 2002.

Gall, Lothar: „Reichsgründer": Otto von Bismarck und Alfred Krupp, in: Hans-Jürgen Gerhard (Hrsg.), Struktur und Dimension. Festschrift für Karl Heinrich Kaufhold, Stuttgart 1997, Bd. 2 S. 447–455.

Gebhardt, Gerhard: Ruhrbergbau. Geschichte, Aufbau und Verflechtung seiner Gesellschaften und Organisationen, Essen 1957.

Gerbracht, Josef: Der Kampf um die Seelen der Arbeiter. Eine geschichtliche Darstellung der Organisationskämpfe im Rheinland und Westfalen, Berlin 1927.

Geyer, Michael: Deutsche Rüstungspolitik 1860–1980, Frankfurt a. M. 1984.

Glümer, Hans von: Der Kruppsche Bildungsverein, in: Beiträge zur Geschichte von Stadt und Stift Essen 50 (1932) S. 345–357.

Hardach, Karl: Wirtschaftsgeschichte Deutschlands im 20. Jahrhundert, Göttingen 1976.

Heinrichsbauer, August: Die Privatangestellten der Großbetriebe und ihre Organisation. Im Auftrag des Vereins der Kruppschen Beamten, Essen 1918.

Helfrich, Andreas: Die Margarethenhöhe Essen. Architekt und Auftraggeber vor dem Hintergrund der Kommunalpolitik Essen[s] und der Firmenpolitik Krupp[s] zwischen 1886 und 1914, Weimar 2000.
Hering, Rainer: Konstruierte Nation. Der Alldeutsche Verband 1890 bis 1939, Hamburg 2003.
Hettling, Manfred/Nolte, Paul (Hrsg.): Bürgerliche Feste. Symbolische Formen politischen Handelns im 19. Jahrhundert, Göttingen 1993.
Hinrichs, Peter: Um die Seele des Arbeiters. Arbeitspsychologie, Industrie- und Betriebssoziologie in Deutschland, 1871–1945, Köln 1981.
Horn, Norbert/Kocka, Jürgen (Hrsg.): Recht und Entwicklung der Großunternehmen im 19. und 20. Jahrhundert, Göttingen 1979.
Hübinger, Gangolf u. a. (Hrsg.): Kultur und Kulturwissenschaften um 1900, 2 Bde. Stuttgart 1997.
Hull, Isabel V.: The Entourage of Kaiser Wilhelm II 1888–1918, Cambridge 1982.
Jäger, Hans: Unternehmer in der deutschen Politik 1890–1918, Bonn 1967.
Jaeger, Paul Ludwig: Die Bindung des Arbeiters an den Betrieb, unter besonderer Berücksichtigung der Verhältnisse bei der Fried. Krupp AG in Essen, Diss. Hamburg 1929.
Jahn, Robert: Essener Geschichte. Die geschichtliche Entwicklung im Raum der Großstadt Essen, Essen 1952.
Jansen, Christian (Hrsg.): Der Bürger als Soldat. Die Militarisierung der europäischen Gesellschaften im langen 19. Jahrhundert: ein internationaler Vergleich, Essen 2004.
Jindra, Zdenek: Der Rüstungskonzern Fried. Krupp AG 1914–1918. Die Kriegsmateriallieferungen für das deutsche Heer und die deutsche Marine, Prag 1986.
Jindra, Zdenek: Die Rolle des Krupp-Konzerns bei der wirtschaftlichen Vorbereitung des Ersten Weltkrieges, in: Jahrbuch für Wirtschaftsgeschichte 1976, S. 133–162.
Jochum-Bohrmann, Ilonka: Hugo Lederer. Ein deutschnationaler Bildhauer des 20. Jahrhunderts, Frankfurt a. M. etc. 1990.
Klass, Gert von: Stahl vom Rhein. Die Geschichte des Hüttenwerkes Rheinhausen, Essen o. J. [1957].
Klass, Gert von: Die drei Ringe. Lebensgeschichte eines Industrieunternehmens, Tübingen/Stuttgart [5]1966.
Kleinschmidt, Christian: Rationalisierung als Unternehmensstrategie. Die Eisen- und Stahlindustrie des Ruhrgebiets zwischen Jahrhundertwende und Weltwirtschaftskrise, Essen 1993.
Kocka, Jürgen/Siegrist, Hannes: Die hundert größten deutschen Industrieunternehmen im späten 19. und frühen 20. Jahrhundert, in: Horn/Kocka (Hrsg.), Recht und Entwicklung der Großunternehmen im 19. und 20. Jahrhundert, S. 55–122.
Köhne-Lindenlaub, Renate: Das Historische Archiv Fried. Krupp GmbH – Beispiele eines Unternehmens- und Familienarchivs, in: Archivpflege in Westfalen und Lippe Nr. 22/1984, S. 30–43.
Köhne-Lindenlaub, Renate: Das Historische Archiv Krupp. Seine Geschichte und seine Neuorientierungen im letzten Vierteljahrhundert, in: Der Archivar 57 (2004) S. 44–51.
Köhne-Lindenlaub, Renate: Die Villa Hügel. Unternehmerwohnsitz im Wandel der Zeit, München/Berlin 2002.
Köhne-Lindenlaub, Renate: Filme von Krupp, in: Manfred Rasch u. a. (Hrsg.), Industriefilm – Medium und Quelle. Beispiele aus der Eisen- und Stahlindustrie, Essen 1997.
Köhne-Lindenlaub, Renate: Gustav Krupp von Bohlen und Halbach, in: Neue Deutsche Biographie Bd. 13, Berlin 1982, S. 138–143.
Köllmann, Wolfgang u. a. (Hrsg.): Das Ruhrgebiet im Industriezeitalter, 2 Bde., Düsseldorf 1999.
Koepper, Gustav: Die Krupp-Werke. Geschichte eines Weltunternehmens, Leipzig 1922.
Kraft, Fritz Gerhard: Ergänzungen zur Familiengeschichte von Bohlen und Halbach, Essen 1930.
Kroker, Evelyn/Farrenkopf, Michael: Grubenunglücke im deutschsprachigen Raum. Katalog der Bergwerke, Opfer, Ursachen und Quellen, Bochum 1998.
Kroker, Evelyn u. a. (Hrsg.): Handbuch für Wirtschaftsarchive. Theorie und Praxis, München 1998.
Kruck, Alfred: Geschichte des Alldeutschen Verbandes 1890–1939, Wiesbaden 1954.
Kunkel, Klaus (Hrsg.): Vom Hofbericht zur Pop-Broschüre. Über Firmenfestschriften, Unternehmerbiographien und Selbstdarstellungen, Köln 1971.
Kurras, Lotte: Ritter und Turniere. Ein höfisches Fest in Buchillustrationen des Mittelalters und der frühen Neuzeit, Stuttgart/Zürich 1992.
Laube, Robert: „...und Waffen uns am treuesten verbrüdern". Sozialimperialismus, soziale Realität und ein Ritterspiel im Jahre 1912, in: Ferdinand Seibt u. a. (Hrsg.), Vergessene Zeiten. Mittelalter im Ruhrgebiet, Bd. 2, Essen 1990, S. 329–336.
Lichtwitz, Manuel: Die Auseinandersetzung um den Stummfilm in der Publizistik und Literatur 1907–1914. Ein Beitrag zur Geschichte des Kulturbetriebs im Deutschen Reich vor dem Ersten Weltkrieg, phil. Diss., Göttingen 1986.
Lindner, Joachim: „Nur der Erwerb ist lustbetont, nicht der Besitz". Die Arbeitswelt der Unternehmer und Unternehmen in Firmenschriften des 19. und frühen 20. Jahrhunderts, in: Harro Segeberg (Hrsg.), Vom Wert der Arbeit. Zur literarischen Konstitution des Wertkomplexes „Arbeit" in der deutschen Literatur (1770–1930), Tübingen 1991, S. 233–282.
Lüdtke, Alf: Gesichter der Belegschaft. Porträts der Arbeit, in: Tenfelde (Hrsg.), Bilder von Krupp, S. 67–87.
Manchester, William: The Arms of Krupp, Boston 1968.
Manchester, William: Krupp. Zwölf Generationen, München 1968.
Mattheier, Klaus: Die Gelben. Nationale Arbeiter zwischen Wirtschaftsfrieden und Streik, Düsseldorf 1973.
Menne, Bernhard: Krupp. Deutschlands Kanonenkönige, Zürich 1937.
Michel, Alexander: Von der Fabrikzeitung zum Führungsmittel: Werkzeitschriften industrieller Großunternehmungen von 1890 bis 1945, Stuttgart 1997.
Mommsen, Wolfgang J.: Kultur und Wissenschaft im kulturellen System des Wilhelminismus. Die Entzauberung der Welt durch Wissenschaft und ihre Verzauberung durch Kunst und Literatur, in: Hübinger u. a. (Hrsg.), Kultur und Kulturwissenschaften, Bd. 2, S. 24–40.
Mommsen, Wolfgang J.: War der Kaiser an allem schuld? Wilhelm II. und die preußisch-deutschen Machteliten, Berlin 2002.
Mühlen, Norbert: Die Krupps, Frankfurt a. M. 1960.
Müther, Herwig: Vom Show-Room zu den Krupp-Ausstellungen in der Villa Hügel. Spurensicherung zur Geschichte eines Firmenmuseums, in: Archiv und Wirtschaft 18 (1985) S. 103–113.
Nehring, Dorothee: Der Park der Villa Hügel und seine Bauten – Anlage und Funktion, in: Buddensieg (Hrsg.), Villa Hügel, S. 330–383.
Neumann, Jens: Der Adel im 19. Jahrhundert in Deutschland und England im Vergleich, in: Geschichte und Gesellschaft 30 (2004) S. 155–182.
Nitschke, August u. a. (Hrsg.): Jahrhundertwende: der Aufbruch in die Moderne 1880–1930, Bd. 1, Reinbek 1990.
Ohtsuka, Tadashi: Labor Market and Wages in the Iron and Steel Industry of the Ruhr District at the Beginning of the 20th Century – on the Case of Krupp's Cast Steel Factory in Essen, in: Kansai University Review of Economics and Business 17 (1989) Heft 1, S. 43–90 und Heft 2, S. 1–36.
Osterhammel, Jürgen/Peterson, Niels P.: Geschichte der Globalisierung. Dimensionen, Prozesse, Epochen, München 2003.
Owen, Richard: Military-industrial Relations. Krupp and the Imperial Navy Office, in: Richard J. Evans (Hrsg.): Society and Politics in Wilhelmine Germany, London 1980, S. 71–89.

Paul, Johann: Zwischen Doppelschicht und Achtstundentag. Arbeitsverhältnisse bei Krupp Rheinhausen 1897–1929, in: Geschichte im Westen 5 (1990), S. 7–25.
Paulmann, Johannes: Pomp und Politik. Monarchenbegegnungen in Europa zwischen Ancien Regime und Erstem Weltkrieg, Paderborn etc. 2000.
Peukert, Detlev J. K.: Die Weimarer Republik. Krisenjahre der Moderne, Frankfurt a. M. 1987.
Pierenkemper, Toni: Unternehmensgeschichte. Eine Einführung in ihre Methoden und Ergebnisse, Stuttgart 2000.
Pogge von Strandmann, Hartmut: Der Kaiser und die Industriellen. Vom Primat der Rüstung, in: John C. G. Röhl unter Mitarbeit von Elisabeth Müller-Luckner (Hrsg.): Der Ort Kaiser Wilhelms II. in der deutschen Geschichte, München 1991, S. 111–129.
Pogge von Strandmann, Hartmut: Krupp in der Politik, in: Tenfelde (Hrsg.), Bilder von Krupp, S. 181–201.
Rasch, Manfred u. a. (Hrsg.): Industriefilm – Medium und Quelle. Beispiele aus der Eisen- und Stahlindustrie, Essen 1997.
Rasch, Manfred: Von Festschrift und Hagiographie zur theorie- und methodengeleiteten Darstellung? Unternehmens- und Unternehmergeschichtsschreibung zur Stahlindustrie im Ruhrgebiet in den letzten hundert Jahren, in: Ferrum. Nachrichten aus der Eisenbibliothek Nr. 74/2002, S. 15–48.
Redlich, Fritz: Anfänge und Entwicklung der Firmengeschichte und Unternehmerbiographie. Das deutsche Geschäftsleben in der Geschichtsschreibung, Baden-Baden o. J. [1960].
Ritter, Gerhard A./Tenfelde, Klaus: Arbeiter im Deutschen Kaiserreich 1871–1914, Bonn 1992.
Röhl, John C. G. (Hrsg.): Der Ort Kaiser Wilhelms II. in der deutschen Geschichte, München 1991.
Röhl, John C. G.: Wilhelm II. Der Aufbau der Persönlichen Monarchie 1888–1900, München 2001.
Röhl, John C. G.: Wilhelm II. Die Jugend des Kaisers 1859–1888, München [2]2001.
Roth, Carsten: „Die Fahrt des obersten Bergherrn zu seinen getreuen Knappen…“ Zur Divergenz von Schein und Sein bei der Darstellung von Arbeiterschaft und Kaisertum in Bochumer Historiengemälden des Wilhelminismus, in: Peter Friedemann/Gustav Seebold (Hrsg.), Struktureller Wandel und kulturelles Leben. Politische Kultur in Bochum 1860–1990, Essen 1992, S. 141–177.
Saul, Klaus: Staat, Industrie, Arbeiterbewegung im Kaiserreich. Zur Innen- und Sozialpolitik des Wilhelminischen Deutschland 1903–1914, Düsseldorf 1974.
Schlüter, Ingeborg: Verwaltungsbauten der rheinisch-westfälischen Stahlindustrie 1900–1930, phil. Diss. Bonn 1991.
Schmid, Hans-Dieter (Hrsg.): Feste und Feiern in Hannover, Bielefeld 1995.
Schneider, Hans: Zur Lebensgeschichte einer Bibliothek. Rückblick auf die Kruppsche Bücherhalle 1899–1966, in: Die Heimatstadt Essen, Jahrbuch 1972, S. 47–57.
Schneider, Ute: Politische Festkultur im 19. Jahrhundert. Die Rheinprovinz von der französischen Zeit bis zum Ende des Ersten Weltkriegs (1806–1918), Essen 1995.
Scholl, Lars U.: Der Industriemaler Otto Bollhagen 1862–1924, Herford 1999.
Schraut, Sylvia: „… im Bewusstsein hoher Tradition“. Stadtjubiläen im Ruhrgebiet, in: Sylivia Schraut/Bernhard Stier (Hrsg.), Bilder, Inszenierungen und Visionen in Geschichte und Gegenwart. Festschrift für Wolfgang von Hippel, Stuttgart 2001, S. 289–308.
Schröder, Ernst: Wilhelm Berdrow. Lebensbild eines Firmenhistorikers, in: Tradition 5 (1960) S. 179–188.
Schröder, Ernst: Ernst Haux, in: Neue Deutsche Biographie Bd. 8, Berlin 1969, S. 135–136.
Schröder, Ernst: Die Entwicklung der Kruppschen Konsumanstalt, 2. durchgesehene u. ergänzte Aufl., Neustadt a. d. Aisch 1989.
Schultz, Uwe (Hrsg.): Das Fest. Eine Kulturgeschichte von der Antike zur Gegenwart, München 1988.
Schwenger, Rudolf: Die betriebliche Sozialpolitik in der westdeutschen Großeisenindustrie, München/Leipzig 1934 [Nachdruck Vaduz 1994].
Seebacher-Brandt, Brigitte: Bebel. Künder und Kärrner im Kaiserreich, Berlin/Bonn 1988.
Segeberg, Harro (Hrsg.): Vom Wert der Arbeit. Zur literarischen Konstitution des Wertkomplexes „Arbeit“ in der deutschen Literatur (1770–1930), Tübingen 1991.
Seibt, Ferdinand u. a. (Hrsg.): Vergessene Zeiten. Mittelalter im Ruhrgebiet, Bd. 2, Essen 1990.
Spenkuch, Hartwin: Das Preußische Herrenhaus. Adel und Bürgertum in der Ersten Kammer des Landtages 1854–1918, Düsseldorf 1998.
Spethmann, Hans: Das Ruhrgebiet, 2 Bde., Essen 1933.
Steinisch, Irmgard: Arbeitszeitverkürzung und sozialer Wandel. Der Kampf um die Achtstundenschicht in der deutschen und amerikanischen Eisen- und Stahlindustrie 1880–1929, Berlin/New York 1986.
Stenglein, Frank: Krupp. Höhen und Tiefen eines Industrieunternehmens, München/Düsseldorf 1998.
Stercken, Vera/Lahr, Reinhard: Erfolgsbeteiligung und Vermögensbildung der Arbeitnehmer bei Krupp. Von 1811 bis 1945, Stuttgart 1992.
Stremmel, Ralf: Margarethe Krupp (1854–1931) – Eine verhinderte Unternehmerin? In: Ulrich S. Soénius (Hrsg.), Bewegen – Verbinden – Gestalten. Unternehmer vom 17. bis zum 20. Jahrhundert. Festschrift für Klara van Eyll zum 28. September 2003, Köln 2003, S. 129–146.
Stürmer, Michael: Alltag und Fest auf dem Hügel, in: Buddensieg (Hrsg.), Villa Hügel, Berlin 1984, S. 256–273.
Tenfelde, Klaus: Adventus. Zur historischen Ikonologie des Festzugs, in: Historische Zeitschrift 46 (1982) S. 45–84.
Tenfelde, Klaus (Hrsg.): Bilder von Krupp. Fotografie und Geschichte im Industriezeitalter, München [2]2002.
Tenfelde, Klaus: Krupp – Der Aufstieg eines deutschen Weltkonzerns, in: ders. (Hrsg.), Bilder von Krupp, S. 13–39.
Tenfelde, Klaus: Krupp in Krieg und Krisen. Unternehmensgeschichte der Fried. Krupp AG 1914 bis 1924/25, in: Gall (Hrsg.), Krupp im 20. Jahrhundert, S. 15–165, 591–610.
Tenfelde, Klaus: Krupp und Stumm. Über Unternehmenskultur im Deutschen Kaiserreich, in: Hans Walter Herrmann u. a. (Hrsg.), Forschungsaufgabe Industriekultur. Das Saarrevier im Vergleich, Saarbrücken 2004 (im Erscheinen).
Thieme, Ulrich/Becker, Felix: Allgemeines Lexikon der bildenden Künstler von der Antike bis zur Gegenwart, Bd. 20, Leipzig 1927.
Trier, Eduard: Die Bauherren und ihre Bildhauer – Zur Ausstattung der Villa Hügel mit Skulpturen, in: Buddensieg (Hrsg.), Villa Hügel, S. 310–329.
Türk, Klaus: Bilder der Arbeit. Eine ikonographische Analyse, Wiesbaden 2000.
Vossiek, Wilhelm: Hundert Jahre Kruppsche Betriebskrankenkasse 1836–1936, Berlin 1937.
Weir, Gary E.: Building the Kaiser's Navy. The Imperial Navy Office and German Industry in the Tirpitz Era 1890–1919, Annapolis 1992.
Welskopp, Thomas: Arbeit und Macht im Hüttenwerk. Arbeits- und industrielle Beziehungen in der deutschen und amerikanischen Eisen- und Stahlindustrie von den 1860er bis zu den 1930er Jahren, Bonn 1994.
Wiel, Paul: Wirtschaftsgeschichte des Ruhrgebiets. Tatsachen und Zahlen, Essen 1970.
Wolbring, Barbara: Krupp und die Öffentlichkeit im 19. Jahrhundert. Selbstdarstellung, öffentliche Wahrnehmung und gesellschaftliche Kommunikation, München 2000.